メガマーケティングによる市場創造戦略

携帯音楽配信サービスの誕生

西本章宏＋勝又壮太郎
Akihiro Nishimoto　Sotaro Katsumata

日本評論社

(1999-
2016)

はしがき

■ メガマーケティングとの出会い

　本書は、日本で初めて「メガマーケティング」という市場創造のための理論的視座を打ち出した学術書である。はたして「市場を創造する」というのは、どういうことなのだろうか。研究者として、マーケターとして、もしくは学ぶ立場としてマーケティングに触れていると、誰もが必ず一度は目にするキーワードが「市場創造」である。なぜならば、「市場を創造する」ことは、マーケティングが担うべき本質的課題だからである。筆者らのようなマーケティング研究者にとっても、「市場を創造する」ことは、実践的学問としてのマーケティング研究のアイデンティティを築く支柱だと考えている。誤解を恐れずにいえば、すべてのマーケティング活動は「市場（需要）を創造する」ためにあるといっても過言ではない。

　しかし一方で、研究者として「市場創造」のメカニズムを明らかにしようとしたときに、筆者らはいつも2つの違和感を覚えていた。1つは、そのほとんどが事例研究であることだった。つまり、メカニズム（普遍的な事象）を理解しようとしているのに、それを捉えるためのフレーム（理論）がないという違和感であった。もう1つは、「市場創造」の事例研究には、いつも類まれなる洞察力をもったマーケターが登場して、消費者自身も意識していない潜在的なニーズをみつけるという、お決まりのサクセスストーリーが描かれるということであった。つまり、マーケターが消費者の潜在ニーズをみつけただけで「市場が創造される」という飛躍に違和感があったのである。

　それでも、筆者らは、マーケティング・サイエンスや消費者行動研究の知見を活かしながら市場創造のメカニズムを探ろうとしていた。その過程で、これら違和感を払拭してくれたのが「メガマーケティング」との出会いだった。筆者らが最初に「メガマーケティング」に出会ったのは、2013年頃だったように記憶している。当時は、本書とはまったく異なる研究アプローチで市場創造のメカニズムを明らかにしようとしていたため、主要な参考文献として「メガマーケティング」に関する論文をリストアップすることはなかった。しかし、その研究も一段落し、次の市場創造研究を思案するために溜め込んだ論文を漁

っているとき、偶然にも目に留まったのが Humphreys, A.（2010）"Mega-marketing: The Creation of Markets as a Social Process"（*Journal of Marketing,* 74（2）: 1-19）であった。筆者らはマーケティング・サイエンスや消費者行動研究を専門としているため、この論文がベースとする社会学的な思考を、当初はまったく理解することができなかった。しかし、何度も読み返しているうちに、これまで筆者らが取り組んできた市場創造研究と共通する部分が多々あることに気づき、筆者らが抱いていた市場創造研究への違和感が徐々に払拭され、視界が明るくなったような気持ちになったことを今でも覚えている。研究者の方々であれば、そんな論文との出会いが、研究人生の中で何度かあることに共感していただけるではないだろうか。

■ 着メロ、着うた・着うたフル市場の探求へ

　それからは、Humphreys（2010）が引用している、もしくはそれが引用されている先行研究を読み漁る日々が続いた。しかし、ここでも新たな壁に直面することとなった。それは、先行研究のほとんどが事例研究をベースとしたものであったことである。市場創造のメカニズムを明らかにすることが研究目的であるため当然のことかもしれないが、メガマーケティングを主眼とした市場創造研究を進めるには、よい事例と出会う必要があったのである。そこで筆者らはさまざまな事例を模索することとなった。しかし、これまで筆者らは事例研究をベースとする研究アプローチを試みたことがなかったので、よい事例をみつけることに苦労した。なかなかよい事例に出会う機会に恵まれずに研究を諦めかけていた頃、筆者らのもとに1つのニュースが舞い込んできた。

　　「レコチョクが『着うた』終了　モバイル音楽配信の行方」[1]

　「着うた・着うたフル」は、筆者らの世代にとっては、青春時代を彩ってくれた思い出深いアイテムの1つである。筆者らはこの話題について、研究に関する打合せそっちのけで他愛もない会話にふけった。そんなとき、着うた・着うたフルから着メロへと自然と話が移ると、筆者らの頭に「メガマーケティン

---

　1)「日経トレンディネット」2016 年 12 月 16 日（https://xtrend.nikkei.com/atcl/trn/pickup/15/1003590/121500695/）。

グ」のことがよぎった。

　　「着メロや着うた・着うたフルって今となっては誰も使ってへんなぁ…」
　　「なんで僕らの着信音はシンプルなものに回帰してしまったんやろう…」

　このとき、すでに「メガマーケティング」のことを少しずつではあるが理解しつつあった筆者らは、この状況が今回の研究にとって好適な事例となることを感じていた。そこから、怒涛のように着メロと着うた・着うたフル市場についての資料を収集していった。その成果が、本書の第Ⅰ部（第1、2章）に収録された2つの事例研究である。

　この2つの事例研究を完成させるために、まず、着メロという文化が日本に普及した当時の背景や、なぜ着メロ市場を創造することができたのかを知るために、株式会社フェイス・グループ代表、株式会社フェイス代表取締役社長、日本コロムビア株式会社取締役会長の平澤創氏にインタビュー調査のご協力をいただいた。第1章で描くように、平澤氏のアイデアがなければ、着メロがこれほどまで社会に普及はしなかった。また、NTTドコモのiモードに着メロを組み込んでいくために、氏が当時凄まじい勢いでプロジェクトを進められていたことは、直にお会いしたからこそ感じることができた感覚的情報であった。このとき、筆者らは初めて当事者にインタビューしたことで、なぜメガマーケティングによる市場創造研究の多くでは、インタビューが中心的な研究アプローチの1つになっているのかに気づかされた。単に当該市場に関する情報を収集するだけでは、本当の意味でその市場の創造された背景をつかむことはできないのだ。

　次に、着うた・着うたフルを仕掛けた背景や、なぜ着うた・着うたフル市場を創造することができたのかを知るために、2009年2月にレーベルモバイル株式会社から社名変更した株式会社レコチョクの常務執行役員の山﨑浩司氏にインタビュー調査のご協力をいただいた。山﨑氏は、当時、着うた・着うたフル市場の創造に携わった音楽業界の中心人物の1人である。第2章で述べるように、「着うた」は「着メロ」によって歪められた音楽業界の収益分配構造の主権を、レコード会社が取り戻すために企図されたものであった。しかし、このことはレコード会社が利己的に動いたというわけではない。それよりも、アーティストを守る立場のレコード会社にとっては、著作隣接権が発生しない

（レコード会社には一切収益が入ってこない）着メロが普及していくことで、次世代の才能あるアーティストに投資してあげる収益を生み出すことができず、音楽という文化そのものが衰退してしまうという使命感に駆られたものであったのである。このことは、本書ではあまり触れられていないが、直にお会いしたからこそ感じることができたレコード会社の本当の想いであった。このとき、筆者らは改めて当事者にインタビューすることは、たとえ研究成果に直接は結びつかなくても深みを与えてくれるものであることに気づかされた。

■ 新たな試み

　このように、よい事例に出会えたことは、「メガマーケティング」を市場創造研究の理論的視座へと昇華させてくれたネオ制度派組織論を含む制度派組織論が、なぜ経営学において1つの潮流として存在しているのかについて、改めて筆者らに理解させてくれる機会となった。第Ⅱ部（第3～5章）は、制度派組織論に初めて触れる読者の方々にも理解を深めていただけるように、できるだけわかりやすく執筆したつもりである。それでもなお、難解な部分が多いと感じられる方々もいらっしゃるかと思うが、30年以上も前にコトラー（Kotler, P.〔1986〕"Megamarketing," *Harvard Business Review*, 64: 117-124）によって提唱された「メガマーケティング」という概念に、制度派組織論の息吹が吹き込まれ、今日では市場創造研究にとって非常にパワフルな理論的視座が確立されるようになったということを感じていただければ幸いである。

　本書の第Ⅲ部（第6～10章）では、これまでのメガマーケティングによる市場創造研究ではなされてこなかった試みにチャレンジしている。これまでのメガマーケティングによる市場創造研究では、事例分析を中心とした定性研究がほとんどであったが、本書では定量的な研究アプローチをとることで、メガマーケティングによる市場創造研究の新しいあり方を示そうとしている。第6章で定量分析に用いたデータを詳述したうえで、第7章では消費者、第8章ではレーベルモバイル（現・レコチョク）、第9章ではKDDI（au）に焦点をあわせ、多岐にわたる分析視点から、「どのようにして携帯音楽配信サービス市場は創造されたのか」ということについて、定番から最新の定量的手法を用いて明らかにしようとしている。

　とくに、第9章ではKDDI（au）が、「どのようにして携帯音楽配信サービ

ス市場を創造したのか」を明らかにしていくにあたって、同サービスに関する
マーケティング・コミュニケーションのデータが必要となった。ここで、デー
タを入手することに苦心していた筆者らを支援してくださったのが、株式会社
東京企画 CM 総合研究所代表取締役社長の関根心太郎氏である。関根氏は、
筆者らがどのように TVCM のデータを使って市場創造研究をしようとしてい
るのかについても、お時間を割いて耳を傾けてくださり、携帯音楽配信サービ
スに関する歴代の TVCM の動向と作品についても、とても丁寧に説明してく
ださった。

　また第 10 章では、KDDI 株式会社ライフデザイン事業本部新規ビジネス推
進本部副本部長の神山隆氏にインタビューのご協力をいただけたことで執筆す
ることができた。神山氏は、着うた・着うたフル市場の創造に携わった携帯キ
ャリア業界の中心人物の 1 人である。もともと第 10 章は本書の構想にはなか
ったのだが、メガマーケティングによる市場創造についての研究を始めて 2 年
の月日が流れた頃に、筆者らが「着うた・着うたフル」について研究している
ことを聞きつけてくれた神山氏からご連絡をいただいたのが最初の御縁であっ
た。ここまで、au を除く携帯音楽配信サービス市場の立役者の方々にお会い
することができていたのだが、どうしても au の当時の中心人物にはお会いす
ることができず、悔しい思いをしていた。そんな時期に、神山氏からご連絡を
頂戴したことは、本当に嬉しかったことを今でも鮮明に覚えている。どうして
も短期的に研究成果を出そうと考えがちだった筆者らにとって、1 つのテーマ
について辛抱強く丁寧に研究を続けることの大切さを教えてくれた出来事でも
あった。ただし、この時点でも第 10 章の構想はなかった。しかし、直にお会
いしてお話を伺うと、これまで携帯音楽配信サービス市場を見続けてきた筆者
らにとっては、どうしても解明することができなかった同市場の終焉について、
神山氏が見事な洞察を示してくださり、あのときは筆者らの心にあった最後の
もやが一気に晴れ渡ったような感覚になったことを記憶している。その見事な
洞察については、ぜひ第 10 章を読んでいただきたい。

　市場創造研究は、まさに「市場が創造される」ところに注目が集まりがちだ
が、その市場がなくなっていくところにもしっかりと焦点をあわせてこそ市場
創造研究だろうというのが、筆者らの想いだった。そのような背景から新たに
本書に収録されたのが、第 10 章である。

■ 謝　辞

　多くの方々のご協力があってこそ本書を完成させることができたというのは、ここまででおわかりいただけたと思う。メガマーケティングが教えてくれる１つの重要な側面は、「多様な主体たちが交錯させる相互作用が市場創造には潜んでいる」ということである。それゆえ、メガマーケティングを主眼とした市場創造研究をするにあたっては、これだけ多くの方々のご協力が必要だということでもある。本書を上梓することができたのも、多くの方々の支えがあってこそだと感じている。ここまでお名前を挙げた皆さまには改めて深く感謝申し上げたい。

　また本書の完成は、日ごろお世話になっている多くの先生方からのご指導ご鞭撻があってこそでもある。ここではとくに、以下の方々のお名前を挙げさせていただきたい（ご所属は執筆時点）。慶應義塾大学大学院経営管理研究科の井上哲浩先生には、本書を執筆するにあたって何度もご指導をいただいた。また、筆者らが参画している科研費プロジェクトのメンバーである東京大学大学院経済学研究科の阿部誠先生、大阪大学大学院経済学研究科のウィラワン・ドニ・ダハナ先生、東北大学大学院経済学研究科の一小路武安先生、東北学院大学経営学部の秋池篤先生からは、数多くの貴重な助言をいただいた。神戸大学大学院経営学研究科の小川進先生、栗木契先生、南知惠子先生（順不同）からは、研究会にお誘いいただき有益なコメントをいただいた。また、筑波大学大学院ビジネス科学研究科の佐藤秀典先生からは理論的な背景について詳細なコメントをいただいた。また紙幅の都合上、ここで１人ひとりのお名前を挙げることができず悔しいが、上記の先生方以外からも多くのご助言、ご支援をいただいた。

　加えて、本書を執筆するにあたっては、ISMS（INFORMS Society for Marketing Science）、日本マーケティング・サイエンス学会、組織学会、日本消費者行動研究学会、日本商業学会で、合計３年間にわたって何度も研究報告をさせていただき、また投稿論文を査読いただき、そのたびにコメンテーターや査読者の先生方からは、次のステップへ研究を進めるために必要な示唆に富むコメントを多々頂戴した。ここに感謝の意を表したい。

　なお、本書を執筆するきっかけとなった研究プロジェクトは、2016（平成28）年度〜2017（平成29）年度にかけて、公益財団法人吉田秀雄記念事業財団

から研究助成を賜り、遂行されたものである。その研究成果は、下記の報告書として、アド・ミュージアム東京（東京都港区）に所蔵されており、2018（平成30）年度に同財団の奨励賞を受賞している。

　　西本章宏・勝又壮太郎（2018）「マーケティング・コミュニケーションのビッグデータ分析による新市場創造戦略」公益財団法人吉田秀雄記念事業財団第51次（平成29年度）報告書。

　また本書を出版することができたのも、同財団の支えがあってこそである。本書は、公益財団法人吉田秀雄記念事業財団2019（令和元）年度出版助成によって上梓することができた。加えて、本書の研究成果の一部は、科学研究費補助金（基盤研究（C）課題番号： 19K01953、および基盤研究（B）課題番号：17H02573）の交付を受けたものである。

　そして、なによりも日本評論社の尾﨑大輔氏のサポートがなければ、本書をここまでの完成度に仕上げることはできなかった。尾﨑氏と執筆活動をご一緒させていただくのは、西本は3度目、勝又は2度目になる。筆者らでも気づかないような隠れた違和感や論理的矛盾をみつけてくださり、いつも尾﨑氏に甘えてばかりいてはいけないと思いつつも、筆者らにとっては本当に頼れるパートナーである。今回も辛抱強く執筆活動に付き合ってくださったことに、改めて感謝の意を伝えたい。

　最後に、本書を上梓することができたのは、日々の家族の支えがあったからである。筆者らのそれぞれの妻である西本莉沙と勝又侑希、息子である勝又慎一郎と娘の勝又一穂に感謝したい。

2019年12月

西本章宏・勝又壮太郎

目　次

序 章

「市場創造」を読み解く

どのように市場は創造されるのか？
How are new markets created?

1 問題意識と研究目的

　本書の目的は、新たな理論的視座から「市場創造研究」を試みることで、「市場を創造する」ことが、どういうことなのかを深耕し、企業の市場創造戦略に新たな知見を提供することである。

　「市場を創造する」ということは、マーケティングが担うべき本質的課題である。「市場を創造する」ことは、マーケティングに携わる多くの関係者にとって目指すべき大義であり、新たな収益を企業にもたらす魅力的な経営指針として、長年にわたってマーケティングの世界で多く人々を魅了してきたテーマである。筆者らのようなマーケティング研究者にとっても、「市場を創造する」ということは、実践的学問としてのマーケティング研究のアイデンティティを築く支柱であると考えている。一方で、本質的課題であるがゆえに、これまでにも多くの研究者やマーケターたちが「市場を創造する」ために必要な知識やスキームを提供してきたものの、新たな市場が創造されることは、いまだに奇跡的な事象として注目を浴びることが多い。

　「市場を創造する」ということがこの上なく困難な課題であることは、私たち研究者よりも、日々果敢にそれに挑んでいるマーケターたちの方が実感していることであろう。だからこそ、私たち研究者は、マーケターたちが成し遂げた市場創造を「市場創造研究」として保存しようとする。しかし、マーケター

たちが苦心して創り上げた成功事例を、私たち研究者はあまりにも簡単に保存しすぎてはいないだろうか。昨今の事例研究を中心とした市場創造に関する文献に目を通していると、あまりにも理論的根拠のない、単に現象をなぞっただけのものが多いように思える。現象を記述することはもちろん重要な保存作業であるが、理論的枠組み（theoretical lens）をもって現象を記述しなければ、それは現象のメカニズムを理解したことにはならない。

　「それで、うちの場合はどうしたらいいの？」　筆者らも講義やセミナー等で、マーケティングの成功事例を紹介する機会があるのだが、受講者からは、決まってこの質問が飛んでくる。成功事例を記述する（講義やセミナーで聴く）と、ついついわかったような気になってしまい、そのサクセスストーリーに酔いしれてしまう。しかし、いざそれを自身が直面している課題に応用しようとすると、途端に何をすればいいのかわからなくなってしまう。その理由は簡単だ。当人は、その成功事例のメカニズムを理解していないからである。ここで言及している「理解する」ということは、「一般化する」（さまざまな事象に対して獲得した知識を応用できる）能力のことである。一般化する能力とは、思考の抽象度を高め、現象の本質に焦点を当てる能力とでも言えよう。この一般化する能力を獲得するために必要不可欠なものが理論である。理論的枠組みによって成功事例を観察することができれば、そこで獲得した知識やスキームを他の事象に応用することができるはずである。

　本書の問題意識と目的を示したところで、以下では、本書で提示する理論的枠組みによって、市場創造を成功に導くメカニズムを理解することができる最近の事例を3つ紹介したい。

1.1　事例1：Love Tech（ラブテック）[1]

　ラブテックとは、男女の出会いを提供するマッチングサービスのことである。2016年には、主人公とヒロインが現実と夢の中ですれ違いながら恋愛に発展していく「君の名は。」が、若者を中心に大ヒットした。度重なる偶然の出会

1) 本事例は、「Love Tech でリアル君の名は。愛×テクノロジー＝運命の出会い、街中のすれ違い結ぶ、相性を数字に、変わる恋愛観」『日経MJ』2017年4月12日付、「『マッチング』市場拡大傾向、サイバー系、今年374億円予測、『スマホで気軽に』増える」『日経MJ』2018年2月19日付、に基づいている。

いは男女の気持ちを高めてくれるが、ラブテックは、それを現実に起こしうるサービスである。たとえば、ある日の午後に違う目的で渋谷駅付近を歩いていた男女のスマートフォンに、登録したマッチングアプリからお互いの写真が突然表示される。渋谷駅付近を歩いているといつもお互いの写真が現れる（相手の写真が何回現れたのかもわかる）ので、以前から気になっていたが、今日は思い切って「いいね」ボタンを押すと相手から「ありがとう」と返信が返ってくる。その日のうちに２人はメッセージをやりとりするようになって、恋愛に発展したという。これは、サイバーエージェントの子会社プレイモーションが運営する「クロスミー」というマッチングサービスの一例である。クロスミーは、会員登録者数14万人（2017年）をかかえ、全地球測位システム（GPS）を使い、自分を中心に一定の範囲内に異性の利用者が入ってくると、その人が画面に表示されるようになっている。

　男女の出会いを支援する国内のマッチングサービス市場は、ここ数年で32億円（2014年）、48億円（2015年）、63億円（2016年）と急速に拡大し、2017年に至っては、2015年の２倍強、2016年比64％増の256億円に達した。いまも新規参入などで市場は拡大し続けており、2018年は市場規模が374億円となり、2023年には2018年の2.3倍の852億円になるとも試算されている。大手サービスによっては、会員登録者500万人と、ここ２年半で５倍に増えている。基本的な仕組みはどのサービスも同じで、「いいね」ボタンを押して「ありがとう」が返ってくればマッチングが成立し、メッセージを交換できるようになる。女性はたいてい無料で、男性は3000〜4000円程度を支払うのが相場のようである。

　マッチングサービスで出会った男女が結婚に至ることも、そうめずらしい話ではないという。企業は、自己紹介文やプロフィール、趣味・嗜好を解析し、過去に結婚した男女の傾向などを記録したビッグデータとして照合し、利用者本人でも気づかない潜在的な好みを引き出すことが、１つの競争優位性になっている。マッチングサービスで結婚した女性の中には、「夫は研究者で合コンでは絶対出会えなかった人。コンピューターが彼を紹介してくれたんです」と笑顔を見せる。サービスを利用しているユーザーからは、「電車の待ち時間や就寝前にチェックすると、色々な人物が絶え間なく画面に現れる。『出会うチャンスは格段に増えた』。そう強く実感した」「トレンディードラマのように

『私にはあなたしかいない』ではなく、『もっといい人と出会えるかも』と思える」ようになったとの声が聞こえてくる。

1.2　事例 2：フリマアプリ[2]

　メルカリは、2013 年にサービスが開始され、2017 年に若年層を中心に広く日本で普及したフリマアプリである。メルカリのサービス自体は日本とアメリカで提供されており、1 日の出品数は 100 万品を超え、巨大な消費者個人間売買の市場を創り上げた。最近の高校生たちは、メルカリなどのフリマアプリを巧みに使いこなし、小遣いを稼ぎ出している。

　通学中の電車でスマートフォンを触っている高校生。隙間時間にアンケートに答えてポイントを獲得し、手持ちの服や雑貨をフリマアプリでお金に換えている。『日経 MJ』の調査では、スマートフォンを使った小遣い稼ぎの経験がある高校生は 55％に達した。調査会社のモニタスを通じ、全国の高校生 1000 人にアンケートを行ったところ「スマホアプリやネットサービスでお金・ポイントを稼いだことがある」と回答したのは 55.4％にのぼり、「現在、アルバイトをしている」の 16.8％の 3 倍に達した。平均収入は月に 732 円であり、稼ぐ手段としてフリマアプリなど中古品売買を 45.5％が利用していた。全国の高校生の 55.4％が月に 732 円を稼いでいるとすると、その総収入は年間で約 180 億円にのぼる。

　先述の調査結果からもわかるように、最近の高校生にとっては、メルカリなどのフリマアプリは、親に頼らずに遊興費を確保するインフラとなっている。都内の女子高生（17 歳）は、約半年でマンガ単行本 50 冊余りをフリマアプリで売りさばき、その収入は新しいマンガの購入に充てている。フリマアプリは身の回りのすべてを換金可能な資産に変えていく。それゆえ、高校生にはあらゆるものが資金源に映るようである。徳島県鳴門市の男子高生（16 歳）が出品したのはブランドバック。母親からのプレゼントだったが、使い込んで要らなくなったのでフリマアプリに出品したところ、最後には出品を取り下げたが「7 万円の値がつきました」と得意げであった。

---

2) 本事例は、「今どき高校生、スマホで稼ぐ、メルカリで売買、『小遣い得た経験』55％、隙間時間にアンケート」『日経 MJ』2017 年 5 月 31 日付、に基づいている。

1.3　事例3：ゲームプラス[3)]

　2017年7月18日、ヤフー株式会社（Yahoo! Japan）は、スマートフォンなど
で遊ぶゲームソフトの提供システムを開設した。アプリをダウンロードしなく
てもウェブサイト上で楽しめるのが特徴で、アップルなどのアプリ配信ルール
に縛られない仕組みを整える。当時すでにスクウェア・エニックスなど52社
が参加を表明しており、7兆円に迫るアプリ市場を脅かす存在になることを目
指している。

　「ゲームの常識を覆す」。都内で開いた発表会でヤフーの川辺健太郎最高執行
責任者（COO）は宣言した。発表会にはスクウェア・エニックスの松田洋祐社
長やコーエーテクモホールディングスのシブサワ・コウこと襟川陽一社長など
ゲーム業界の重鎮が駆け付け、ヤフーの新システム「ゲームプラス」への期待
を語った。各社の願いはゲームの作り手の「自由」を取り戻すことにある。

　スマホアプリの場合、アップルの「アップストア」やグーグルの「グーグル
プレイ」を経由しないと消費者にゲームを提供できない。つまり、アップルや
グーグルのアプリ配信のルールを守ることが大前提となるのである。加えて、
収益の30%を手数料として納めなければならず、改良のために仕様を変更し
たくても審査に1〜2週間を要する。物販などとの連携も「迂回課金」と捉え
られればNGとなる。スマートフォンの普及とともに動作が速く表現力を高
めやすいアプリが浸透し、アップルなどがスマートフォンを経由するネット空
間を牛耳るようになったことに対して、ヤフーで新サービスを担当する脇康平
氏は「ゲームの創造性が制限されていた」という。

　ゲームプラスは動画表示に優れたHTML5というプログラミング言語を使い、
一般的なウェブサイト閲覧ソフトで好みの作品を選べばすぐにプレイができ、
URLのリンクをタップすればすぐにゲームを楽しめる。LINEやメールでゲー
ムのURLを送り、友人や家族とも共有できる。課金にはヤフーの決済機能を
利用する。サービス初日からスクウェア・エニックスの新作ゲームなど39作
品を配信しており、ダウンロード不要の簡便さは、スマホゲームの利用者層を
広げる可能性もある。ヤフーの脇康平氏は「ゲームを変革できれば他のサービ

---

　3) 本事例は、「ヤフー、52社とスマホゲーム、脱アプリで「アップル外し」、サイトで完
結、自由に配信」『日本経済新聞』2017年7月19日付朝刊、に基づいている。

スに広げるのは難しくない」と力を込める。その視線の先にあるのは、アップルなどを介さずに、あらゆるソフトを提供するプラットフォームである。

1.4　「市場創造」のメカニズムの解明に向けて

　ここまで3つの事例を紹介してきたが、本書ではこれら現象を「市場が創造された」と捉える。しかし、読者にとっては、これら現象は「市場が創造された」ことに該当しない感覚をもたれた方もいるかもしれない。この認識の差は、まさに理論的枠組みをもって現象を観察したかどうかが影響している[4]。

　本書では「メガマーケティング」という視座から「市場を創造する」ということのメカニズムを理解することを試みる。メガマーケティングとは、Kotler (1986) によって提唱された市場創造のための概念（コンセプト）であり、理論的枠組みではない。しかし近年、「ネオ制度派組織論」という制度分析の枠組みを用いることによって、メガマーケティングという概念を市場創造研究のための理論的視座へと昇華させる試みがなされている。つまり、本書では、ネオ制度派組織論によって理論的視座へと昇華したメガマーケティングによる「市場創造研究」を通して、「市場が創造される」メカニズムを解明し、企業の市場創造戦略に新たな知見を提供することを試みていく。

2　本書の構成

　本書の問題意識と研究目的を改めて示したところで、本書の構成について整理しておきたい。本書は、序章、終章と3つの部の各章、全12章で構成されている（図0.1参照）。序章では、本書の解題として、「市場を創造する」ということに対する本書の視座を提示し、近年の市場創造研究は、理論的枠組みの導入を検討すべきものが多いことを批判的に検討したうえで、本書が挑む課題について詳述してきた。そのうえで、本書が捉えようとしている市場創造の所在を明示するために、3つの事例を紹介し、理論的枠組みをもつことの重要性

　4）理論的枠組みをもって事例を見ると何が見えてくるのか。3つの事例は第5章で改めて取り上げ、この点を明らかにしたい。

図 0.1　本書の構成

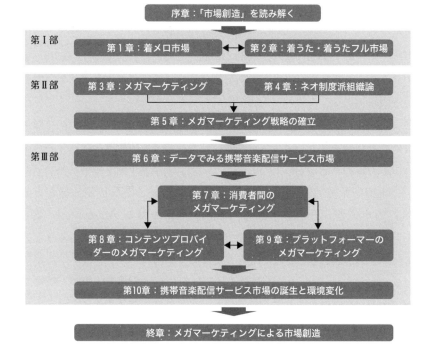

について言及した。

　第 I 部の第 1、2 章では、本書の分析対象となる 2 つの事例を紹介する。1 つは「着メロ市場」であり、もう 1 つは「着うた・着うたフル市場」である。これら市場は、日本の音楽産業に多大な収益をもたらした、世界初の携帯電話向け有料音楽配信サービスである。ここでは 2 つの章にわたって、それぞれの市場がどのように創造され、いかにして普及していったのか、そして日本の音楽産業にどれほどの収益をもたらしたのか、その詳細について記述している。

　第 3 〜 5 章で構成される第 II 部では、本書の理論的視座を明らかにする。第 3 章では、「市場を創造する」ことを捉えるための本書の視座として、Kotler (1986) で提唱された「メガマーケティング」という概念について詳述する。Kotler (1986) のメガマーケティング概念は、市場創造研究に多くの示唆を提供してくれたものであったが、30 年以上にわたって、理論的基盤なき崇高なマネジリアル概念に留まっていた。しかしメガマーケティングの概念は、

Humphreys（2010）によって新たな理論的基盤の支えが施され再び注目されていることを第3章で詳述する。本章の冒頭に記述した「どのように市場は創造されるのか？（How are new markets created?）」は、Humphreys（2010）の冒頭に登場する文章である。この章ではKotler（1986）とHumphreys（2010）を再考することによって、今日の市場創造研究におけるメガマーケティング概念の所在を明らかにし、本書の理論的視座になることを確かめる。

第4章では、「市場を創造する」ことを捉える、メガマーケティング概念を本書の理論的視座へと昇華させるために必要な制度派組織論について詳述する。制度派組織論の系譜（旧制度派組織論と新制度派組織論）を深耕する中で、本書では、新制度派組織論の限界を超えようとするネオ制度派組織論がKotler（1986）のメガマーケティング概念の理論的基盤となり、Humphreys（2010）を契機とした今日の市場創造研究にとっては必要不可欠なものであること、そして、本書の理論的視座になることを詳述している。

第5章では、「市場を創造する」ことを捉えるための理論的視座として、メガマーケティング概念を据えるべく、なぜネオ制度派組織論がメガマーケティングという視座の理論的基盤になるのかについて明らかにしていきたい。とくに、注目すべき概念として、「制度的実践」という戦略的適応のあり方について詳述している。

第6～10章で構成される第Ⅲ部では、本書で扱うデータと実証分析について詳述したうえで、実証分析をふまえたインタビュー調査とさらなる議論を展開する。第6章では、第7～9章の実証分析で用いられるデータについて詳述する。本書では、分析対象となる2つの携帯音楽配信サービスにおける多様な主体の相互作用を実証分析で明らかにしていくため、多様かつ大規模な情報源（データセット）を用いる。そのため、この章では、第7～9章で用いるデータについて詳述しつつ、分析対象となる2つの携帯音楽配信サービス市場の概況について、読者のみなさんに把握してもらうことを目的としている。

第7章では、本書の分析対象となる2つの携帯音楽配信サービスが、「いかにして消費者たちに普及していったのか」を明らかにするために、着メロおよび着うた・着うたフルに対する消費者たちの「消費実践」（消費者たちがどのように2つの携帯音楽配信サービスを利用していたのか）を明らかにすることを目的とし、インターネット上のQ&Aサイト（ナレッジコミュニティ）に保存され

ている当時の膨大な消費者同士の対話履歴データを収集し、それら自然言語の大規模データを「トピックモデル」と呼ばれる手法を用いて内容分析することで、当時のユーザーたちの消費実践を明らかにすることを試みる。

第8章では、市場創造のためのメガマーケティング戦略の有効性を明らかにする。着うた・着うたフルという携帯音楽配信サービスが、「どのように創造されたのか」ということについて、同市場における主体たち（複数のレコード会社による共同出資会社や携帯キャリア会社など）の戦略的適応を深耕するために、着うた・着うたフルの音源を提供する音楽業界の視点から、再び事例分析を試み、実証分析に基づいて議論している。

第9章では、メガマーケティングによる市場創造戦略をさらに深耕するために、着うた・着うたフルという携帯音楽配信サービスのインフラを提供した携帯キャリア業界の視点から、再び事例分析を試み、実証分析を行っている。ここでは、「メガマーケティング・コミュニケーション効果」という現象を明らかにすることによって、着うた・着うたフルという携帯音楽配信サービスが、「どのように創造されたのか」について議論している。

第10章では、本書の分析対象となった携帯音楽配信サービス（着うた・着うたフル）が、「どのように終わっていったのか」を明らかにするために、当時の業界の中心的人物へのインタビュー調査を整理し、本書のこれまでの研究成果を対応させながら、市場が終焉するメカニズムの理解を試みている。この取り組みは、市場創造研究に対して本書が試みる新たな取り組みである。市場の成長を描くだけでなく、市場創造研究は、市場の衰退をどのように理解するのかも、重要な研究焦点であることを本章で示していく。

そして終章では、これまでの議論を包括的に整理し、本書が唱道する「メガマーケティング」という概念が「市場創造研究」に与える学術的貢献を明記することで、企業の市場創造戦略に新たな知見を提供するとともに、「メガマーケティングによる市場創造戦略」に対する本書のインプリケーションをまとめたい。

＊　＊　＊

それでは早速、次の第Ⅰ部では本書の分析対象となる2つの携帯音楽配信サービス市場が「どのように創造され」「いかにして消費者たちに普及していっ

たのか」、そして日本の音楽産業にどれほどの収益をもたらしたのか、その詳細について紹介していきたい。事例は、読者のみなさんにも当時の雰囲気を感じてもらいたいという意図から、あえてストーリー仕立てにしている。それでは、みなさんの時計の針を 1990 年代に戻してみよう。

第 **I** 部

携帯音楽配信サービスの市場創造

第1章

着メロ市場

はじめに

1996年、東京・渋谷。学校が終わると一目散に渋谷センター街へと繰り出す女子高生たち。彼女たちの首にはバーバリーのマフラーが巻かれ、肩にはたくさんのキャラクターがぶら下がったスクールかばん。そして、かばんの中からソニープラザやマツモトキヨシで購入したルーズソックスと化粧道具を取り出し、放課後のワタシへと変身。ファミレスに集まってナタデココやパンナコッタを注文し、友達と他愛もない話をする。ファミレスで時間を潰した後は、カラオケボックスでこの時代を席巻した新しいダンステクノミュージックを歌ってみんなで盛り上がる。そんな彼女たちには、いつも肌身離さず大切にしていた3種の神器があった。1995年7月にアトラスから登場した「プリント倶楽部」で友達と撮った大量のプリクラを保存するプリクラ帳、1996年11月にバンダイから発売されたキャラ育成ミニゲーム「たまごっち」、そして友達といつでもどこでもつながっておくための携帯端末。

この時代、彼女たちの間で急速に携帯端末（携帯電話またはPHS）が普及する（図1.1参照）。当時、彼女たちには、携帯端末で自分の個性を表現しようと夢中になっていることがあった。なにやら数字がたくさん書かれた本を片手に、携帯端末の小さい画面に向かって一心不乱に文字盤を打っては流れてくる電子音を確認している。そんなある日、まだ創業まもない株式会社フェイス[1]（以下、フェイス）の平澤創氏は、出張先の静岡県浜松市で立ち寄った書店でフェイスの運命を変える1冊の本に出会う。当時、月間80万部も売れていた「着メロ本」である。

当時、着メロは本に記載された曲データを、携帯端末の数字キーで打ち込み、自作するものだった。着メロ本がこれほど大ヒットした理由は、携帯端末の機

図1.1 携帯端末契約数の推移

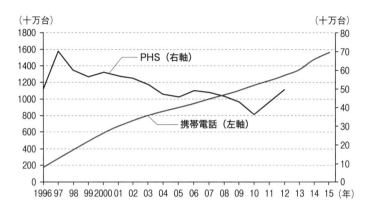

（注）2013年10月以降、PHS事業者から契約数の情報提供が取り止められたため、以降の契約数は不明。
（出所）電気通信事業者協会の公開資料より。

1） フェイスは、京都府京都市中京区に本社を置くIT関連企業である。2019年現在も社長の平澤氏は、大阪芸術大学芸術学部の音楽学科を卒業後、大手ゲームメーカーの任天堂に入社し、同社を退職後、1992年10月9日に任天堂時代の同僚であった中西正人氏と2人で地元京都のマンションの一室でフェイスを創業した。創業当時の日本の音楽業界には、2つの潮流があった。1つは、B'zやZARDなど、音楽事務所ビーイング所属アーティストの空前の大ヒットである。ビーイング所属アーティストが次々とヒット曲を飛ばす中で、音楽業界全体が活況となり、各レコード会社から新曲が矢継ぎ早に発売されるようになった。ミリオンヒット曲が次々と生まれた時代であったが、それでもなお多くの楽曲は鳴かず飛ばずで、CDの在庫数も増加傾向にあった。もう1つは、DTM（Desktop Music）というパソコン通信によって音楽をダウンロードしようとする消費文化が、一部の消費者たちの間で支持を得つつあったことだった。そこで、フェイスは、在庫リスクの少ないパソコン向けの音楽流通として、自社制作の音楽データ「MIDI」をフロッピーディスクに入れた「PROLINKS'」というパッケージ販売を開始した。

　1994年には、フェイスは音楽データ「MIDI」の商業配信事業サービスをニフティと日本で初めて開始する。しかし、当時のフェイスは、自社制作のMIDIデータを200曲程度しか用意できなかった。そこで、フェイスは、多くのMIDIデータを保有しているヤマハとローランドに対し、MIDIデータをニフティサーバーに貸し出して、ダウンロード収入を得るビジネスモデルを提案し、多くの楽曲を準備することに成功した。ただ、当時の日本国内のインターネット環境は、ブロードバンドもなく回線速度は非常に遅く、パソコンを使う人自体がオタクと見られていた時代であり、パソコン通信で音楽をダウンロードしようとする人はごく少数であった。→

種ごとに異なる半導体が使用されていたため、着メロを自作する際にも、機種ごとに異なる数字キーの打ち込みが必要だったからである。ユーザーにとっては、このうえなく不便だったにもかかわらず、着メロ本が大ヒットしていた状況に平澤氏は驚きを隠せなかった。また同時期に、「iモード」というインターネットに接続できる携帯端末がキャリア最大手のNTTドコモから出ることを平澤氏は耳にしていた。このとき、平澤氏の頭の中で2つの異なる点がつながった。「端末に音源を入れて着メロをダウンロードできる仕組みを作れば儲かる」というアイデアだった。

1 着メロ市場の誕生と黎明期

▶ 1995〜98年

1995年、本格的に日本国内で携帯端末が普及し始めた。街角では、ひっきりなしに「ピピピ」と電子音が鳴り響く。1人の携帯端末が鳴ると、周りの人たちも慌ててかばんやポケットを探り、自分の携帯端末が鳴っているのではないかと確認した。こんな光景が、当時は当たり前となっていた中、1996年4月にNTTドコモは「デジタル・ムーバ N103 HYPER」（NEC製）を発売する。世界で初めて「着信メロディ機能」が搭載され、消費者たちは、端末にプリセ

そこで、フェイスは、MIDIデータの配信先をパソコンから異なる媒体へと移していくことを画策する。1995年、フェイスは、パイオニア、日光堂（現・エクシング）、東映ビデオの3社が共同開発した世界初の通信カラオケシステムにMIDI音源を提供する制作会社として、月間300以上の楽曲を提供するようになる。翌1996年には、カシオ計算機と共同で世界初の家庭用通信カラオケサービス「LANA Online City」を開始。Windows 95の大ヒットも重なり、家庭用通信カラオケサービスは急成長した。しかし、多くの楽曲を提供することができなかったことから、ビジネスとしての成長にも限界があった。そこで、翌1997年には、ソネットと共同で、フェイスの音源技術・配信技術を利用したインターネットカラオケサービス「KaraOK!」を開始した。

「KaraOK!」は当時大ヒット（累計出荷数1500万枚）となった愛玩電子メールソフト「Postpet」と同時にダウンロードされるようにパッケージ化され、エクシングから提供された楽曲は300円／曲だったにもかかわらず、多くの消費者たちの間でインターネットカラオケが普及することとなった。MIDIデータを中核に、次々とカラオケ事業に参画していったフェイスは、1998年には、ついにインターネットで3万曲を超えるMIDIデータを配信するようになった。しかし、矢継ぎ早に展開したこれら事業の中には失敗に終わったものもあり、辛抱の時期が続いた。

ットされた楽曲から好きな着信音を選択できるようになった。しかし、着信メロディ機能によって、周囲とは違った着信音を鳴らすことができるようにはなったが、プリセットされた楽曲はごくわずかであった。数カ月後の 1996 年 9 月、日本移動通信（IDO、現・au）が、「デジタルミニモ D319」（デンソー製）を発売する。デジタルミニモ D319 には、携帯電話としては初めて、自分で作曲したメロディを着信音にすることができる「メロディ着信音作曲機能」が搭載された。

　これ以降、B'z や GLAY、Mr.Children などといった流行の J-POP の着信メロディを自作することで、周囲とは違った着信音を鳴らすことに日本中が夢中になった。このムーブメントに一石を投じ、着メロ文化を世の中に定着させたのが、1998 年 7 月に双葉社から発売された『ケータイ着メロドレミ BOOK』である。『ケータイ着メロドレミ BOOK』はシリーズ累計 350 万部を売り上げる大ベストセラーとなった（1999 年 3 月時点。2001 年時点では累計 600 万部）。これほどのベストセラーとなった背景には、当時の特有の事情があった。当時は携帯電話が普及する黎明期だったこともあり、端末メーカーの間で異なる半導体が使用されるなど統一した規格は存在せず、各メーカーが独自で携帯電話を製造していたことから、同じ楽曲であっても機種ごとに打ち込み方が異なっていたのである。加えて、説明書を見ながらいちいち文字盤を打って着信メロディを作る作業は非常に手間であり、消費者たちは不便を感じていた。そこで、双葉社が機種ごとに流行の J-POP などの着信メロディを端末に打ち込む方法（音打ち）を解説した手引書を発刊したことで、爆発的なヒットを記録したのである。

　一方で、当時、携帯電話と利用者を二分していた PHS 事業では、一歩先の試みが行われていた。1996 年 11 月、電子楽器・通信カラオケ業界のメーカー系業界団体である音楽電子事業協会（AMEI）が、図 1.2 のように市場の飽和感が漂っていたカラオケ業界の次世代の成長事業として「携帯電話着信音の MIDI データ化とその配信及び課金」構想を発表したのである。そして、1997 年 6 月、PHS 事業会社大手のアステル東京が「着信メロディ呼び出しサービス」を開始することとなる。メーカー各社も対応機種である「AS-11」（シャープ製）、「AD-11」（デンソー製）を発売し、演奏データをサーバーから携帯端末へダウンロードするサービスを確立した。着信メロディ配信サービスの誕生で

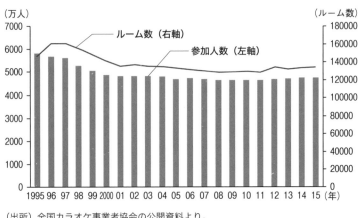

図1.2 参加人数・カラオケルーム数の推移

（出所）全国カラオケ事業者協会の公開資料より。

ある。その後、1998 年 10 月には、アステル東京が「着メロ[2]」を商標登録し、着信メロディ配信サービスの本格的な成長期を迎えることとなる。

2 着メロ市場の成長

▶ 1998〜99 年

　1998 年 11 月、デジタルホングループ（現・ソフトバンク）が他社に先駆けて、携帯電話事業で着メロ配信サービス「スカイメロディ」を開始。当時は、まだインターネット回線がナローバンドだったこともあり、消費者たちは、センターに電話して希望の楽曲を選択し、後からスカイメールで着メロが配信されるのを待っていた。

　そして翌年 1999 年 2 月 22 日、NTT ドコモが世界初の携帯電話 IP 接続サービス「i モード」を開始する。新たな携帯電話サービス時代の到来である。サービス開始当初からネットバンキング、待受壁紙、着メロの入力データの配信などの i メニューサイトが立ち上げられ、女優の広末涼子氏をイメージキャラクターに起用し、利用方法を広く認知させた。加えて、メール機能の i モード

　2） 2010 年 3 月に「着メロ」の商標は、当時、美少女ゲーム「CLANNAD」を開発したゲームメーカー・ビジュアルアーツが 2550 万 2000 円でヤフーの公売オークションで落札している。

メールは、ショートメールや10円メールよりも通信料が廉価でインターネットメールとして使えることから、サービス開始当初から爆発的に普及する要因となった。

　着メロの入力データの配信サービスとは、ギガネットワークスによる「着信メロディGIGA」が運営していたものであり、携帯端末の画面に着メロの入力データが表示されるというものであった。消費者たちは、その入力データを紙などに書き写した後に、携帯電話でそれを見ながら結局はキー入力をしていた。消費者にとっては、この上なく不便に思えるようだが、当時iモードが約200万ユーザーだったのに対して、全ユーザーの5％に当たる約10万人が利用していたことからもわかるように、いかに着メロが魅力的なコンテンツであったのかがわかるであろう。

　iモードの大ヒットにより、1999年4月にはDDIセルラー・IDO（現・au）がEZwebを、1999年12月にはJ-PHONE（現・ソフトバンク）がJ-スカイ（現・Yahoo!ケータイ）といった同様の携帯電話IP接続サービスを展開し、iモードを追従することとなった。

　そして、着メロが広く普及する契機となったのが、1999年12月にNTTドコモのiモードの公式サイトとして、エクシング（通信カラオケ業者、コンテンツプロバイダー）、フェイス（ファイルフォーマット開発、配信システム開発）[3]が

　3）本章の冒頭からも推察できるように、フェイスは、着メロ市場の創造の立役者である。先述のように、平澤氏は出張先で着メロ本を目にし、着メロをダウンロードさせるアイデアを思いつく。

　早速、平澤氏は、自らの人的ネットワークを駆使して、新大阪にあるロームの子会社ギガレックスと、任天堂の部品を提供しているメガチップスに向かった。しかし、平澤氏のアイデアに対して、双方ともあまりよい反応は示さなかった。それでも平澤氏は諦めきれず、再びギガレックスの藤木英幸社長を会食に誘った。そこで平澤氏のアイデアに興味を示した藤木氏は、平澤氏のアイデアが実行可能かどうかを検証するために、総合電機メーカーである三菱電機に掛け合ってくれたのである。三菱電機もこのアイデアに積極的な姿勢を示した。

　なぜならば、当時は、新しい機種の開発にあたって、キャリアからほとんどの仕様が決められていた中で、唯一メーカー間で差別化が可能であった部分が着メロだったからである。三菱電機は、早々に試作機を完成させ、平澤氏のアイデアが実行可能であることをギガレックスと検証した。そして、京都の半導体トップメーカーのロームに音源チップの開発を依頼し、三菱電機とローム、両社の営業網を通じて、NTTドコモに営業をかけたのである（1999年7月）。→

参画した着メロ配信サービス「ポケメロ JOYSOUND」の登場であった。先の
ギガネットワークスのサービスに続いて、通信カラオケ事業を展開する第一興
商なども、着メロの入力データ配信サービスを開始していたが、ｉモードの携
帯端末には、機種ごとに異なった音源チップが搭載されていたため、機種ごと
に異なる音源入力用データを揃えておく必要があった。それゆえ、着メロを配
信するコンテンツプロバイダーにとっては、データを製作するコストが多大と
なり、着メロ１曲当たりのダウンロード料金も高く設定せざるをえなかった。
しかし、ポケメロ JOYSOUND では、どこのメーカーの機種でも着メロが再生
できるように着メロデータを統一規格（Compact MIDI[4]）とすることで、１つ
のファイルフォーマットであらゆる機種に対応することを可能とした。同規格
は、NTT ドコモの「デジタル・ムーバ 502i HYPER」シリーズより採用され、
さらにこれまで単音だった着メロを和音で３和音にまで拡張したものを配信す
ることができるようになった。

　その後、ポケメロ JOYSOUND（エクシング、フェイス）に追従するように、
「セガカラ」（セガ、ISAO）、「ローランド・サウンドギャラリー」（ローランド、
NTT ビジュアル通信）など、ｉモード、EZweb、J-スカイそれぞれでコンテンツ
プロバイダーの新規参入が相次ぐこととなり、着メロ市場は群雄割拠の時代へ
と突入することとなった。

3 着メロ市場の成熟と拡大

▶ 2000 年〜

2000 年代に入るとさらに着メロ市場が拡大していくこととなる。相次ぐコ

　そこで平澤氏は、着メロ本がこれだけ大ヒットしているにもかかわらず、NTT ドコモ
は１円も儲かっていない不可解な状況を説明し、課金ビジネスの可能性を力説した。ｉ
モードのキラーコンテンツを模索していた NTT ドコモにとっても、平澤氏の提案は魅
力的であった。また、フェイスはすでにパソコン通信などにおけるダウンロード課金と
著作権処理等についても豊富なノウハウを持ち合わせていたことも、より平澤氏の提案
に説得力を与えるものとなった。1999 年、ｉモードは破竹の快進撃を続け、フェイスの
着メロ配信技術が搭載された携帯端末は次々と売れていった。翌 2000 年には、KDDI の
EZweb でも Compact MIDI を利用した着メロ配信サービスが開始され、2001 年３月期
には、従業員 23 人のフェイスは、１人当たりの利益が１億円超となり、当時の任天堂
をも上回った。

ンテンツプロバイダーの新規参入により、一時は国内の着メロ配信サービス事業者は 100 社を超えるようになる。それゆえ、着メロのダウンロード料金の価格競争が始まり、1曲当たり 20〜30 円程度（月額 300 円で 10〜15 曲までダウンロード可能）にまで下落した。また、他のコンテンツプロバイダーと差別化を図るために、各社とも在庫楽曲数の拡大や和音化にしのぎを削るようになる。

　先陣を切ったのは、2000 年 3 月に着メロ配信サービスを開始したヤマハの「ヤマハメロっちゃ！」である。ヤマハメロっちゃ！では、3000 曲の楽曲を有し、同時発音数が 3 和音に加え、i モードで初めて 4 和音の着メロ配信サービスを開始した。また、ヤマハメロっちゃ！の 4 和音に対応した N502i（NEC製）は、i モード史上において爆発的なヒット機種を記録した。その後、2000年 7 月には、LSI（クアルコム製）が搭載された世界初の 16 和音再生に対応した au の cdmaOne 端末「C309H」（日立製作所製）が発売され、同時に NEC の着メロ配信サービス「N メロディタウン」が 16 和音の人気楽曲 70 曲を配信するようになった。2000 年 10 月には、NTT ドコモも 16 和音に対応した「デジタル・ムーバ 503i HYPER」シリーズを、J-PHONE は「J-D03」（三菱電機製）、「J-PE03」（パイオニア製）を発売し、16 和音の着メロに対応していった。

　2001 年になると、さらに着メロの発音数競争に拍車がかかることになる。主流は 32 和音となる中で、2001 年 6 月には、世界初の 64 和音再生に対応したツーカーの「funstyle TK11」（京セラ製）が発売される。ただし、64 和音が楽しめるのは、第一興商などとの提携による EZweb 上に設けられた funstyle

----

　4）MIDI とは、Musical Instruments Digital Interface の略であり、1981 年に、日本メーカー 4 社（ヤマハ、ローランド、カワイ、コルグ）と、当時の米メーカー 2 社（シーケンシャル・サーキット、オーバーハイム）の合意によって策定された電子楽器同士を接続するための世界共通規格のことである。そして、この「MIDI」という規格に従った信号（どの音を、どれくらいの長さと強さで発音するのかといった情報）を受信して、実際に発音するのが MIDI 音源である。

　これに対して、「Compact MIDI」とは、フェイスが開発した MIDI データの容量を最小化する独自フォーマットのことである。当時、携帯端末に着メロをダウンロードしてもらうために MIDI データの利活用が検討されたが、従来の MIDI データでは容量が大きすぎるため、i モードではダウンロードすることができなかった。その問題をクリアするために開発されたのが、着メロをダウンロードするための携帯電話用音楽フォーマット「Compact MIDI」である。NTT ドコモから提供される全携帯端末に搭載されることになった当該技術は、i モード仕様にカスタマイズした「MFi（Melody Format for i-mode）」というものであった。

図1.3　着メロ配信サービス市場規模の推移

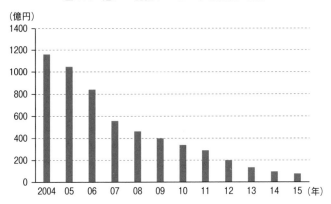

（注）2003 年以前は資料がないが、JASRAC が徴収していた着メロ配信に
　　　よる MIDI 音源の使用料（図 1.4 参照）から 2002 年、2003 年も着メロ配
　　　信サービスの市場規模は 1000 億円を超えていたと推測される。
（出所）モバイル・コンテンツ・フォーラム（MCF）の公開資料より。

サイトのみであったため、64 和音の着メロ配信サービスの普及は限定的であ
った。また時を同じくして、後に大手コンテンツプロバイダーへと成長するド
ワンゴが i モードで 16 和音の着メロ配信サービス「いろメロミックス」を開
始する。
　2002 年には、32 和音に加えて 40 和音も主流となる中で、i モードでハドソ
ンがダウンロード曲数無制限でコンテンツ料金定額制の「着メロ取り放題
¥100」を開始し、価格競争により一層の拍車をかけることとなった。その後、
2003 年には、64 和音が主流となっていく中で、着メロに対する消費者の意識
も変化していく。もともとは「呼び出し音」として使われた着メロだったが、
普段は携帯をバイブレーションにしているにもかかわらず、着メロ配信サービ
スに加入しており、ダウンロードした着メロを暇なときに聞いたり、寝る前に
聞いたりしていた。また、「今流行っている曲は何なのか」「どんなアーティス
トが新曲を出したのか」といった音楽情報を調べるためのメディアとしての役
割も果たすようになった。
　そして 2004 年、着メロ配信サービス市場は、史上最高額の 1167 億円の市場
規模となった。2005 年 8 月には、ついに 128 和音再生に対応した携帯端末
「W32S」（ソニー・エリクソン製）が au から発売され、64 和音と 128 和音が着

メロの主流となっていった。そして、2005 年も前年に引き続き 1000 億円を超える市場規模となった（図 1.3 参照）。しかし、着メロがいつまでもその隆盛を誇ることはなかった。市場規模が史上最高額の 1167 億円となったその年、「着うた」[5]なるものがにわかに消費者たちの間に浸透していくことになる。

4 着メロに対する JASRAC の対応

　着メロ配信サービス市場が成長する過渡期だった 2000 年、日本音楽著作権協会（JASRAC）は急速に拡大する新たな音楽産業市場への対応を模索していた。JASRAC とは、音楽著作権の集中管理事業を日本国内において営む一般社団法人である。当時、JASRAC には着メロから音楽著作権に係る使用料を徴収する仕組みがなかった。しかし、急速に拡大する着メロ配信サービス市場を看過することはできず、JASRAC は音楽配信事業者の団体であるネットワーク音楽著作権連絡協会（NMRC）と楽曲をインターネットで配信する際の使用料（事業者側が JASRAC に支払う料金）について協議を重ねたが、なかなか双方が合意に至ることはなかった。最終的には、暫定的ではあったが JASRAC 側が主張していた 1 曲当たり 7.7％（または 7.7 円の多い方）に決着し、2000 年 8 月 17 日、インターネットを通じた楽曲の商用・非商用配信サービスの使用料規定について文化庁に認可を申請したことを発表。さらに、JASRAC は、着メロでの楽曲使用料金についても 1 曲当たり 5 円と定めることとした。

　この一連の「MIDI 狩り」と呼ばれる JASRAC の対応に対して、NMRC だけでなく、当時、音楽配信事業に乗り出そうとしていたソニー・ミュージックエンタテインメント（SME）やエイベックスなど、日本レコード協会（RIAJ）に加盟するレコード会社からも「音楽配信はまだ黎明期で、普及率も低くビジネス的にどうなるのか不透明だ。そのような状況で、厳格な料金規定を設けても意味がなく、世界的に見ても、現時点では暫定的なルールしか存在しない」と JASRAC の対応に同意することはなかった。

---

　5)「着うた®」は株式会社ソニー・ミュージックエンタテインメント（SME）の登録商標である。

図1.4　着信メロディ配信による音楽著作権使用料徴収額の推移

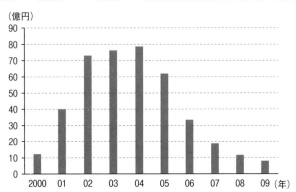

（注）2010年より着メロ・着うた・着ムービーによる音楽著作権使
　　　用料徴収額が統合されており、着メロだけの算出は不可。
（出所）日本音楽著作権協会（JASRAC）の公開資料より。

　その後、着メロ配信サービス市場の拡大に伴って、JASRACの着メロ配信に
よる音楽著作権使用料徴収額は、2000年に前年の約5倍の12億2000万円、
2001年には前年の約3倍の40億861万円、2002年は73億2382万円へと、
JASRACの屋台骨であるCD録音や演奏に対する使用料徴収額の伸び悩みを補
完する一大事業となっていった（図1.4参照）。

5 着メロから着うたへ

　本章では、「着メロ」という携帯音楽配信サービス市場が「どのように創造
されたのか」について見てきた。着メロは、消費者たちが周囲のユーザーと着
信音を識別したいというニーズから生まれたものであった。当初は数曲の着メ
ロが携帯端末にプリセットされたものであったが、その後、『ケータイ着メロ
ドレミBOOK』を手引書とした、ユーザーたちの音打ちによる自作によって、
若者たちを中心に、着メロは1つの音楽文化を形成していくようになった。そ
れを社会的現象として決定的なものにしたのが、フェイスである。
　フェイスは、着メロを取り巻く多様な主体たち（携帯キャリア会社、携帯端末
メーカー、半導体メーカーなど）と協調的・協働的な関係性を構築していくこと

によって、「端末に音源を入れて着メロをダウンロードできる仕組みを作れば儲かる」というアイデアを実現させていった。そして、着メロという携帯音楽配信サービスは、2004 年に当時の日本の音楽産業全体の 4 分の 1 に相当する 1167 億円の市場を形成するまでになった。

　しかし同時に、着メロ以外にも「着うた」なる新たな携帯音楽配信サービスが、すでに 2004 年当時には、200 億円程度の市場を形成しつつあった。これが次章で紹介する本書のもう 1 つの分析対象である。「着うた」は、着メロとはまったく異なる様相で市場を創造していくこととなる。本章の「着メロ」という市場が先行市場としてあることを念頭に置きつつ、「着うた」という携帯音楽配信サービス市場が「どのように創造されたのか」について、次章をご覧いただきたい。

（付記）　本章は、西本章宏・勝又壮太郎・井上哲浩（2018）「有料音楽配信サービス業界における新市場創造戦略（A）：着メロ」『慶應義塾大学ビジネススクール・ケース』を加筆・修正したものである。

第2章

着うた・着うたフル市場

はじめに

1999 年。一時代を築いたダンステクノミュージックのムーブメントが一巡し、ミリオンヒット曲数にも陰りが見え始めてきた。同時に、これまで栄華をきわめていた音楽ソフト（CD などの物販）市場に変化の波が押し寄せていた。それまで前年割れすることのなかった音楽ソフト市場は、この年初めて市場が縮小した（図 2.1 参照）。

長年、日本の音楽業界を牽引してきたソニー・ミュージックエンタテインメント（SME）は、この変化にいち早く対応しようと、消費者に音楽を届ける新たな手段を模索し始めていた。そして当時、彼らが注目したのが、アメリカで台頭しつつあった有料音楽配信サービスだった。

1 着うた市場の誕生と黎明期

▶ 1999〜2003 年

1999 年 12 月 20 日、SME 傘下のソニー・ミュージックダイレクトは、日本で最初に大手レコード会社として携帯音楽配信サービス「bitmusic」を開始する（2007 年 7 月に終了）。しかし、当時のブロードバンド接続契約数は、わずか197 万件（イーシーリサーチ調べ）であり、多くのユーザーはダイヤルアップかISDN を利用していた。そのため、楽曲を 1 曲ダウンロードするのに 16 分もかかってしまうことに加え、レコード会社は CD が売れなくなることを恐れて新譜を配信することに消極的だったため、配信楽曲数も 1000 曲程度しか準備することができず、順調な船出とはいかなかった。

そこで目をつけたのが、当時、著しい成長を誇っていた着メロ配信サービス

図2.1　音楽ソフトの市場規模（左軸）とミリオンヒット曲数（右軸）の推移

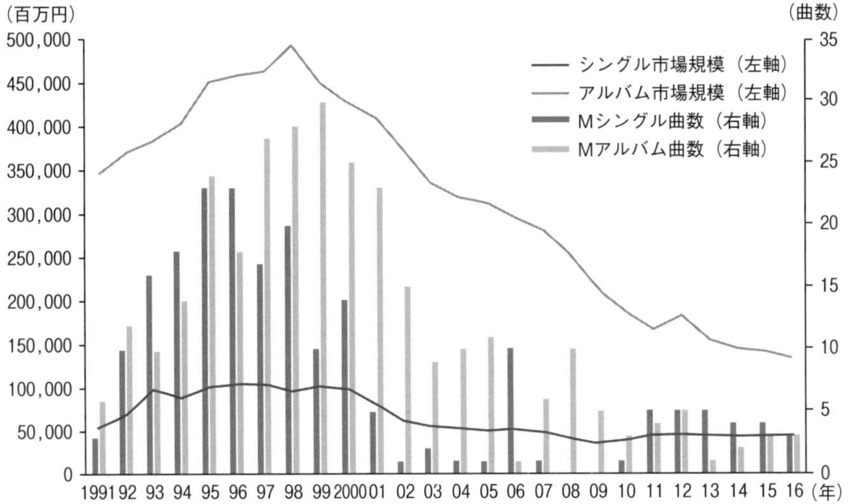

（注）「Mシングル」はミリオンヒットシングルCD、「Mアルバム」はミリオンヒットアルバムCD
　　を示す。
（出所）日本レコード協会の公開資料より。

であった。レコード会社は、以前から着メロ配信サービスに対して不信感を募
らせていた。なぜならば、着メロ配信サービスで使用される楽曲はCD音源で
はなくMIDI音源であり、メロディに対してJASRACに使用料を支払えば誰で
もビジネスを展開できる仕組みになっていたのである。このため、前章の図
1.4で見たようにJASRACのMIDI音源使用料徴収額は劇的に伸張したが、着
メロに対する使用料は作曲者などの著作者に支払われるもので、歌っているア
ーティストや、その曲に投資・宣伝をしているレコード会社には一切入らない
という歪なシステムになっていたのである。以下は、当時の着メロ配信サービ
ス市場に対するSMEの声である。

　「レコード会社が人、モノ、金を使ってヒット曲を生み出して、着メロは成り
　立っている。しかし着メロが売れてもレコード会社の収入にはならない。不満
　のぶつけようがない」（レーベルモバイル社長・上田正勝氏）[1]

----
1) ITmedia Mobile「着メロの進化形目指す〜『着うた』の裏側」2002年12月10日
　（http://www.itmedia.co.jp/mobile/0212/10/n_uta.html）。

　「レコード会社は売れる前から地道なプロモーションを重ねた結果、大ヒット曲を生み出している。それで着メロがここまで大きくなったのに、恩恵が全部他人に取られてしまっている」（SME デジタルネットワークグループ部長・今野敏博氏）[2]

　しかし、bitmusic で辛酸をなめた SME は、次の一手を見据えていた。bitmusic の設立から約 1 年半後の 2001 年 7 月、大手レコード会社 4 社（エイベックス、東芝 EMI、ビクターエンタテインメント、ユニバーサルミュージック）と共同出資により運営される携帯電話向けコンテンツサービス会社、「レーベルモバイル株式会社[3]」（以下、レーベルモバイル）を立ち上げ、「レコード会社直営♪サウンド」（通称、レコチョク）による新たなサービスを展開しようとしていた。そして、パートナーとして選んだのが KDDI だ。当時、KDDI が展開する携帯電話事業 au は、J-PHONE（現・ソフトバンク）と激しいシェア争いを繰り広げていた。しかし、J-PHONE の「写メール」が大ヒットしており、KDDI はこれに対抗するために、第 2 世代携帯電話（2G）から第 3 世代携帯電話（3G）へ移行することに社運を賭けていたのである。そして、3G だからこそ楽しめる魅力的な大容量キラーコンテンツを模索していたのだ。そこに、レーベルモバイルは、「着うた」というコンテンツを提供することで、「音楽に強い au」というブランドイメージを確立することを提案したのである。

　「着うた」という呼び名の由来は、300〜400 程度の候補の中から選ばれたものであった。本質的なサービスは、着メロとは異なり楽曲そのものを配信することから、まさに「音楽配信」であったが、音楽配信というと、当時の消費者には難しい印象を与えかねないリスクがあった。加えて、「携帯電話から流れてくる音楽＝着メロ」という認識が広く消費者に認知されていたことから、「着」をつけることで消費者の心理的障壁を取り除こうとしたのである。そして、「メロ」が片仮名であったことから、平仮名で「うた」にしようということから、「着うた」という呼び名が誕生したのである。

　そして、2002 年 12 月 3 日。au は、着うた対応端末である「A5302CA」（カシオ計算機製）を発売し、着うたのサービスを開始した。世界初の新たな携帯

2） 同上。
3） なお、レーベルモバイル株式会社は 2009 年 2 月 1 日より社名を株式会社レコチョクに変更している。

音楽配信サービスの幕開けだ。A5302CA には、CHEMISTRY の楽曲「My Gift to You」がバンドルされ、これが世界初の着うたとなった。着うたの初日のダウンロード数は、PC 向けの有料音楽配信では考えられなかった 3000 ダウンロードを記録した。これは、bitmusic での苦い経験を活かした SME の策略が功を奏した。bitmusic がつまずいた 1 つの要因に、提供楽曲数の少なさがあった。そこで SME は、当初から多くの楽曲を提供できるように、1 社ではなく、先述の大手レコード会社 4 社と共同出資による世界初の携帯電話向けコンテンツサービス会社を設立することによって、当初から多くの楽曲を準備し、当時の人気アーティストである浜崎あゆみも CHEMISTRY も宇多田ヒカルも、一度に買えるような状況を創り出したのである。

　しかし、翌 2003 年は、着うたが広く普及することはなかった。そこには、2 つの理由があった。1 つは、着うたは楽曲そのものを提供するサービスであることから、着メロとは異なり、著作権者に加え、著作隣接権者（歌唱者、音源を保有するレコード会社、芸能事務所など）にも使用料を支払う必要があったため、着メロに比べてダウンロード料金が割高にならざるをえないということだった。着メロが 1 曲 20〜30 円程度だったのに対して、着うたはその約 3 〜 5 倍の 100 円程度だった。もう 1 つは、着メロでは多くて 50 キロバイト程度のダウンロード容量だったが、着うたでは 100 キロバイトを超える場合がほとんどだったため、ダウンロードに時間を要するうえに、従量課金制だったため、パケット通信料が割高になってしまったのである。

　この状況に、社運を賭けた KDDI は次の一手を打つ。従量課金制であることからパケット通信料が割高になってしまう状況を打開するために、2003 年 11 月 28 日に第 3.5 世代携帯電話と呼ばれる「CDMA 1X WIN」のサービスを開始。それと同時に、「EZ フラット」（後のダブル定額）によるパケット定額制サービスを開始したのだ。それまでの業界の通例を打ち破る大胆な施策に、当時は大きな衝撃が走った。

2 着うた市場の成長と着うたフル市場の誕生

▶ 2004〜09 年

　au の大胆な行動に競合も対応せざるをえない状況になった。au に遅れをとった競合は、パケット定額制サービスを準備することなく、2003 年 12 月にはボーダフォン（現・ソフトバンク）が、2004 年 2 月には NTT ドコモも着うたによる携帯音楽配信サービスを開始し、着うたが次世代の携帯電話コンテンツサービスのキラーコンテンツへと成長する基盤が整いつつあった。その後、NTT ドコモは 2004 年 6 月 1 日から、ボーダフォンは 2004 年 11 月 21 日より、パケット定額制サービスを開始した。いよいよ、着うたによる本格的な携帯音楽配信サービス時代の到来だ。着メロ配信サービス市場が史上最高額の 1167 億円に達した 2004 年、着うたの市場規模も 201 億円の市場規模を形成するまでになった。

　レーベルモバイルと au は、この時代の到来を確信していた。レーベルモバイルは「着うた」による音楽配信サービスを開始する以前から、すでに「着うたフル」[4)]の商標権を申請していた。au は、競合が追従してきた 2003 年 11 月に「CDMA2000 1xEV-DO」というより高速な通信方式を導入し、2004 年 11 月には楽曲の一部だけでなく、楽曲を丸ごと配信する「着うたフル」による携帯音楽配信サービスを開始する。そして、「音楽に強い au」というブランドイメージを確立した au は、新たに「感動ケータイ」というフレーズを使い、先進的で感度の高いブランドになることを宣言した。

　レーベルモバイルと au の見事な施策に、競合はすぐに対応することはできなかった。ボーダフォンは、2004 年 12 月にロングバージョンの着うたを配信することを試みるが、1 分を超える程度の楽曲の提供に留まった。そして、2005 年 8 月にボーダフォンが一部の機種を除いた 3G 携帯端末向けに着うたフルの配信を開始する。NTT ドコモにいたっては、2006 年 6 月にようやく「902iS シリーズ」より着うたフルの配信を開始することとなった。

　着うたフルの登場により、再び 2 つの問題が業界を悩ませた。1 つは、楽曲

---

4) 現在「着うたフル®」は、株式会社ソニー・ミュージック・エンタテインメント（SME）の登録商標である。

をまるごと配信することから、着うたフルは、着うたよりもさらにダウンロードの容量が大きくなってしまうため、携帯端末の本体メモリの容量不足が問題点となった。しかし、各キャリアは、矢継ぎ早に大容量メモリが搭載された携帯端末を発売することで、この問題を解決した。もう1つは、同様の問題点から、各キャリアは外部メモリを搭載した携帯端末を発売したが、着うた・着うたフルは著作権情報を持つので、サービス開始当初は本体メモリから外部メモリへ移すことができなかったのである。しかし、その後、外部メモリーカードの著作権保護機能を使用して、ダウンロードした携帯端末または契約者電話番号でプロテクトをかける方法によって解決が図られた。

　競合であるNTTドコモとボーダフォンが着うたフルへの対応を進めようとしている2006年1月、同市場を牽引してきたauは手を緩めることなく、次の一手を投じる。「LISMO（Listen Mobile Service）」という名の携帯音楽配信サービスシステムだ。LISMOでは、携帯端末やPC、au×Sony「MUSIC PROJECT」に対応したソニー製のウォークマン（旧・ネットワークウォークマン）やネットワーク対応ミニコンポのネットジュークで音楽を聴くための総合携帯音楽配信サービスシステムである。その中核に組み込まれたのが、au Music PlayerとLISMO Playerによる携帯端末とPCの連動である。たとえば、携帯電話で着うたフルによって楽曲をダウンロードし、その楽曲をPCに取り込んで楽しんだり、CDからPCに取り込んだ楽曲を携帯電話に転送して、携帯端末をウォークマンのようにして楽しんだりすることができるようにしたのである。LISMOの登場によって、さらに着うたフルのダウンロード数は増えることとなった。NTTドコモも2007年5月に同様のサービスシステム「うた・ホーダイ」を、ソフトバンクモバイル（現・ソフトバンク）は2007年10月に「S!ミュージックコネクト」を開始し、auのLISMOを追従するようになった。

　その後、着うた・着うたフル市場は、着メロ市場を侵食するように成長を続け、2007年には初めて1000億円以上の市場規模となり、2008年には着うたと着うたフルの累計ダウンロード数が10億を突破するようになった。そして、他キャリアの携帯音楽配信サービスとの差別化を図るため「EZ『着うた』」の名称を使用していたauだったが、他のキャリアと同様の「着うた」に改称した2009年、ついに着うた・着うたフル市場は、史上最高額の1201億円に達した（図2.2参照）。

図2.2　着うた・着うたフル配信サービス市場規模の推移

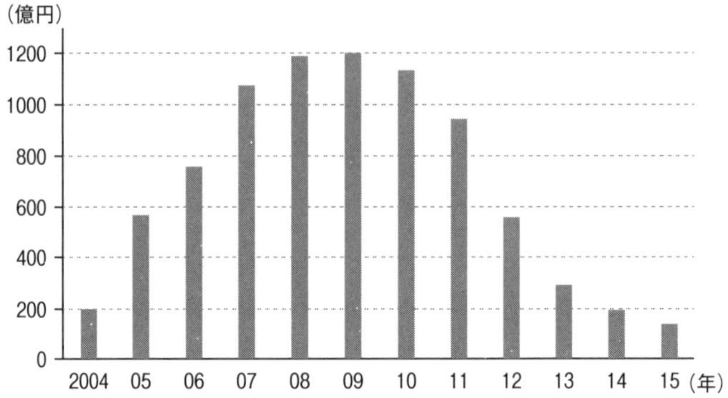

（注）2002 年と 2003 年の資料はなし。
（出所）モバイル・コンテンツ・フォーラム（MCF）の公開資料より。

3 着うた・着うたフル市場の衰退

▶ 2010 年〜

　着うた・着うたフルが、その絶頂期を迎えようとしていた 2008 年 7 月 11 日、有料音楽配信サービス大国アメリカから、突如として黒船が来航する。アップルから発売された「iPhone 3G」である。すでに iTunes を中核とし、日本国内でモバイル音楽端末 iPod への有料音楽配信サービスを浸透させつつあったアップルであったが、本国での発売から 1 年余り、日本国内でもいよいよ本格的に携帯端末の発売を仕掛けてきたのである。しかし、あまりにも革新的すぎる新製品であったことから、当初はその普及は限定的であった。そのため、従来型携帯電話への携帯音楽配信サービスが、同売上の約 87％を占めていた日本国内のプレイヤーたちには、市場を奪われるという危機感はなかった（2009 年時点）。

　その後、2010 年 1 月 27 日には、au、NTT ドコモ、ソフトバンクの各キャリアから「着うたミニ」の配信サービスが開始される。着うたミニとは、着うたよりもさらに短い 3 〜10 秒程度の楽曲を提供する携帯音楽配信サービスのことである。しかし、携帯端末をめぐる日本国内の市場がこの頃から徐々に変化を見せることになる。iPhone 3G の発売から約 2 年が経った頃、スマートフ

ォンの普及が日本国内で本格的な成長期を迎えようとしていた。その後のスマートフォンの普及は、周知の通りである。スマートフォンの普及と同時に、「ガラケー」と呼ばれるようになった従来型携帯電話の普及率は低下し、それとともに着うた・着うたフルの普及率も低下していった。加えて、データの引継ぎどころかメモリすら必要ない iTunes も同時に普及することによって、着うた・着うたフルの優位性は失われることとなった。

　スマートフォンの普及率が 30％ を超えた 2012 年には、着うた・着うたフルの市場規模は、全盛期の約半分となる 554 億円にまで落ち込んだ（図2.2参照）。さらに、スマートフォンの普及率が 50％ を超え、ガラケーの普及率を逆転した 2015 年、着うたフル（シングルトラック）の市場規模は全盛期の 3％（約16億円）にまで激減した[5]。そして、2016 年 12 月 15 日 23 時 59 分、携帯端末への有料音楽配信サービスという文化を日本の消費者に根付かせ、一時はその繁栄を誇り、音楽産業に新たな市場を創造した「着うた」「着うたフル」の従来型携帯電話向けサービスは終了した。2016 年 11 月末時点までの総ダウンロード数は 17 億を超えていたようだ。「着うた」サービスが開始された 12 月 3 日は、「着うたの日」として日本記念日協会に登録されている。

4 着うた・着うたフルをめぐる訴訟問題

　着うた・着うたフルの市場規模が前年に引き続き 1000 億円を超える巨大な市場を築き上げた 2008 年 7 月 24 日、レーベルモバイルは公正取引委員会から独占禁止法上の「共同の取引拒絶」に当たるとする審決を受けた[6]。いったい

---

[5]　中央調査社の報告によれば、スマートフォンの保有率は 2015 年 2 月に 49.7％であったが、2016 年 2 月には 56.3％に伸長している。一方、スマートフォン以外の携帯電話については、2015 年 2 月に 54.3％、2016 年 2 月に 50.0％であり、スマートフォンは 2015 年中に保有率が 50％を超え、同時期に従来型携帯電話（ガラケー）の保有率を逆転したことが示唆される（https://www.crs.or.jp/backno/No738/7381.htm）。

[6]　レーベルモバイルは、SME、エイベックス・マーケティング（旧・エイベックス・ネットワーク）、ビクターエンタテインメント、ユニバーサルミュージック、東芝 EMI の 5 社の共同出資によって設立された会社であるが、そのうち東芝 EMI は、2008 年 7 月 24 日以前に、同様の勧告と同主旨の審決に対して応諾していることから、2008 年 7 月 24 日付の審決の被審人からは除外されている。

何が起こったのだろうか。その根本には、着メロと着うたの間に潜む深い因縁があった。

　先述のように、著作権をめぐって、着メロと着うたには決定的な違いがあった。両者はともに、携帯端末に配信される音楽データではあった。しかし、「着メロ」はボーカルが入っていない MIDI 音源であるため、基本的にはカラオケと同じ内容のものであり、音楽配信事業者は、自らが着メロの音源データを作成することが可能だった。一方、「着うた」は、アーティスト本人のボーカルが入った音楽データであるため、基本的に CD と同じ内容のものであったことから、レコード会社などが作成した CD 音源を利用して作らなければならなかった。この違いから、音楽配信事業者が「着メロ」を配信する場合には、着メロの元となる音楽の著作権を管理している JASRAC などの著作権管理団体等に使用許諾をもらえばよかった。しかし、「着うた」を配信する場合には、レコード会社などの原盤（CD 音源）を使用することから、JASRAC などへの使用許諾に加えて、レコード会社などの原盤権者による使用許諾をも得なければならなかったのである。この原盤権は、CD を複製したり、ネット上で配信したりする権利であり、「レコード製作者の権利」として著作権法第 96 条から第 97 条の 3 に規定されている。

　このように着メロは、権利関係の処理が比較的簡単であったことから、多くの音楽配信事業者が着メロビジネスに参入したことで、巨大な市場が形成されることとなった。しかし着メロがいくら売れても、その楽曲に投資し、ヒット曲へと育て上げたレコード会社には、1 円も利益が入ってこなかったのである。

　このような背景がきっかけとなって、SME が、大手レコード会社 4 社（エイベックス、東芝 EMI、ビクターエンタテインメント、ユニバーサルミュージック）と共同出資により運営される携帯電話向けコンテンツサービス会社、「レーベルモバイル」を設立したことは、先述の通りである。そして、実際に、レーベルモバイルが運営する携帯音楽配信サービス「レコード会社直営♪サウンド（通称、レコチョク）」には、大手レコード会社 15 社（エイベックス、キングレコード、コロムビアミュージックエンタテインメント、SME、テイチクエンタテインメント、トイズファクトリー、東芝 EMI、日本クラウン、バップ、BMG ファンハウス、ビクターエンタテインメント、フォーライフミュージックエンタテイメント、ポニーキャニオン、ユニバーサルミュージック、ワーナーミュージック・ジャパン）

が参画していた。しかし、これら大手レコード会社は、着メロでの苦い経験から、新たな音楽配信事業者に対して、着うたに必要な原盤の使用許諾をほとんど拒否していたのである。このことは、着うたが配信されはじめた直後の関係者の声からもよくわかる。

　「着メロは誰でも事業ができる。しかしモバイルサウンド（着うた）の場合、原盤権者（主にレコード会社）の許諾なしではサービスできない……また、一般ユーザーによるデータの作成もできないようになっている。『着うた』の登場で、まさに『レーベルモバイルをつくった意義が出てきた』……条件さえ折り合えば、例えば大手着メロプロバイダーでも『着うた』を出せる」（レーベルモバイル社長・上田正勝氏）[7]

　「なぜわれわれが着うたをやりたかったかというと、このサービスは基本的に曲の原盤を持っていて実際に宣伝／投資している側に利益が返ってくるビジネスだから。リターンが返ってくれば次に投資できる。そういうビジネスサイクルを作りたかった。われわれのメインビジネスに近いところまで着メロを引き戻したということ」（SME デジタルネットワークグループ部長・今野敏博氏）[8]

　「着メロ配信サービスとは、アーティストにとってもレコード会社にとっても違うビジネス。権利を保護し正当な対価を得て正当な分配をするサイクルを作る。着メロとは違った広がりを見せるだろう」（東芝 EMI ニューメディアグループ課長・山﨑浩司氏）[9]

　その後、レーベルモバイルを共同運営する大手レコード会社のうち 3 社（SME、エイベックス、ユニバーサルミュージック）は、審決案に異議を申し立て、取り消しを求め上告したが、2011 年 2 月 18 日に上告は最高裁判所によって退けられることとなった。

　7）ITmedia Mobile「着メロの進化形目指す〜『着うた』の裏側」2002 年 12 月 10 日（http://www.itmedia.co.jp/mobile/0212/10/n_uta.html）。
　8）ASCII.jp ×デジタル「レコード会社がやりたかったサービス "着うた"」2002 年 12 月 26 日（http://ascii.jp/elem/000/000/335/335412/）。
　9）同上。

5 「市場を創造する」ことに対する本書の視座

　第Ⅰ部では、2章にわたって、「着メロ」と「着うた・着うたフル」という、本書の分析対象となる2つの携帯音楽配信サービス市場が「どのように創造され」「いかにして消費者たちに普及していったのか」、そして日本の音楽産業にとってどれほどの収益をもたらしたのか、について詳述してきた。以下本節では、これらの事例を通して、本書の市場創造研究の立場について、少なくとも3点言及しておきたいことがある。

　1つ目は、「市場を創造する」ことは、非連続的な事象ではなく、第Ⅰ部の事例のように連続的な事象として捉えるべきだということである。第Ⅰ部の事例を一読していただければ、「着メロ」という市場があったからこそ、「着うた・着うたフル」という市場が創造されたことがわかるであろう。市場創造研究とは、市場を「創造する」ことだけでなく、先行する既存市場（もしくは代替となる製品やサービスが提供される市場）が「断絶する（disrupt）」ことにも注目しなければならない。

　2つ目は、「市場を創造する」ことは、企業と消費者という2者間のダイアドな関係の中だけで起こるものではなく、多様な主体同士の複雑な相互作用が交錯するということである。事例を一読いただければ、「着メロ」という市場創造はフェイスが主導し、「着うた・着うたフル」という市場創造はSMEが中心となりつつも、多くの主体を巻き込んだ一大プロジェクトであったことがわかるであろう。つまり、市場創造研究は、企業と消費者を含む多様な主体の複雑な相互作用を捉えることができる分析水準を用意しておかなければならない。

　そして3つ目は、「市場を創造する」ことは、いつも消費者ニーズが契機になるとは限らないということである。第Ⅰ部の事例を一読していただければ、「着メロ」は、消費者ニーズを契機としつつも、「着うた・着うたフル」にいたっては、企業サイドの都合が原動力となったことがわかるであろう。つまり、市場創造研究において、いつも消費者ニーズを環境決定的な変数（所与条件）とする必要はないし、消費者ニーズだけが「市場を創造する」原動力となるわけではない。

　以上3点、本書における市場創造研究の立場を明示したところで、次章では、

これら携帯音楽配信サービス市場の断絶と創造のメカニズムを捉えるために必要な概念や理論的枠組みについて、詳述していきたい。

（付記）　本章は、西本章宏・勝又壮太郎・井上哲浩（2018）「有料音楽配信サービス業界における新市場創造戦略（B）：着うた・着うたフル」『慶應義塾大学ビジネススクール・ケース』を加筆・修正したものである。

「市場創造」を捉える理論的視座

▌第 **3** 章

メガマーケティング

市場創造を捉える視点

はじめに

　本章では、「市場を創造する」ことを捉えるための本書の理論的視座として、「メガマーケティング」という概念について詳述する。Kotler（1986）によって提唱されたメガマーケティングの視座は、市場創造研究に多くの示唆を与えてくれる。しかし、このメガマーケティング概念は、その後の市場創造研究において広く普及することはなかった。

　そこから30年以上の時を経て、崇高なマネジリアル概念としてコトラー（Philip Kotler）が創始したメガマーケティングは、若手研究者の類まれなる研究成果によって、再び注目を浴びることになる。それが Humphreys（2010）である。序章の冒頭に記述した「どのように市場は創造されるのか（How are new markets created?）」は、Humphreys（2010）に登場する最初の文章である。本章では、Kotler（1986）と Humphreys（2010）を再考することで、今日の市場創造研究におけるメガマーケティング概念の所在を明らかにし、本書の理論的視座としていきたい。

1 コトラーによるメガマーケティング概念

　「メガマーケティング（megamarketing）」とは、顧客満足または顧客創造による市場へのアクセス獲得を目的としたマーケティング活動のことである（Kotler 1986）。換言すれば、高い参入障壁が構築された市場（blocked or protected market）に参入する、もしくは自らが参入障壁を形成するための戦術のことをいう。Kotler（1986）では、国内外における企業の市場参入の事例を列

挙し、従来のマーケティング・ミックスに加えて、市場のゲートキーパーに対してパワー（power）とパブリック・リレーションズ（public relations）を行使する必要性を言及している。

　たとえば、Kotler（1986）の冒頭では、インド市場におけるペプシコの市場参入の事例について触れている。当時、インドのソフトドリンク市場は、ライバルであるコカ・コーラが独占しており、ペプシコが参入できる余地はなかった。しかしペプシコは、7億3000万人という巨大な市場に参入するために、インド企業と合弁会社を設立する。そこでペプシコは、ソフトドリンクの輸入額を上回る大量の農業生産物を輸出する事業を展開した。加えてペプシコは、都市部だけでなく農村部にもソフトドリンクを広く供給する体制を築いていった。さらに、食品加工や水質改善技術を惜しみなく提供することで、インドの多様なステークホルダーにソーシャルグッドをもたらし、ついにはインド政府からの支援も取り付けることに成功したのである。コカ・コーラは1978年にインド市場から撤退し、その後に再参入を試みるが、政府からも保護された市場にコカ・コーラが再参入することは、困難をきわめるものとなったのである。

　Kotler（1986）では、国際的な市場参入の事例だけでなく国内の事例として、メリーランド州におけるシティグループの活動についても触れている。当時、シティグループはメリーランド州でフルサービスの銀行を設立することに多くの歳月を費やしていた。メリーランド州におけるシティグループの活動は、クレジットカード発行など限られた銀行サービスしかなかった。なぜならば、メリーランド州法のもとでは、州外の銀行は限定的な銀行サービスの提供しか許可されておらず、広告の出稿や支店の設立、その他のマーケティング活動は禁止されていたのである。そこでシティグループは、1000人のホワイトカラーの雇用先の創出とセンター設置のために100万ドルを州政府に現金で提供することを提案し、メリーランド州にとって便益を享受できるような提案を迅速に策定することで、初の州外のフルサービス銀行として参入することができたのである。

　上記の2つの事例からも、新規参入企業は、ターゲット顧客だけでなく多様な主体に対して働きかけることによって、市場へのアクセスを獲得していることがわかる。このことから、Kotler（1986）では、メガマーケティングを「経済的、心理的、政治的、公共的に調整された戦略によって、市場への参入と統

表3.1 マーケティングとメガマーケティングの比較

	マーケティング	メガマーケティング
目的	顧客満足	顧客満足または顧客創造による 市場へのアクセス獲得
主体	消費者、流通業者、ディーラー、サプラ イヤー、マーケティング企業、銀行	＋法律者、政治機関、労働組合、 組織改革者、一般世間
マーケティング 手段	マーケティング・リサーチ、製品開発、 価格政策、流通計画、プロモーション	＋パワーと パブリック・リレーションズ
市場参入の誘因	積極的かつ公式的な誘因	＋消極的な誘因（脅威）
時間	短期的	かなり長期的
投資コスト	低い	かなり高い
コミットメント	マーケター	＋経営者、法律家、 パブリック・リレーションズ、広報スタッフ

(出所) Kotler (1986)、Exhibit Ⅱより。

　制を目的とした、多くの主体から協力を獲得するための技術」と定義している
（表3.1参照）。

　Kotler（1986）で提唱されたメガマーケティングという概念は、従来のマー
ケティングの考え方に対して、新たに3つの知見を与えてくれる。1つ目は、
さまざまな主体に働きかけることの重要性である。企業は、ターゲット顧客の
選好や満足にばかり注視してしまうが、それ以外の主体が構成する市場の構造
を分析し、彼らから魅力的なサポートを引き出すことが市場参入成功の鍵とな
ってくるということである。

　2つ目は、環境決定的な変数に対する先入感をなくすことである。企業は、
社会的、文化的、規制的な要因は、彼らでは統制不可能な環境決定的なものと
決めつけてしまいがちである。しかし、メガマーケティングでは、それら環境
決定的な変数もロビー活動や法的な行為、交渉、問題提議、パブリック・リレ
ーションズ、戦略的パートナーの形成によって統制可能な変数へと変えること
ができることを示してくれている。

　そして3つ目は、どのように市場が動いているのかを理解する視野を広げて
くれることである。多くの企業は、需要だけが彼らの供給を創出してくれると
考えがちである。しかし、実際の市場は、決して最もパフォーマンスの高い
（需要が多い）企業が参入できるとは限らないことを、メガマーケティングは示
してくれている。

2 マーケティングからメガマーケティングへ

　前節では、Kotler（1986）によって提唱されたメガマーケティング概念について詳述し、市場創造研究に与えてくれる3つの新たな知見を導出した。メガマーケティングという概念は、30年以上前に提唱されたものであり、その視座は、政治的な（political）側面に傾斜した概念に留まっているために示唆が限定的となっている。しかし、現代の複雑かつ動態的な市場に対して、標的市場のニーズを特定し、競合よりも先んじて効果的、効率的な問題解決の手段を消費者に提供しようとする従来のマーケティングの限界に一石を投じたことは、大きな貢献である（Arnold, Kozinets and Handelman 2001）。Kotler（1986）を契機として、その後、メガマーケティングという視座を市場創造研究の理論的基盤へと昇華させ、従来のマーケティング概念を拡張しようとした多くの先行研究が生まれることとなった（たとえば、Rosa et al. 1999；Yang and Wang 2013[1]）。

　これら先行研究では、従来のマーケティングに対して2つの批判を投げかけている。1つは、消費者ニーズを先行条件とした市場創造に研究の焦点が偏っていることである。多くのマーケティング研究では、製品や企業がどのように消費者ニーズを捉え、市場を創造したのかということに研究の焦点があるため、消費者ニーズは統制不可能な外生変数として扱われることが暗黙の前提となっていることを批判している。このことは、先述したKotler（1986）のメガマーケティング概念が与えてくれる2つ目と3つ目の知見から得られる着想である。消費者ニーズを環境決定的な変数とする必要はないし、消費者ニーズだけが市場を創造する原動力となるわけではない。

　もう1つは、消費者と企業という2者間のダイアドな関係ばかりに研究の焦点が偏っていることである。市場が創造される背景には、多様な主体の複雑な相互作用が働いているにもかかわらず、これら主体の行為を明らかにしようと

---

1) Yang and Wang（2013）では、中国においてどのように家電市場が創造されていったのかを明らかにするために、1998年から2010年までの関連するデータを収集して、消費者、新興企業、オンライン業者、テクノロジー企業、売買プラットフォーム、専門家集団、銀行、サイバー犯罪、政府などによって形成されていったことを明らかにしている。

する社会的、文化的、規制的な制度的特徴を分析視点に包含してこなかったこ
とを批判している。このことも、Kotler（1986）のメガマーケティング概念が
与えてくれる1つ目と2つ目の知見から得られる着想である。

　Kotler（1986）で提唱されたメガマーケティングの視座は、その後の市場創
造研究に一定の影響を及ぼしたと考えられるが、理論的基盤なき崇高なマネジ
リアル概念に留まってしまっている（Chaney, Slimane and Humphreys 2016）。し
かし、メガマーケティング概念は、先述したように市場創造研究に多くの示唆
を与えてくれる視座であることも明らかである。そこで、近年では、メガマー
ケティング概念を市場創造研究に取り込もうと、消費行為を形成する制度を創
造しようとする多くの主体から構成された社会的プロセスの帰結として市場を
捉えようとする試みが行われている（たとえば、Buzzell 1999；Venkatesh and
Peñaloza 2006）。

　この潮流において、メガマーケティングの視座を市場創造研究の理論的基盤
として昇華させたのがHumphreys（2010）である。Humpreys（2010）では、
「ネオ制度派組織論」という制度分析の枠組み（institutional analytical
framework）を用いることによって、メガマーケティングの視座を市場創造研
究の理論的基盤へと昇華させている。そこで次節では、Humphreys（2010）の
議論を吟味することで、Kotler（1986）によって創始されたメガマーケティン
グ概念を、どのように市場創造研究の新たな理論的基盤として昇華させたのか
について理解を深めていきたい。ただし、Humphreys（2010）は制度理論を用
いてメガマーケティングの視座を市場創造研究の理論的基盤へと昇華させてい
ることから、制度理論の知識がないと読み進めるのがやや難しいと思われる。
その場合は、先にその概要をまとめた第4章を読まれて制度理論への理解を深
めてから、再び本章の次節に戻ることをお勧めしたい。

3 メガマーケティング概念による市場創造研究の拡張

Journal of Marketing の Vol. 74（2）に掲載された "Megamarketing: The
Creation of Markets as a Social Process" の著者である Ashlee Humphreys は、
ノースウェスタン大学のメディル・ジャーナリズム・スクールの准教授[2]であ

り、消費者行動とマーケティング戦略を専門とする社会学者である。彼女の研究上の関心事は、制度（institutions）がどのように消費者の規範や価値観、そして消費行為を形成するのかにある。彼女が執筆したこの論文は、マーケティング研究のトップジャーナルである *Journal of Marketing* の最優秀論文賞に相当する「The Harold H. Maynard Award」を受賞している。このことからも、同研究が優れた学術的貢献を市場創造研究に提供したことは疑う余地もない。以下では、その詳細について解説を加えながら、本書にとって核となる先行研究である Humphreys（2010）についてレビューを行い、市場創造研究に新たな理論的視座を与えた今日のメガマーケティング概念について理解を深めていきたい。

3.1　市場創造研究の成果と課題

　Humphreys（2010）では、市場創造の理解には、2つの研究アプローチがあることを挙げている。1つは、特定の製品やカテゴリーを研究対象とすることによって、市場の創造を理解しようとする、従来のマーケティング研究に広く普及している研究アプローチである。マーケティング研究では、消費者ニーズや技術革新を所与のもの（外生変数）として扱うことで、市場の創造に対する理解を深めてきたことの代償として、消費者ニーズや技術革新がどのように生まれ、時間とともに進化していくのかについては、その理解を妨げていることを、同論文は指摘している。

　そこで、市場の創造を理解するためのもう1つの研究アプローチとして、Humphreys（2010）では、市場創造を「正当化のプロセス（a process of legitimation）」として捉えようとする社会学的アプローチを提示している。市場創造を正当化のプロセスとして捉えようとすることは、当該企業や産業の外側に存在する環境に影響を受ける政治的・社会的なプロセスとして、新しい市場が創造されることを理解しようと試みることである。このことは、多様な主体で構成される環境を、当該企業がうまくナビゲートできるかどうかによって、新しい市場が創造されるか否かが決まってくることを意味している。これはまさ

　2） 同論文は Ashlee Humphreys の博士論文がもととなっており、同論文が *Journal of Marketing* に掲載された当時、彼女は同大学のアシスタント・プロフェッサーであった。

に、Kotler（1986）によって提唱されたメガマーケティング概念の核となる部分、「多くの主体から協力を獲得するための技術」と一致する視座である。

　市場創造を正当化のプロセスとして捉えようとする社会学的アプローチの適用事例として、Humphreys（2010）では、携帯電話用のブルートゥース・ヘッドセットが挙げられている。当時、ブルートゥース・ヘッドセットを導入するにあたって、当該市場では、アメリカ連邦通信委員会、連邦航空局、および合同航空当局からの規制的な障壁だけでなく、普及の過程には、規範的かつ文化認知的な障壁もあった。当時の消費者は、ブルートゥース・ヘッドセットのようなデバイスを見たことがなかったので、それを理解するための認知的スキーマもなければ、それを使用するための社会的な規範もなかったのである。それゆえ、目に見える会話相手がいない状態で、ブルートゥース・ヘッドセットを通じて公共の場で会話をすることは、社会的規範として受け入れられるものではなかった。加えて、消費者たちは、頭部にデジタル機器を装着すること（西洋式の合理性の追求）に対して、健康的なリスクを懸念していたのである。しかし、時間の経過とともに、規制的、文化認知的、そして規範的な障壁を乗り越えるための数々の試みが、ブルートゥース・ヘッドセットに正当性を与えることになった。同論文ではブルートゥース・ヘッドセットの事例を通して、イノベーションの普及には、正当性の獲得が課題となることが多いことを指摘している。

　このように市場創造を正当化のプロセスとして理解するためには、「制度理論（institutional theory）」を用いることが必要となる。制度理論とは、教会や学校、結婚式などの制度は、規制的、規範的、文化認知的な支柱によって支えられており、それぞれの支柱は制度を維持するために、特定の社会的または心理的な機能を提供するという理論的視座である（Scott 1995）。制度理論は、社会志向のマーケティング行為などを理解するために、マーケティング研究において用いられたこともあり、Humphreys（2010）でも社会的プロセスとして市場が創造されることを理解するために、制度理論を用いることが提案されている。

　もちろん同論文では、市場創造研究に制度理論を用いる有用性についても言及されている。Rosa et al.（1999）を引用しつつ、これまでのマーケティング研究においても、新しい市場への理解を試みる際には、ある種の共有された理解や行為が制度化されることに注目する必要性に言及してきた経緯があること

を指摘している。Rosa et al.（1999）では、社会認知的構造の安定化が市場の発展にどのような影響を与えるのかについて言及しつつ、ミニバン市場の発展を分析しているのである。つまり、この研究では、市場創造の理解のために、「共有された認知」という社会文化的変数を用いることの有用性を示しているのである。

　しかし一方で、経営学や経済社会学では、新しい市場の創造を成功させるためには、当該製品に対する消費者の受容意向を高め、新たな消費行為を普及させるために社会認知的スキーマを変化させる必要があることから、Humphreys（2010）は規範的、規制的な要因が重要となってくることに焦点を当てることで、Rosa et al.（1999）による市場創造研究には、規範的、規制的な側面からの分析が欠如しており、制度分析による研究の発展可能性があることを指摘している。

3.2 　正当性の理論的背景

　Humphreys（2010）では、カジノ産業の普及を社会学における制度理論を用いて分析している。その分析焦点は、カジノ産業の正当化（legitimation）である。ここでは、カジノ産業の普及と関連させながら、同論文で言及している「正当性（legitimacy）」という概念について詳述していきたい。

　正当性とは、特定の文脈の中で、社会的、文化的、政治的に許容される慣習または制度を構築するプロセスのことである（Johnson et al. 2006；Suchman 1995）。Weber（1922/1978）によって理論化された正当性の概念は、多次元的な構造へと精緻化され、現在では3次元（規制的、規範的、文化認知的）で捉えられるようになっている（Scott 1995；Suchman 1995）。

　「規制的正当性（regulative legitimacy）」とは、組織が明示的な規制プロセス（ルールの設定、モニタリング、および制裁行為）を順守している程度のことである。これら行為は、政府や規制当局といった制度の上位機関によって監視および実施されるものである。規制的正当性は、正当化のための重要な要素であるが、とりわけ正当化の初期の段階においても最も重要な要素となる。一方で、産業が成熟してくると、その重要性は徐々に希薄化していく。つまり、同論文の分析対象となるカジノ産業では、その初期段階において、規制的正当性をめぐって、かなりの議論がなされることが予期されるが、その一方でカジノ産業

が成熟してくると、規制的正当性をめぐる議論は、それほどなされなくなると
いうことである。

「規範的正当性（normative legitimacy）」とは、組織が社会環境における規範
や価値観を順守する程度のことである。規範的正当性は、上位機関の制裁を必
要としないという点で、規制的正当性とは識別されるものである。たとえば、
自動車の制限速度違反は非合法的行為であるが、場合によっては、制限速度を
超えて走行することは、規範的に正当化される行為ともなる。すなわち、規範
的正当性とは、組織と環境の関係性に焦点を当てたものであり、当該環境にお
いて規範的な受容を獲得するプロセスとしての正当化のことなのである。この
ことは、分析対象となるカジノ産業においては、産業への肯定的な評価は、正
当化プロセスにおける目的変数にも説明変数にもなりうることを意味している。
つまり、時間の経過とともにカジノ産業の正当化がなされるにつれて、産業に
対する肯定的な評価は増加もしくは安定するが、否定的な評価は減少すること
が予期される。

「文化認知的正当性（cultural-cognitive legitimacy）」とは、組織が社会的関係
者に知られ、理解されている程度のことである。それゆえ、文化認知的正当性
は、ほとんどの場合、「自明視（taken-for-granted）」される程度、つまり当該組
織またはイノベーションが、既存の認知および文化的スキーマにどの程度適合
しているかによって測定される。文化認知的正当性は、多くの場合、規範的正
当性と連動して機能するため、正当化のプロセスにおいて、重要な要素として
機能することもあれば、そうでないこともある。このことからも、同論文では、
他の正当性の次元とは異なり、分析対象であるカジノ産業における文化認知的
正当性についての言及はなされていない。ただし、規範的正当性は、道徳的義
務を強調している一方で、文化認知的正当性は、共通の参照フレームや定義に
由来しており、行動の規範的記号化に対する明確な承認よりもむしろ、無意識
化の当然の理解に基づいていることを指摘している。

3.3　データと分析手法

Humphreys（2010）では、カジノ産業をめぐる新聞記事におけるディスコー
ス（言説）を、社会学において広く活用されている「フレーム[3]分析」によっ
て明らかにしようとしている。データは、有力地方紙である *New York Times*、

大手全国紙の *Wall Street Journal*、*USA Today* の 1980 年から 2007 年までのカジノ産業に関する記事（*n* = 7211）となっている[4]。続いて、階層別無作為標本によって、これら記事を 1980〜88 年、1989〜99 年、2000〜07 年の 3 つの期間に分割し、それぞれの期間において 600 記事をサブセットの分析対象としている[5]。加えて、カジノ産業の正当化プロセスに重要な役割を果たす、上位 7 社のカジノ経営企業に関する 1985 年から 2009 年までのプレスリリース（*n* = 904）も補完資料として収集している。また、カジノ経営企業の現在および過去の役員に対するインタビューデータ（*n* = 6）や、カジノ建設数の推移、犯罪統計、年次報告書、政府文書、映画などの文化的資料も収集している。分析手法は、「内容分析（content analysis）」[6]を使用している。

　同論文では、新聞記事を定性的に分析することで、トピックや感情、カジノ産業のステークホルダーたちの戦略をコーディングし、LIWC（Linguistic Inquiry and Word Count）と呼ばれるコンピュータ・プログラムによって「自動定量化された内容分析（automated quantitative content analysis）」を行っている。さらに、自動定量化された内容分析によって分析可能単位となった語彙（形態素）が、定性分析によって抽出した上位概念のどのトピック、感情、戦略に一致するのか、2 つの辞書と 3 名の判定員によって分類し、分析可能なデータセットを構築している（表 3.2 参照）。

3.4　分析結果(1)：トピック分析

Humphreys（2010）では、「犯罪（Crime）」「ビジネス（Business）」「規制

---

3) フレームとは個々の認知的構造であり、個々の経験の解釈を方向づけたり、導いたりするものである（Oliver and Johnson 2000）。つまりフレームとは、社会的関係者が、時間の経過とともに、正当性を操作しようとする言語ツールになるのである。

4) 「Factiva」というデータベースを使用して、*New York Times*、*Wall Street Journal*、*USA Today* に掲載されている、そのタイトルまたは冒頭の段落に「casino」というキーワードが包含された記事を抽出している。分析データとして新聞記事を採用したことについては、公平かつ現象の真実を説明しようとする公開文書であり、客観性と信頼性の観点からも、歴史分析をするためのデータとしては、好適であることが知られているためである（Gottschalk 1950）。

5) これら期間の区分基準は、各期間の終時点において、カジノ産業の普及に大きな影響を及ぼす規制的行為があったことに依拠している。

6) 内容分析は、フレーム分析をするための一手法である。

表3.2　データセットの概要

カテゴリー	ラベル	語彙	カテゴリーの語彙数	α係数
Crime	Crime	Trial, arrested, robbery	26	96%
White-collar crime	White collar	Bribe, kickback, extortion	18	79%
Regulation	Regulation	License, commission, law	34	92%
Social issues	Social	Community, neighborhood, residents	12	93%
Business issues	Business	Industry, revenue, profit	18	89%
Entertainment	Entertainment	Fun, play, junket	19	90%
Economic issues	Economy	Jobs, growth, tax	8	100%
Morality	Morality	Sin, vice, values	30	94%
Luxury	Luxury	Champaign, jet, rich	9	94%
Addiction issues	Addiction	Psychology, treatment, diagnose	11	94%
Probability	Probability	Luck, odds, tossup	9	94%
Illegal substances	Substances	Drugs, alcohol, narcotics	9	100%
Casino games	Games	Craps, poker, slots	10	100%
Amplification	Amplification	Fun, excitement, win, jackpot	5	100%
Extension	Extension	Resort, destination, growth	9	100%
Bridging	Bridging	Addiction, problem gaming, underage	10	100%

(注) 表には、新聞記事から抽出された語彙がどのような上位概念として要約できるのか、また当該上位概念にいくつの語彙が含まれ、上位概念に対する各語彙の収束妥当性としての信頼性が測定された結果が掲載されている。
(出所) Humphreys (2010)、Table 1 より。

(Regulation)」「社会問題（Social)」という4つのテーマの継時的な変化に注目した分析を行っている。トピックは、カジノ産業を捉えるフレームそのものであり、分析の焦点は、すべて先述した正当性の理論的背景に依拠している。

　カジノ産業の正当化を阻害してしまうようなトピックである「犯罪」に関する継時的な変化については、カジノ産業が発展していく（時間が経過する）に従って、減少していることが確認された。このことは、先述した規制的正当性で予期していた仮説を支持する結果となった。ただし、「犯罪」に関するトピックの減少は恒常的なものではなく、カジノが建設される以前の 1988 年の *New York Times* と 1992 年の *Wall Street Journal* において著しい減少があったことが、分析期間中を通して「犯罪」に関するトピックが減少している要因となっている。このことは、カジノ産業の成長の結果として、「犯罪」に関するフレームが減少したことを示さないということである。一方で、同論文では

「犯罪」に関するトピック内容が分析期間中に変化していることを言及しており、「犯罪」に関するテーマが分析期間中に減少したことだけに注目しては、誤った解釈を招くと指摘している。

　「ビジネス」というトピックは、カジノ産業が社会的関係者と連携していくような状況を捉えるフレームであることから、カジノ産業を正当化するものとして、同論文では捉えられている。カジノ産業が他の正当化された企業との関連性を深めることは、それら組織とカジノ産業は同一視されることから、カジノ産業が発展していく（時間が経過する）に従って、「ビジネス」に関するトピックが増加することを予期している。結果は、各紙がビジネス関連の記事を取り上げやすいかどうかにも依存するが、*Wall Street Journal* と *USA Today* については、時間が経過するに従って、「ビジネス」に関するトピックが増加していることが確認された。ここでも、「ビジネス」に関するトピックの内容について言及しており、「ビジネス」に関するフレームも、カジノ産業はエンターテイメントであることを印象づける規範的信念を醸成するような記事と、伝統的な金融用語が飛び交うものが混在していることを指摘している。

　「規制」というトピックは、先述したように産業が新興する初期の段階において重要であるが、産業が成熟するに従って、その役割を希薄化させていく作用がある。結果は、*Wall Street Journal* は読者が国際的な投資家が多く、規制問題については他紙よりも詳細に取り上げる傾向があることから、分析期間中においては常に一定の記事数があり、トピックの増減を確認することはできなかった。その一方で、*New York Times* と *USA Today* については、カジノ産業が発展していくに従って、「規制」に関するトピックは減少していることが確認された。ここでも、「規制」に関するトピックの内容について言及しており、「規制」に関するフレームは、カジノ産業の正当化を支える要因になっていることを考察している。

　「社会問題」というトピックは、分析期間中のすべての新聞紙において増加傾向にあることが確認された。ここでも、同論文では「社会問題」に関するトピックの内容の継時的な変化について深い洞察を加えている。「社会問題」に関するフレームも、分析期間中の前半では、カジノ産業の正当化を阻害してしまうような「犯罪」フレームと関連した抽象的なものが多かったが、カジノ産業が発展してくる分析期間中の後半では、カジノ産業がその地域社会にもたら

す交通問題や公害、税金面といった具体的な内容になっていることを指摘している。

　以上より、トピック分析については、分析期間中において、「犯罪」と「規制」についてはダウントレンドであること、「ビジネス」と「社会問題」についてはアップトレンドであることが確認された。これら定量的な傾向と定性的な内容分析を関連させると、「犯罪」は違法、不明瞭、搾取的であることを描き、「規制」は、カジノ産業の安全性を神話化しつつも、カジノ産業の正当性が高まってくると、それを強調しなくなっていった。「ビジネス」は、カジノ産業による経済成長を強調し、金融用語を多用するなど、よく知られているビジネスに関する認知的スキーマを使って認知的正当性を与えている。しかし、カジノ産業の正当性をこれらフレームの増減が高めている一方で、とくに規範的正当性が獲得される過程において、カジノ産業を取り巻く「社会問題」については、国家レベルの抽象的なものから、交通問題などの地域社会を取り巻く具体的なものへと変容しつつ、そのトピック数は増加傾向にあることは注意しなければならない。このことについては、文化認知的、規制的、規範的正当性を獲得した後にも、安定した制度を維持し続けることの難しさを指摘している。

3.5　分析結果⑵：感情分析

　次に、同論文では、カジノ産業の発展と連動する各トピック（フレーム）に対する感情のウェイトを調べるために、トピックと感情の間で相関分析を行っている（表3.3参照）。カジノ産業そのものに対するポジティブもしくはネガティブな感情の継時的な変化はなかったことを確認したうえで、「犯罪（Crime）」はポジティブな感情と負の相関があり、ネガティブな感情と正の相関があることが確認された。「ビジネス（Business）」については、ポジティブな感情と正の相関があり、ネガティブな感情とは負の相関があることが確認された。このことからもわかるように、「犯罪」というテーマは、カジノ産業の非正当化を招くフレームである一方で、「ビジネス」というテーマは、当該産業の正当性を高めてくれるフレームとなっていることが、改めて質的にも検証されたことを示している。

　「規制（Regulation）」については、ポジティブな感情と負の相関がある一方で、ネガティブな感情とは相関はなかった。「社会問題（Social）」については、

表3.3　相関分析

	年間記事数	Crime	Business	Regulation	Social	過去の記事数	現在の記事数	ポジティブな感情	ネガティブな感情
New York Times									
年間記事数	1	-.028	-.110**	-.095**	.086**	-.084**	.127**	-.020	-.021
Crime	-.028	1	-.120**	-.027	-.083**	.246**	-.182**	-.202**	.223**
Business	-.095**	-.027	1	-.074**	.02	-.011	-.038*	-.098**	.012
Regulation	-.110**	-.120**	-.074**	1	-.095**	-.234**	-.407**	.097**	-.172**
Social	.086**	-.083**	-.095**	.02	1	-.035*	.124**	-.041*	-.012
過去の記事数	-.084**	.246**	-.234**	-.011	-.035*	1	-.068**	-.049**	.199**
現在の記事数	.127**	-.182**	-.407**	-.038*	.124**	-.068**	1	.227**	.131**
ポジティブな感情	-.020	-.202**	.097**	-.098**	-.041*	-.049**	.227**	1	.008
ネガティブな感情	-.021	.223**	-.172**	.012	-.012	.199**	.131**	.008	1
Wall Street Journal									
年間記事数	1	-.134**	.208**	-.031	.118**	-.193**	.091**	.002	-.028
Crime	-.134**	1	-.135**	.100**	-.051*	.149**	-.016	-.088**	.135**
Business	-.031	.100**	1	-.054**	.003	.015	.044*	-.114**	.062**
Regulation	.208**	-.135**	-.054**	1	-.022	-.048*	-.298**	.204**	-.103**
Social	.118**	-.051*	-.022	.003	1	-.078**	.033	-.041*	-.065**
過去の記事数	-.193**	.149**	-.048*	.015	-.078**	1	-.109**	-.019	.082**
現在の記事数	.091**	-.016	-.298**	.044*	.033	-.109**	1	-.049*	.188**
ポジティブな感情	.002	-.088**	.204**	-.114**	-.041*	-.019	-.049*	1	-.004
ネガティブな感情	-.028	.135**	-.103**	.062**	-.065**	.082**	.188**	-.004	1
USA Today									
年間記事数	1	-.166**	.054	-.139**	-.092**	-.010	.312**	.247**	-.026
Crime	-.166**	1	-.144**	.133**	.074*	.141**	-.194**	-.255**	.178**
Business	-.139**	.133**	1	-.121**	.202**	.049	-.141**	-.178**	.048
Regulation	.054	-.144**	-.121**	1	-.046	-.030	.023	.108**	-.002
Social	-.092**	.074*	-.046	.202**	1	-.048	-.038	-.141**	-.029
過去の記事数	-.010	.141**	-.030	.049	-.048	1	-.001	.044	.242**
現在の記事数	.312**	-.194**	.023	-.141**	-.038	-.001	1	.339**	.090**
ポジティブな感情	.247**	-.255**	.108**	-.178**	-.141**	.044	.339**	1	-.047
ネガティブな感情	-.026	.178**	-.002	.048	-.029	.242**	.090**	-.047	1

（注）*p < 0. 05（両側）、**p < 0. 01（両側）、N = 3903（New York Times）、2474（Wall Street Journal）、834（USA Today）。
（出所）Humphreys（2010）、Table 3 より。

ポジティブとネガティブの両方の感情に対して、若干ではあるが負の相関が確認された。このことは、「社会問題」というフレームが、先述したように分析期間中の前半と後半では、内容に変化があったことが起因していると考えられる。

3. 6　正当性に対するマネジメントの影響

　ここで、Humphreys（2010）は、先述の分析結果は、複数のステークホルダー（政策立案者やカジノ経営者、およびコミュニティの活動者など）の相互作用の

帰結として観測されたものであることに言及し、正当化プロセスにおいては、
2つの戦略が影響を及ぼしていることを指摘している。1つは、規制的、規範
的正当性を獲得するために、社会的ネットワークや財政資源を活用した「物質
的（material）戦略」である。カジノ産業の場合、州、国家、および国際レベ
ルで組織が形成され、産業における社会的ネットワークが強化されたことが挙
げられている。もう1つは、文化認知的、規範的正当性を獲得するために、比
喩や換喩、選択的フレーミングを活用した「修辞的（rhetorical）戦略」である。
同論文では、Benford and Snow（2000）に依拠しつつ、以下4つの修辞的戦略
が紹介され、そのうちの3つがカジノ産業の分析に適用されたことに言及して
いる。

　1つ目は、「拡大（amplification）」である。「拡大」とは、既存の価値観や信
念の理想化、活性化を試みる戦略のことである。カジノ産業の場合、業界関係
者たちは、カジノの興奮や楽しさ、高揚感などについて強調することで、カジ
ノ産業に対する理想化を図り、文化認知的正当性の獲得に成功したという。

　2つ目は、「拡張（extension）」である。「拡張」とは、支持者が初期の概念
を拡張し、潜在的な支持者にとって重要であると推定される問題や懸念を含む
ように、その主要な関心事を超えて当該概念を拡張する戦略のことである。カ
ジノ産業の場合、賭博場としてのカジノに対するフレームを、ホテルやプール、
レストラン、店舗と関連づけて、包括的なリゾート地としての拡張されたフレ
ームを提供することで、規範的正当性の獲得を図ったという。

　3つ目は、「連結化（bridging）」である。「連結化」とは、特定の問題に関し
て、イデオロギー的には一致しているが、構造的に接続されないフレームをリ
ンクさせる戦略のことである。「連結化」は、「拡張」とは異なり、新しいフレ
ームを提供するのではなく、既存の問題とリンクさせるところに特徴がある。
カジノ産業の場合、その支持者は非賛同者を説得するために、カジノ産業を社
会問題とリンクさせ、社会責任というフレームのもとに同じ問題意識（イデオ
ロギー）を抱えている同志として、カジノ産業を位置づけることで説得に成功
し、規範的正当性を獲得していったという。

　4つ目は、「転換（transformation）」である。「転換」とは、古い理解や意味
を変えることで、新しい意味を生み出す戦略のことである。ただし、今回の分
析対象であるカジノ産業には、この修辞的戦略は観察されなかったという。

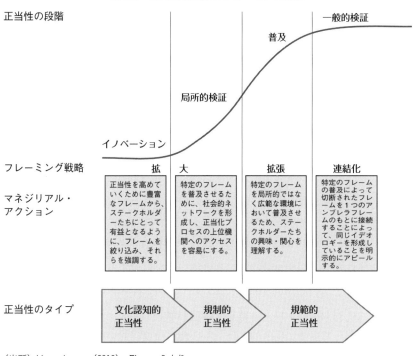

図3.1　正当性の段階とフレーミング戦略

（出所）Humphreys（2010）、Figure 3 より。

3.7　正当性のマネジメント

　Humphreys（2010）では、カジノ産業を分析対象として、社会的プロセスとしての市場創造を明らかにし、多様な主体からの協力的なアクションを引き出すことで、正当化プロセスを形成していくメガマーケティング戦略こそが、市場創造の成功につながることを示してきた。そこで同論文では、物質的戦略と修辞的戦略によって、どのように正当性をマネジメントすれば、市場創造の成功に結びつくのか、そのあり方を提案している。図3.1に示すように、同論文ではJohnson et al.（2006）に依拠しつつ、正当化プロセスが4つの段階を経ることを議論している。

　第1段階は「イノベーション（innovation）」である。この段階では、多くのフレームが存在しているがゆえに、当該製品や消費行為の意味は曖昧である。それゆえ、正当性を高めていくためには、豊富なフレームから、ステークホル

ダーたちにとって有益となるように、フレームを絞り込み、それらを強調することが課題となってくる。ここで有効な手段が、「拡大」による修辞の戦略である。「拡大」によるフレーミングによって、文化認知的正当性を早期に提供し、規制的および規範的正当性を獲得するための基盤を提供することが企図される。

第2段階は、「局所的検証（local validation）」である。この段階では、前段階よりもフレームの数は少ない一方で、市場を形成していくためには、特定のフレームを普及させることが課題となってくる。ここで必要となってくることは、特定のフレームを普及させるための政治的、経済的、社会的なリソースの投入である。ここでは、社会的ネットワークの形成による物質的戦略が有効となる。社会的ネットワークを形成することで、正当化プロセスの上位機関へのアクセスを容易にする、もしくは上位機関となり市場を認証することで、市場をコントロールするための規制を設け、規制的正当性を提供することが企図される。

第3段階は、「普及（diffusion）」である。この段階では、前段階での社会的ネットワークの形成によって、当該製品や消費行為に対するフレームが2つないし3つになっている。局所的ではなく広範な環境において普及を試みるため、一般の消費者やユーザーにも受容してもらうための戦略が必要となってくる。ここで有効な手段が、「拡張」による修辞的戦略である。第1段階で「拡大」によるフレーミングによって当該製品や消費行為に対する意味は確立されているので、ここでは「拡張」によって望ましい複数の属性をフレームに取り込むことで、潜在的な消費者やユーザーを獲得することで、規範的正当性を高めることが企図される。

そして第4段階は、「一般的検証（generalized validation）」である。この段階では、当該製品や消費行為に対するフレームが一義的に定まっており、社会的ネットワークが構築されている一方で、それゆえに競合するフレームによって異なるイデオロギーを形成するコミュニティも明示的になる。規範的正当性を高めていくことが、この段階での最重要事項となるため、いかに競合するコミュニティを取り込んでいくかが課題となってくる。ここで有効な手段が、「連結化」による修辞的戦略である。ここでは、普及に伴って当該製品や消費行為に対するフレームと構造的に切断されたフレームを1つのアンブレラフレームのもとに接続することによって、競合するコミュニティに対して同じイデオロ

ギーを形成していることを明示的にアピールすることが企図される。

3.8　Humphreys（2010）の学術的貢献

　以上が Humphreys（2010）で議論されてきた詳細をまとめたものである。同論文の市場創造研究に対する学術的貢献は、以下の4つにまとめられる。

　1つ目は、文化認知的、規制的、規範的正当性による市場創造という学術的視座を提供したことである。これまでの市場創造研究では、市場創造の一時的、静的な側面にしか焦点を当てておらず、継時的な市場創造の変化を捉えてこなかったことを批判したうえで、同論文では、「市場創造＝正当化プロセス」として捉えることで、市場創造の継時的な変化を明らかにしたことに加えて、各々の正当性の相互作用についても説明しているところに学術的貢献があったことを示している。

　2つ目は、Kotler（1986）で言及された市場参入戦略としてのメガマーケティング戦略に新たな知見を提供したことである。参入障壁が高い市場への参入であっても、当該市場を構成するステークホルダーの位置づけを十分に理解し、物質的戦略や修辞的戦略によって、特定のフレームを形成するきっかけを創ることで、当該市場での正当性を獲得し、市場参入を容易にする知見を提供したことを学術的貢献として示している。

　3つ目は、新たな分析手法を提示したことである。自動定量化による内容分析によって分析可能なデータセットを作成し、従来のマーケティング研究で使用されていた分析手法と組み合わせて、市場創造研究に有益な分析結果を提示したことを方法論的貢献として示している。

　4つ目は、従来の市場創造研究のように特定の製品を分析対象とするのではなく、産業全体の発展を評価するという分析水準を提供したことである。このことにより、これまでは社会認知的な側面からのみ明らかにされてきた市場創造のメカニズムを、規制的、規範的な側面からも検討することができるようになり、市場創造戦略に対して、より有益な洞察を与えることができたことを学術的貢献として示している。

4 市場創造研究におけるメガマーケティング

　本章では、Kotler（1986）と Humphreys（2010）を再考することで、今日の市場創造研究におけるメガマーケティング概念の所在を明らかにし、本書の理論的視座としての「メガマーケティング」を深耕してきた。Kotler（1986）によって提唱された「メガマーケティング概念」は、市場創造戦略よりもむしろ市場参入戦略としての色彩が強く、参入障壁が高い市場に対して、いかにアクセスを獲得することができるかが焦点となっていた。しかし、Kotler（1986）では、これまでのマーケティング概念において見落とされていた3つの知見を提供してくれることになる。それが、①市場へのアクセスを獲得するためには、多主体に働きかけることが重要であること、②環境決定的な変数（法的なルール等）はコントロールできないという先入感をなくすこと、そして③市場は多主体の複雑な相互作用が交錯した帰結であること、である。

　Kotler（1986）のもともとのアイデアは市場創造戦略が焦点ではなかったが、その後、社会学的アプローチから市場創造研究を深耕しようとする研究者たちによって、時を経て再び注目されることになる。その中でも、Kotler（1986）のメガマーケティング概念を市場創造研究の理論的視座として昇華させたのが、Humphreys（2010）なのである。

　Humphreys（2010）では、制度理論を用いて「市場創造＝正当化プロセス」という視座を提供することで、従来の市場創造研究にはなかった、新たなアプローチを提案することとなった。その新たなアプローチとは、物質的戦略や修辞的戦略によって、文化認知的、規制的、規範的正当性を獲得していくことで市場創造を成し遂げていくというストーリーである。このことが Humphreys（2010）の学術的貢献であり、崇高なマネジリアル概念に留まっていた Kotler（1986）のメガマーケティング概念を制度理論によって理論的視座へと昇華させたということになる。

　Humphreys（2010）の学術的貢献は、第5章にて詳述するネオ制度派組織論によるメガマーケティング戦略への確立へとつながっていく。Humphreys（2010）で言及された「物質的戦略や修辞的戦略による3次元の正当性の獲得」という文脈は、「既存の市場（制度）を構成する認知的、規範的、規制的支柱

を揺さぶろうとする制度的実践」という文脈へとなっていくのである。

　さて、Kotler（1986）と Humphreys（2010）を再考し、本書の理論的視座となる「メガマーケティング」が理解できたところで、第5章の内容へ進みたいところではあるが、今日のメガマーケティング戦略には必要不可欠なネオ制度派組織論を理解するためには、「正当性」に代表される独特の概念がどのようにして誕生してきたのかについて、制度理論（とくに制度派組織論）という理論的視座の誕生と発展を理解しておく必要がある。制度理論についてよくご存知の読者は第5章へ進んでいただいて問題ないが、制度理論を専門としない読者の方々に向けて、次の第4章に制度理論の概要をまとめておいた。必要に応じて、まずは第4章をお読みいただいてから、第5章以降の議論に進んでほしい。

第4章

ネオ制度派組織論
多様な主体たちの相互作用を捉える理論

はじめに

　本章では、「市場を創造する」ことを捉える、メガマーケティング概念を本書の理論的視座へと昇華させるために必要な制度派組織論について詳述する。制度派組織論の系譜（旧制度派組織論と新制度派組織論）を深耕する中で、本書では、新制度派組織論の限界を超えようとするネオ制度派組織論が、Kotler (1986) のメガマーケティング概念の理論的基盤となり、Humphreys (2010) を契機とした今日の市場創造研究にとって必要不可欠なものとなることを確かめる。とくに、制度派組織論におけるネオ制度派組織論の位置づけについても整理をする。また、ネオ制度派組織論によって拡張されるメガマーケティング概念に基づいて、本書で市場をどのような形で捉えるべきかついても明らかにする。

1 制度派組織論

　制度理論 (institutional theory) そのものは、19世紀後半から20世紀初頭にかけて、アメリカの制度派経済学のヴェブレン (Thorstein Veblen)、コモンズ (John R. Commons)、ミッチェル (Wesley C. Mitchell) らによって展開され、1850年代から1920年代にかけて経済学や政治学、社会学などの社会科学において支配的となったアプローチである。しかし、経済学、政治学、社会学の各分野では、研究課題とその対象が異なるため、制度理論はそれぞれの分野において独自の発展を遂げることとなる。また一方で、これら初期の制度理論には、いくつかの共通点もあった。それは、「組織」に焦点が当たっていなかったこ

とである。ある研究者たちは政治システムや言語、法制度、宗教など広範な制度の構造を分析し、また別の研究者たちは社会的相互作用そのものではなく、その周辺にある共通の意味や規範を分析し、制度形態としての組織に焦点が当たることはほとんどなかったのである。

しかし、1940 年代から 50 年代にかけて、制度理論家たちは、広範な社会的制度と一主体の行為とは識別することができる特定の共同体の存在と重要性に気づき始める。そして、1970 年代から 80 年代にかけて、制度理論家たちは組織形態や組織フィールドの重要性に注目するようになっていったのである。前者の時代に議論された制度理論が「旧制度派組織論」であり、後者の時代に議論されたものが「新制度派組織論」と呼ばれるものである。

この旧制度派組織論と新制度派組織論が制度派組織論（organizational institutionalism）の大部分を構成している。制度派組織論とは、多様な理論的枠組みが用意されている組織論における一学派という位置づけである。また、制度派組織論の基本的な視点は、組織はすべて制度的環境[1]に埋め込まれているという基本的仮定から出発し、組織構造や組織成果は制度的環境の影響を受け、組織は制度的環境から正当性を確保し、社会的支持を得る限りにおいて存続可能になる、という考え方から組織を研究するアプローチである（佐々木 2003）。つまり、組織は制度的環境から正当性を獲得することで安定することを主張している。一方で、組織は制度的環境に対して受動的な存在として取り扱われてきたがゆえに、制度[2]が変化する過程については十分な説明がなされることがなかった[3]。そこで、これまでの制度派組織論の限界を克服するために近年登場したのが、ネオ制度派組織論である。ネオ制度派組織論は、いくつかの問題点をはらみながらも、旧制度派組織論と新制度派組織論を融合させた新たな制

1）制度派組織論では、制度的環境は、制度に制約を与える存在でもあり、同時に組織の活動を正当化し活性化する存在のことである（佐々木 2003）。

2）制度とは、「社会的に受容されたゲームのルールのようなもの」である（DiMaggio and Powell 1983）。そもそも制度は、人々に信憑された何かが自明視される（taken-for-granted）ことで規範性を宿した社会的事物となり、存在する（Greenwood et al. 2008）。

3）DiMaggio（1988）において、すでに制度が変化する過程に対して、制度派組織論が対応できていないことについては問題提議がなされていた。そして、制度に埋め込まれた存在がいかにして制度を変更できるのかという問いは、「埋め込まれたエージェンシーのパラドックス」と呼ばれている（Seo and Creed 2002）。

度主義的視座から組織 ― 環境のダイナミクスを捉えようとする理論である。

　以下の節では、旧制度派組織論と新制度派組織論のそれぞれについて整理し、市場創造研究においてメガマーケティングという概念が、理論的視座へと昇華する契機となったネオ制度派組織論の誕生と、その所在について詳述していく。

2 旧制度派組織論

　旧制度派組織論が展開されたきっかけは、近代の特徴を合理性にあるとするウェーバー（Max Weber）の官僚制（bureaucracy）に関する書籍が 1940 年代終盤に英語翻訳され（Weber 1952）、これに注目したマートン（Robert K. Merton）をリーダーとするコロンビア大学の制度理論家たちであった。とくにマートンのもとで学んでいたセルズニック（Philip Selznick）が大きな貢献を果たすことになる。

　Merton（1957）では、ウェーバーの官僚制への批判として、合理性が体現された形態として官僚制の長所について言及するだけでなく、合理性が逆機能を起こしうることを主張したのである。換言すれば、合理的に設計されたはずの官僚制が、時としてマイナスの作用をも導く契機となっていることを主張していたのである。しかし、Merton（1957）では、「制度化（institutionalization）[4]」という言葉は使われることなく、また官僚制の逆機能を経験的に検証するまでには至らなかった。そこで、師であるマートンの問題意識を引き継ぎ、官僚制の逆機能を経験的に検証したのがセルズニックである（Selznick 1949；1957）。

　セルズニックは官僚制の機能と逆機能を説明するために、組織と制度を区分し、道具としての組織の技術的条件を超越した組織メンバーの価値が体現されたものを「制度」と呼んだ。このとき、組織論に制度という概念が初めて登場

---

4) 制度化とは、組織が社会的圧力を受け、反応性・順応性を持った有機体（制度）になることをいう。合理的な道具としての組織は、オープンエンド性（組織が目的を達成するための手段選択における裁量の余地のことであり、技術的要因の大きさで決まる）を持ち、環境の圧力を受け、さまざまな価値を取り込むがゆえに、組織は設立当初の目的だけを満たす純粋な道具的存在だけでなくなる。旧制度派組織論では、このことを「組織の制度化」と呼ぶ。

することとなる。とくに Selznick（1957）では、組織とは目的という価値基準に沿って、価値を実現するために設計されるものであるのに対して、制度は環境から圧力を受け、社会からも求められるさまざまな価値を取り込むことによって、多様な価値を実現する適応的・順応的な有機体として捉えている。それゆえ、組織が価値を取り込んで制度へと変化する過程において、その当初の理念や目的が変更を受けることがあることを主張している。つまり、セルズニックは、制度化の過程を組織が逆機能を引き起こす契機として捉えているのである。すなわち師のマートンとは異なり、セルズニックは、組織は官僚的合理性を持つ一方で、逆機能は官僚制という構造そのものから起こるものではなく、組織が環境の影響を受け、制度化されることによって生じるものであると主張したのである。

　組織は環境からの圧力に対して、相互作用を通じて特有の反応構造を形成する。そして、組織が制度化される過程で、組織内に特有のものの見方や習慣などが確立され、その結果として特殊な能力を獲得するとされる。一方でセルズニックは、組織が制度化されることが長期的な組織の発展にとってよい方向へ導くものとしては捉えていないことも特徴的である。このことから、セルズニックは、組織に入り込む価値を監視し、選択し、組織を望ましい方向に導く管理者の重要性についても指摘している。

　セルズニックの貢献は、マートンの官僚制の逆機能をいくつかの組織（テネシー川流域開発公社〔TVA〕やボルシェビキなど）を経験的に検証することで示したこと、そして組織と環境の関係における制度化の構造を明らかにしたことである。しかし、マートンと同様に、逆機能が生じる条件については明らかにすることができなかった。そして、セルズニックらの制度主義的視座は、その後、新制度派組織論の登場によって旧制度派組織論と呼ばれるようになった（DiMaggio and Powell 1991）。

3 新制度派組織論

　新制度派組織論は、1960 年代後半に展開された Lawrence and Lorsh（1967）のコンティンジェンシー理論に対する新たな視座の提供として、Meyer and

Rowan（1977）[5]を嚆矢として、DiMaggio and Powell（1983）によって展開された理論である[6]。コンティンジェンシー理論も新制度派組織論もオープン・システムとしての組織を考慮する立場でありながらも、前者は研究の焦点が企業にあるため、技術や規模といった環境の要因が重視され、それに関連する組織構造の研究に着目している。これに対して新制度派組織論は、社会の価値や規範などの文化的な要素（制度的環境）が組織に与える影響を考慮する。ただし、このような制度的環境への注目は旧制度派組織論と共通しているものの、研究焦点や関心は異なっており、直接的に旧制度派の理論を発展させているわけではないことに注意してほしい（櫻田 2003）。旧制度派組織論では、制度化の焦点が個々の組織に当てられていることから、組織の変化と多様性に注目があるのに対して、新制度派組織論では、複数の組織から構成されるセクターレベルに制度化の焦点が当てられている。このことから新制度派組織論は、「制度的環境に埋め込まれている組織はなぜこれほどまでに似てくるのか」という組織の同質化メカニズムに研究の焦点がある（DiMaggio and Powell 1991[7]）。組織フィールドというセクターレベルを分析水準とし、制度的同型化のメカニズムを明らかにしていったことが、新制度派組織論の最大の特徴である（DiMaggio and Powell 1983）。以下では、新制度派組織論の理論的支柱を構成する概念として、「正当性」「同型化」「組織フィールド」について、その詳細を見ていきたい。

3.1 正当性

「正当性（legitimacy）」とは、新制度派組織論を構成する最も根本的な概念であり、「社会的に構成された規範、価値観、信念、定義というシステムの中で、

5）Meyer and Rowan（1977）では、制度についての明確な定義はなされておらず、制度とは、「自明視された合理化された神話（taken-for-granted rationalized myths）」として解釈されていた。
6）新制度派組織論が展開された 1980 年代前後は、現在も組織論に大きな影響力を持つ資源依存理論（resource dependence theory）や個体群生態学（ecology theory）といった代表的な理論が相次いで展開された黄金期であった（図4.1参照）。
7）通称、オレンジブックと呼ばれる Powell and DiMaggio（1991）は、1990 年代の制度派組織論の金字塔とされ、新制度派組織論という呼称は、このハンドブックを発端としている。Powell and DiMaggio（1991）では、これまでの制度派組織論が与えてきた誤解を省みることを目的としており、新制度派組織論がコンティンジェンシー理論の延長線上でしかなく、環境決定論であることに対する誤解を回避しようとしている。

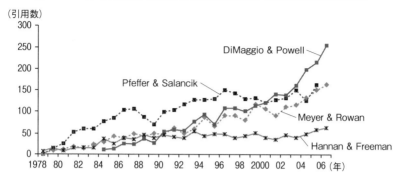

図4.1　1980年代前後に展開された組織論における代表的研究の引用数

（注）Meyer and Rowan（1977）と DiMaggio and Powell（1983）は新制度派組織論、Hannan and Freeman（1977）は個体群生態学、Pfeffer and Salancik（1978）は資源依存理論の代表的研究である。
（出所）Greenwood et al.（2008）、Figure 1.1より。

ある主体の行為が望ましく、適切であり、妥当であるという一般化された知覚ないし仮定」のことをいう（Suchman 1995）[8]。この定義からもわかるように、正当性とは、一般化された知覚ないし仮定であることから、個別の事象や行為ではなく、自分以外（客体）から与えられる包括的な評価によって規定されることがわかる。また、社会的に構成された規範、価値観、信念、定義が、真実であったり何かしらの正解であったりする必要はなく、ある意味「神話（myths）」のように機能していることの方が重要となってくるのである。つまり、神話化されたシステムの中で、いかに客体から評価を獲得することができるかが、正当性を獲得するためには重要となってくるのである。反対に、組織が正当性を失ってしまうと、資源の獲得が困難になるなど、組織のパフォーマンスの低下、さらには存続可能性の危機を招いてしまうこともある。

　正当性という概念は、新制度派組織論が展開される嚆矢となった Meyer and Rowan（1977）においては明確な定義はなされていなかったものの、すでに中心的な概念として位置づけられている[9]。その後も、新制度派組織論において、正当性の概念については曖昧なまま普及していくこととなったが、Scott

---

8）正当化（legitimation）については、当該対象の正当性が継時的に変化することをいう。正当化は、普及プロセスや制度化と深く関連している。
9）Deephouse and Suchman（2008）によると、Meyer and Rowan（1977）において、少なくとも正当性に関する言及が43回あったことが確認されている。

(1995) を契機として、正当性の概念が明確に定義されていくこととなった。Scott（1995）では、正当性とは、「所有したり交換したりできる産物ではないが、文化的調節や規範的な支持、もしくは関連するルールや法律と調和のとれた状態」としている。そして同年には、先述した Suchman（1995）による正当性の定義も登場し、これら2つの定義が、正当性に対する一定の収束した見解を新制度派組織論に広く普及させていくこととなったのである。

　加えて、Scott（1995）には、もう1つの大きな貢献がある。それは、Aldor-ich and Fiol（1994）で識別された2つの正当性の概念[10]を拡張させ、正当性には、規制的（regulative）、規範的（normative）、認知的（cognitive）という3つの次元があることを示したことである。これが後に、「制度を構成する3つの支柱（three pillars of institutions）」という視座につながることとなる。

3.2　同型化

　「同型化（isomorphism）」とは、正当性を獲得するための1つの方法である。組織の同型化（organizational isomorphism）のメカニズムを明らかにすることは、新制度派組織論の研究の焦点である。同型化には、競争的同型化と制度的同型化がある。

　前者は、Hannan and Freeman（1977）によって創始された個体群生態学の視座から捉える組織の同型化のことである。競争的同型化は、淘汰のメカニズムが働くことで同質的な組織が生存可能となっていくことを明らかにしている。

　一方で、新制度派組織論で焦点となる同型化は後者である。制度的同型化（institutional isomorphism）とは、Meyer and Rowan（1977）によって言及された、社会における合理化された神話（rationalized myths）への順応が組織を生存可能とするという考えをもとに、DiMaggio and Powell（1983）によって整理された制度化（同質的な組織の普及）の過程のことである。つまり、競争的同型化は、外的または技術的環境への適応もしくは不適応によって組織は同質的にな

---

10) Aldorich and Fiol（1994）では、認知的正当性（cognitive legitimation）を新しい事象に対する知識の拡張と捉えている。また、社会政治的正当性（sociopolitical legitima-tion）については、既存の規範や法律のもとで、適切かつ好ましいものとして、新しい事象が主要なステークホルダーや規制当局によって受容されるプロセスとして捉えている。

表4.1　組織の制度的同型化のメカニズム

メカニズム＝同型組織変化の源泉（source of isomorphic organizational change)		
競争的同型化 (competitive isomorphism)		個体群生態学が扱うようなメカニズム
制度的同型化 (institutional isomorphism)	強制的同型化 (coercive isomorphism)	依存している組織からの圧力。 社会の中での文化的期待。 （例）法的な規制。
	模倣的同型化 (mimetic isomorphism)	組織はより正当的あるいは、より成功していると認識している類似の組織を後追いしてモデル化する。不確実性は模倣を助長する。
	規範的同型化 (normative isomorphism)	主に職業的専門化（professionalization）に起因するもので①大学の専門家による公式の教育と正当化、②職業的ネットワークの成長と洗練が重要。人員の選別も重要なメカニズム。

（出所）安田・高橋（2007）、表1より。

ることを主張しているが、制度的同型化は、社会的に構成された環境への適応によって、組織は同質的になることに言及しているのである。以下では、3つの制度的同型化のメカニズムについて詳述していく（表4.1参照)[11]。

■ 強制的同型化

　強制的同型化（coercive isomorphism）とは、国家や法律といった合理合法的な存在に注目した制度的同型化のメカニズムである（DiMaggio and Powell 1983)。近代において国家や法律が有する合理合法性は、組織を特定の方向に強制的に変える力を持っている（上西 2017)。それゆえ、企業は国家や法律といった形式に従った方が存続可能性が高まるという判断に起因する。より一般的に解釈すれば、当該組織が依存している組織や属する社会からの文化的期待などによってかけられる公式または非公式の圧力によって同型化するメカニズムともいえる。

　公式的な圧力による組織の強制的同型化の例としては、昨今の自動車業界を

---

[11] 以下では、3つの制度的同型化について整理していくが、ここで重要なのは、いずれの制度的同型化についても、必ずしも組織を合理的・効率的な方向に導くわけではないということに留意しておくことである。

めぐる世界的なガソリン車廃止の法案可決などが挙げられる。自動車各社は、強制的にでもガソリン車から電気自動車などに生産体制をシフトしていかなければ、将来的に自動車業界で生き残ることができなくなることは間違いない。非公式的な圧力による組織の強制的同型化としては、日本経済団体連合会の倫理憲章の中で決められた就職活動解禁日など、業界団体や経済団体が自主的に決めたルールに従う例などが挙げられる。

■ 模倣的同型化

　模倣的同型化（mimetic isomorphism）とは、成功者の模倣に注目した制度的同型化のメカニズムである（DiMaggio and Powell 1983）。成功者は不確実な環境を生き残ってきた存在であるがゆえに、不確実性が高い環境下では、追随する企業にとっては最初から環境を分析して戦略を立てるよりも、成功者を模倣することの方が存続可能性を高めるには合理的であるという判断に起因する（上西 2017）。

　組織の模倣的同型化の例としては、成功企業のベンチマークなど、他組織の成功事例を模倣することなどが挙げられる。コモディティ化という現象があるように、あまりにも他組織の成功事例を模倣する企業が多くなってしまうと、類似の製品やサービスが世の中に溢れかえってしまい、価格以外の要素で差別化を図ることが難しくなる状況が、今日では大きなマーケティング課題となっている。

■ 規範的同型化

　規範的同型化（normative isomorphism）とは、医者や弁護士など専門家集団に注目した制度的同型化のメカニズムである（DiMaggio and Powell 1983）。専門家は、各分野に精通した専門性を持っていると信じられているため、企業は専門家の雇用や資格の獲得によって、実際の専門的な知識の有無よりも、その企業は、専門性（専門家）を有するという規範を獲得することで存続可能性が高まるという判断に起因する（上西 2017）。

　組織の規範的同型化の例としては、組織がMBA人材を積極的に採用することなどが挙げられる。MBAはビジネススクールで取得することができる専門的な資格である。もちろん各ビジネススクールとも特色のあるカリキュラムを

用意しているが、MBA という専門的な資格を得るのに必要となる基礎的な知識は、どこのビジネススクールでも共通である。それゆえ、MBA 人材が多くの企業で活躍することによって、共通の知識から類似の経営戦略や組織構造が生まれてしまうのである（佐藤 2014）。

3.3　組織フィールド

「組織フィールド（organization field）」とは、DiMaggio and Powell（1983）によって問題提起された「制度的環境に埋め込まれている組織はなぜこれほどまでに似てくるのか」という制度的同型化を明らかにするために提唱された分析水準の概念である。

組織フィールドとは、組織と社会の間を捉えるメゾレベルのことであり、社会的に構成された期待や行為が広く普及し、再生産される過程を捉えるための概念である（Scott 1994；1995）[12]。DiMaggio and Powell（1983）では、「主要なサプライヤー、資源、製品、顧客、規制当局、そして類似の製品やサービスを生産する他組織といった、制度的営みの認識された領域を構成する諸組織から構成される影響力の場」を組織フィールドとして定義している（Greenwood, Suddaby and Hinings 2002）。組織論における他の学派とは異なり、「環境」ではなく「組織フィールド」という概念を新制度派組織論が用いるのは、この概念が組織間の関係性と変容を明示的に捉えるからである（安田・高橋 2007）[13]。制度的同型化は、環境下ではなく、組織フィールド内で生じる。しかし、この組織フィールドに対する視座が契機となって、新制度派組織論には理論的課題が内包されているとして、多くの批判を受けることとなる。次節では、組織フィールドを契機とした理論的課題への批判と、その批判を契機とした新たな制度派組織論による理論的視座について詳述する。

---

12) より厳密に言えば、フィールドとは、「共通の意味システムを分かち合い、領域外の主体よりもお互いに頻繁かつ宿命的に相互作用を繰り返す組織のコミュニティ」のことをいう（Scott 1995）。

13) 組織フィールドという概念が定着するに至るまで、いくつもの概念が乱立していた。たとえば、Fligstein（1990）では制度領域（institutional sphere）、Meyer and Rowan（1977）や DiMaggio（1991）では制度的フィールド（institutional field）、Scott and Meyer（1992）では社会的セクター（societal sector）、Powell（1991）では制度的環境（institutional environment）などがある。

4 ネオ制度派組織論

4.1 新制度派組織論の理論的課題に対する批判

　ここまで、新制度派組織論とそれに関連する重要な概念について詳述してきたが、新制度派組織論は、いくつかの理論的課題があることが批判されてきた。ただし、これらの批判は、多くの研究者が Meyer and Rowan（1977）や DiMaggio and Powell（1983）を誤読してきたことが起因となっていることを主張する立場も存在する[14]。

　とくに、下記2点については、今日においても新制度派組織論が抱える理論的課題として一般的に理解されてしまっている（Greenwood et al. 2008）。1つは、コンティンジェンシー理論に対するアンチテーゼのように Meyer and Rowan（1977）を嚆矢として新制度派組織論が台頭してしまったがゆえに、コンティンジェンシー理論では、技術的環境において組織は競争的（効率的・合理的）であることを強調することに対して、新制度派組織論では、制度的環境（組織フィールド）[15]というニュアンスが組織の非競争的（非効率的・非合理的）な側面を強調し過ぎるような理解を促してしまったことである。もう1つは、DiMaggio and Powell（1983）によって組織フィールドという制度的同型化が体系的に整理されてしまったがゆえに、コンティンジェンシー理論と同様に、環境決定論的な理論的視座（組織は制度的環境に一方的に規定される受動的な存在であること）を強調し過ぎるような理解を促してしまったことである。

　以上2点から、新制度派組織論は、①制度的環境それ自体の変化が説明できないこと、②組織の多様性を説明できないこと、③行為者の主体的能力（組織が自ら環境に働きかける能動性）を過小評価し過ぎていることが理論的課題として批判され、「制度に埋め込まれているにもかかわらず、どのようにして制度を変化させることができるのか」という「埋め込まれたエージェンシーのパラドックス（the paradox of embedded agency）」と呼ばれる問題が提起されてしま

---

14) Powell and DiMaggio（1991）によってその修正が試みられたが、新制度派組織論が抱える理論的課題についての批判は、今日に至ってもなお続いている。

15) 先述のように Meyer and Rowan（1977）では、制度的フィールドという概念で、組織フィールドと同様の制度的環境が理解されていた。

ったのである（Powell 1991；Seo and Creed 2002）[16]。

4.2　新制度派組織論からネオ制度派組織論へ

　上述のように、新制度派組織論に対する批判が強まる中、制度派組織論では、制度変化を焦点とし、制度に埋め込まれた組織の都合やエージェンシーの役割を考慮し、組織フィールドを構成する主体の行為に注目しようと、個々の組織が制度化することに焦点があった旧制度派組織論の視座が再び注目されることになる（Oliver 1992；Greenwood and Hinings 1996）。

　Scott（1995）は、これまでの制度派組織論の系譜を整理し、その多くが、「規制的（regulative）」「規範的（normative）」「認知的（cognitive）」という制度的諸要素のいずれかに注目し、「社会的な振る舞いを説明してきた」ことを明らかにした[17]。そして、これら3つの要素を制度の「支柱（pillar）」と呼び、制度の創造から断絶という変化のプロセス、さらには制度変化のダイナミクスと組織形態の関係性について問題を投げかけるようになる[18]。制度派組織論においても、この問題提起に応えるように新たな研究が蓄積されていくこととなる。これが「ネオ制度派組織論（neo-institutional theory）」と呼ばれる研究に至る潮流である。

　ネオ制度派組織論による制度派組織論の拡張は、新制度派組織論における重要な概念に対しても大きな影響を与えることとなった。その1つが組織フィールドである。組織フィールドとは、新制度派組織論においては制度的同型化が起こる場として考えられてきたが、このことが先述した新制度派組織論の理論的課題であるとして批判を高めることになってしまった。

　そこで、ネオ制度派組織論では、組織フィールドは、多様な組織が流出入し、

16）沼上（2010）では、新制度派組織論がコンティンジェンシー理論以降のマクロ組織論として、今なお大きな影響を与えているとしつつも、「戦略的な環境適応を説明できなければ意味がない」と言及している。

17）個々の組織を研究対象としてきた旧制度派組織論では、規範的な側面に注目した制度分析が多いのに対して、組織フィールドというマクロ的な分析水準を対象としてきた新制度派組織論は、認知的な側面に傾斜した制度分析が多い。また、制度派経済学には、規制的な側面に注目した制度分析が多い。

18）Scott（1995）では、「制度は、社会的行為に安定性と意味を与える認知的、規範的、規制的な構造や実践から構成されている」と定義している。さらに、制度は定常ではなく変化するものであるとしている。

それら組織間でのパワーバランスの変化や相互作用が起こる一方で（Hoffman 1999）、強力な主体が正当性を維持しようとする動態的かつ既存プレイヤーと新規参入者の間で係争（struggle）が繰り広げられる場として考えられるようになった（Lounsbury and Glynn 2001）。この理論的視座の拡張は、大きな注目を集め、2002 年には *Academy of Management Journal* において、組織フィールドに関する議論の変化やエージェンシーの解釈をめぐる特集が組まれるまでに至った。

　また、組織フィールドに対する理論的視座の拡張に伴って、組織フィールドを構成する個々の組織に対する捉え方も拡張されることとなった。新制度派組織論においては、コンティンジェンシー理論と対峙する組織の非競争的な側面が注目され、組織は制度に対して受動的な存在として想定されていたが、このこともまた、先述した理論的課題への批判を高めることになってしまった。そこで、ネオ制度派組織論では、制度的圧力に対して戦略的な反応を示す組織を想定するようになり（Oliver 1992）、これら組織は、制度的企業家（institutional entrepreneurs）と呼ばれるようになった（DiMaggio 1988）。この制度的企業家という概念についても大きな注目を集めることとなり、2007 年に発刊された *Organizational Studies* において組まれた制度的企業家に関する特集号は、同誌史上で最大の投稿数を記録した。

　繰り返しになるが、ネオ制度派組織論には、従来の新制度派組織論とは異なる 2 つの特徴がある。1 つは、動態的な組織フィールドを分析水準としていることである（Maguire, Hardy and Lawrence 2004）。もう 1 つは、制度に対して受動的ではなく能動的な主体を想定していることである（Greenwood and Suddaby 2006）。それゆえ、ネオ制度派組織論では、制度的企業家を含む主体がどのように従来の制度を創造し、維持し、破壊していくのか、その戦略的適応を明らかにすることができるようになったのである。

＊　＊　＊

　ここまで、制度派組織論の系譜について整理してきた。とくに、「市場を創造する」ことを捉えるための本書の理論的視座と位置づけるメガマーケティング概念を、本書の理論的支柱へと昇華させるために必要な基盤として、ネオ制度派組織論の所在を明らかにしてきた。ネオ制度派組織論は、新制度派組織論

の理論的課題（埋め込まれたエージェンシーのパラドックス問題）への批判を克
服するために、動態的な組織フィールドを分析水準とし、制度に対して能動的
な主体を想定した、制度派組織論の新たな潮流なのである。

　次章では、本章で明らかとなったネオ制度派組織論が、本書の主眼である
「市場を創造すること」を明らかにするための理論的基盤として、前章で示し
たメガマーケティングの視座にどのように応用されたのかについて明らかにし
ていきたい。そして、崇高なマネジリアル概念に留まっていたメガマーケティ
ングが、30年以上の時を経て、どのように市場創造研究の理論的視座へと昇
華していくこととなったのかについて明らかにしていきたい。

第5章

メガマーケティング戦略の確立
制度的実践による市場の断絶と創造

はじめに

本章では、本書の主眼である「市場を創造する」ことを捉えるための理論的支柱としてメガマーケティング概念を据えるべく、「なぜネオ制度派組織論がメガマーケティングという視座の理論的基盤になるのか」という点を明らかにしていきたい。そこで注目すべき概念が、「制度的実践」という戦略的適応のあり方である。

ここでは、Humphreys, Chaney and Slimane（2017）による制度的実践の枠組みに準拠し、認知的支柱に対する制度的実践として「悪魔化」「理想化」「潔白証明」、規範的支柱に対する制度的実践として「連合」「分離」「代替となるディスコース」、規制的支柱に対する制度的実践として「動員」「不服従」があることを整理する。そして、本書における「市場を創造する」ことを定義する。

1 制度的実践

第3章4節で触れたように、「市場を創造する」ことを捉えるために、Humprehys（2010）を契機に、近年ではネオ制度派組織論の応用によってメガマーケティング概念を「市場の断絶と創造」を明らかにする理論的視座へと昇華させる試みが行われている。前章で詳述したように、新制度派組織論の理論的課題への批判を克服しようと誕生したネオ制度派組織論には、従来の新制度派組織論とは異なる2つの特徴があった。1つは、動態的な組織フィールドを分析水準としていることである（Maguire, Hardy and Lawrence 2004）。もう1つは、制度に対して受動的ではなく能動的な主体を想定していることである（Greenwood and Suddaby 2006)。このような特徴を有するがゆえに、主体がどのように従来の制度を破壊し、新しい制度を創造していくのか、その戦略的適応を明らかにすることができるようになった点について、制度派組織論において多くの注目を浴びることになったことも、先述した通りである。

　この制度に対する主体の戦略的適応が論じられるようになったのは、「個人ないし集団としての主体が制度を創造、維持、破壊しようとする目的志向的な行為」としての「制度的実践（institutional work）」という概念を、ネオ制度派組織論の発展に試みた Lawrence and Suddaby（2006）にその端緒がある。以降、制度的実践によって、どのように制度が調整されていくのかについて、多様な議論が展開されていくこととなる。本書では、新しい市場を創造しようとする新規参入者が、既存市場に対して、どのような制度的実践を働きかけようとしてきたのかに焦点を当て、まさに「市場を創造する」ことに相当する戦略的適応としての制度的実践について詳述していきたい。

　制度とは、社会的に受容されたゲームのルールのようなものである（DiMaggio and Powell 1983）。前章でも述べたように、Scott（1995）では、その制度を認知的支柱（cognitive pillar）、規範的支柱（normative pillar）、規制的支柱（regulatory pillar）から構成されているとした。つまり、本書の主眼である「市場を創造する」こととは、「個人ないし集団としての新規参入者が、既存市場の制度を構成するこれら3つの支柱を揺さぶろうとする行為（deinstitutionalization）」のことなのである（Humphreys, Chaney and Slimane 2017；Oliver 1992）。以下では、各支柱に対するこれら制度的実践について、Humphreys, Chaney and Slimane（2017）を中心に、Lawrence and Suddby（2006）、Chaney and Slimane（2014）、Chaney, Slimane and Humphreys（2016）の議論を援用しながら整理したい（表5.1参照）[1]。

---

　1) 表5.1は、市場の断絶と創造がなされる局面において、本章で紹介する制度破壊を試みようとする新規参入者の制度的実践に対して、既存の制度を維持しようとするプレイヤーの制度的実践を併記したものである。制度維持のための制度的実践は本書の主眼ではないため、その詳細は割愛するが、制度破壊を試みようとする主体がいるのであれば、制度維持を試みようとする主体が存在することも忘れてはならない。

表5.1 市場の断絶と創造におけるメガマーケティング：制度維持 vs.制度破壊

	制度維持のための メガマーケティング	軋轢	制度破壊のための メガマーケティング
認知的支柱	儀式化		悪魔化
	物語化	◀▶	理想化
	神話化		潔白証明
規範的支柱	制度強化（教育）		連合
	ルーチン化	◀▶	分離
			代替となるディスコースの創造
規制的支柱	強制		動員
	互選	◀▶	不服従

(出所) Humphreys, Chaney and Slimane（2017）、Table 1 より。

2 認知的支柱に対する制度的実践

　認知的支柱とは、新制度派組織論の視座を特徴づける概念であり、旧制度派組織論と新制度派組織論を融合したネオ制度派組織論の視座を最も特徴づける側面である。認知的支柱の構成要素は、社会的リアリティの源泉を構成する共通概念である。認知的支柱が確立するということは、市場のすべての主体が十分にそれを習得し、理解し、具体的な参照スキーマやフレームが形成されたときに与えられる正当性の獲得に相当する一方で、認知的支柱に対しては、「悪魔化（demonization）」「理想化（idealization）」「潔白証明（exoneration）」という3つの制度的実践による揺さぶりがある。

　「悪魔化」とは、レトリックやフレーミングによって既存のプレイヤーや消費行動に起因する問題を表面化させる行為のことである（Maguire and Hardy 2009）。つまり、組織フィールドの現状に関連する認知的なフレームワークを解釈したり、発展させたりする際に、新規参入者が社会的正義を採用する行為のことをいう。たとえば、感染症に対して高い効果を示す殺虫剤が自然に有害であることを示すことで、殺虫剤に対する消費者の認識を変化させた事例などがある（Hoffman 1999）。

　「理想化」とは、既存の確立された制度に起因する問題の解決手段の1つとして、新規参入者を白い騎士（ホワイトナイト）のように描く行為のことであ

る（Hensmans 2003）。理想化は、先述した悪魔化を伴う行為でもあり、コミュ
ニティにおける正当性に働きかける行為でもある。たとえば、GM（ゼネラル・
モーターズ）の SUV ブランドであるハマーを敬遠する風潮に対して、ハマーの
所有者が抱いていたアメリカ例外主義という信条こそが、自国の価値観を表現
する主役であることを示すことで、ハマーの価格を安定させた事例などがある
（Luedicke, Thompson and Giesler 2010）。

　「潔白証明」とは、消費者に既存の消費行動を変化させ、新しいものを受容
するように説得する行為のことである（Munir 2005）。しかし、潔白証明によ
って、既存の消費行動を諦めてもらい、新しい消費行動を受容してもらうには、
消費者にかなりの認知的負荷を要求することになる。それゆえ、新規参入者は、
新しい消費行動がどれだけ優れたものであるのかを強調することを通じて、既
存の消費行動を諦める消費者の認知的負荷を取り除いていく行為が必要となっ
てくる。たとえば、Rogers（1962）の事例として、ペルーにおけるお湯の普及
がある。熱いものは病気を招き、冷たいものは安全であるという文化的スキー
マが存在していたペルーの村人たちにお湯を飲んでもらうために、熱いものに
対する知覚リスクを取り除く努力が施された事例である。

■ ラブテック

　ここで、序章 1.1 項（2 ページ）で紹介した「ラブテック」の事例を思い出
してほしい。ラブテックとは、男女の出会いを提供するマッチングサービスの
ことであった。スマートフォンの普及は大きな要因であったにしろ、以前にも
同様のサービスは存在していたが、なぜ今回はこれほどまでに普及することに
成功したのであろうか。

　その理由を単にスマートフォンの普及と関連づけてしまえば、メガマーケテ
ィングとしての戦略的適応を描くことはできない。市場が急成長する前年の
2016 年には、見ず知らずの男女が夢の中で出会い入れ替わる「君の名は。」と
いう映画史上に残る大ヒット作品が、若者を中心に生まれた。また、各社のマ
ッチングアプリには、安心して見ず知らずの男女がコミュニケーションをとる
ことができるアプリの開発がすでに進んでいた。そして何よりも、多くの若者
たちの手元にはスマートフォンが十分に普及していた。これらに加えて、もち
ろん婚活の流行があったことも事実であろう。

　これら事実を重ね合わせると、先述した「潔白証明」による制度的実践が施されたと考えることはできないだろうか。つまり、ラブテックによるマッチングサービスは、映画の大ヒットをきっかけとし、婚活の流行も相まって、見知らぬ男女が出会うことに若者たちのリスク意識（認知的負荷）がなくなってきたタイミングに、彼らの手元にあるスマートフォンに適当な技術（認知的負荷を取り除いていく行為）を提供できたことが「市場を創造する」ことにつながったと考えられるのである。

3　規範的支柱に対する制度的実践

　規範的支柱とは、旧制度派組織論の視座を特徴づける概念である。規範的支柱の構成要素は、制度に埋め込まれた規範や標準、価値観である。規範的支柱が確立するということは、与えられた社会的状況において適切もしくは好ましいと定義される行動に影響を与える正当性の獲得に相当する。一方で、規範的支柱に対しては、「連合（federation）」「分離（dissociation）」「代替となるディスコース[2]の創造（creating an alternative discourse）」という3つの制度的実践による揺さぶりがある。

　「連合」とは、社会的影響力によって既存の消費行動に対抗する代替的な消費行動の受容を促進させようとする行為のことである（Delacour and Leca 2011）。たとえば、フランスのアート市場は、サロンを中心とした制度によって構成されていたが、その制度の外側にいた批評家や収集家、ディーラーなどが連合して、この制度を無力化した事例などがある。サロンを中心とした制度を崩壊させると、批評家や収集家たちは、フランスにおけるアート業界の規範

　2）ディスコースとは、社会科学においては「言説」と訳されることが多い。ディスコースには、広範な概念が包含されており、一義的に定義することは難しいが、本書では、「個人ないし集団においてなされる発言や行為、主体間の社会的関係によって規定されるコンテクスト」とする。
　たとえば、マーケティングという言葉が意味するところは、日本とアメリカでは異なる。また、日本国内においても、業界によってマーケティングという言葉が与えてくれる理解は異なる。意味そのものは、時間的・空間的に普遍的でありながらも、ディスコースは、それらに定位された存在であると考えられる。

（アートの品質や価格、芸術家の人気など）を創り出すプロセスを決めることで、新たな制度を確立させていった。このように、連合による制度の崩壊行為には、従来の組織フィールドにおける確立された制度から逸脱した行為を広く普及させるためにも、社会的な空間やネットワークを構成することが必要となる。

「分離」とは、新たな報酬を創り出すことによって、既存の制度から逸脱する行為に対するペナルティを相殺させようとする行為のことである（Garud, Jain and Kumaraswamy 2002）。たとえば、マイクロソフトの OS と互換性がない新しいソフトウェアを開発した企業は、当該ソフトウェアをユーザーが自由に改良することができる余地を与え、マイクロソフトを中心とした規範から逸脱した行為に対しても報酬を与えることで、当該ソフトウェアの普及を促した事例などがある。

「代替となるディスコースの創造」とは、当該製品やサービスとその提供者の品質を評価するための新たな基準を創造する行為のことである（Thompson and Coskuner-Balli 2007）。たとえば、オーガニック食品が流行した背景には、オーガニック食品とは地域に根差した、他の食品とは明らかに異なる、農家から直接供給されるものであるというディスコースを、農家たち自らが創り出した事例などがある。

■フリマアプリ

ここで、序章 1.2 項（4 ページ）で紹介した「フリマアプリ」の事例を思い出してほしい。メルカリとは、2017 年に若年層を中心に広く日本で普及したフリマアプリであった。こちらもスマートフォンの普及は大きな要因であったにしろ、以前にも同様のサービスは存在していたが、なぜ今回はこれほどまでに普及することに成功したのだろうか。ラブテックと同様に、その理由を単にスマートフォンの普及と関連づけてしまえば、メガマーケティングとしての戦略的適応を描くことはできない。ここで注目したいのは、スマートフォンを使った小遣い稼ぎの経験がある高校生が 55％ にも達したことだ。

彼らにとって、メルカリなどのフリマアプリは、親に頼らずに遊興費を確保するインフラとなっている。このことは、フリマアプリが単に不要になったものを消費者個人間で売買するインフラとして機能したのではなく、高校生にとっては、新たな報酬（遊興費）の源を創り出し、既存の制度（親から小遣いをも

らう）から逸脱する行為に対するペナルティを相殺させてくれた「分離」による制度的実践が施されたと考えることはできないだろうか。

　「高校生にはあらゆるものが資金源に映る」という『日経MJ』（2017年5月31日付）の考察からもわかるように、すでに彼らにとってフリマアプリは、親に頼らずに遊興費を確保するインフラとして規範化していることがわかる。つまり、メルカリなどのフリマアプリは、多くの若者たちの手元にはスマートフォンが十分に普及していたこと、メルカリが今までよりも簡単に消費者個人間で売買を行うことができる技術を提供したことはもちろんだが、それ以上に、想定外だった高校生という消費者たちが、親から小遣いをもらうという既存の制度から逸脱する代わりに、新たな報酬（遊興費）を確保するインフラとしてフリマアプリを提供できたことが「市場を創造する」ことにつながったのではないだろうか。また、これから消費経験が豊かになっていく高校生がフリマアプリを当たり前のように利用してくれる（規範化してくれた）ことは、長期的な市場の成長も期待させるだろう。

4 規制的支柱に対する制度的実践

　規制的支柱とは、制度派組織論が誕生する契機となった制度派経済学の視座を特徴づける概念である。規制的支柱は、法律や公式的なルールによって構成される。つまり、規制的支柱が確立するということは、法律やルールによって公式的に強制される行為によって与えられる正当性の獲得に相当する。一方で、規制的支柱に対しては、「動員（mobilization）」と「不服従（disobedience）」という2つの制度的実践による揺さぶりがある。

　新しい制度が創造され、新しい組織フィールドが現れようとするとき、既存の制度にリスクを与える多くの製品やサービスが登場するわけだが、それらに反対する社会的な論調や政治的なロビー活動が行われることは多い。その際に、チャレンジャーは、新しい消費行為に対する法的な制約を取り除こうとしていく。この行為が「動員」である（Hoffman 1999）。たとえば、20世紀初頭のアメリカにおける自動車に対する法律の制定には、自動車団体による動員があったことがわかっている（Rao 2008）。

　「不服従」とは、既存の法的ルールを逸脱したものであると知っていながらも、急進的な逸脱行為によって、既成事実を創造する行為のことである (Hensmans 2003)。たとえば、1970年代のフランスでFMラジオが無料放送として登場したとき、ラジオの無料化は違法行為だったにもかかわらず、FMラジオが無料であるということが正当化されるまで、当該ルールを無視し続けた事例などがある。

　現代における事例としては、UberやAirbnbなどのシェアリングエコノミーが挙げられるであろう。ただし、シェアリングエコノミーの場合は、規制的支柱が確立されていない（グレーゾーンの）真空地帯国をねらって急進的にサービスを普及させ、正当性を獲得していくことで、政府等が規制することができない状況を戦略的につくっていると考えることができる。また、グレーゾーンをねらって、既存の法的ルールを逸脱する可能性が十分にあることを知りつつ、急進的なサービスの普及によって既成事実を創造していることからも、シェアリングエコノミーが普及した1つの大きな理由に、不服従という制度的実践があることに変わりはない。

■ ゲームプラス

　ここで、序章1.3項（5ページ）で紹介した「ゲームプラス」の事例を思い出してほしい。ゲームプラスとは、アプリをダウンロードしなくてもウェブサイト上で楽しめるゲームソフトの提供システムのことであった。ヤフーを中心に、スクウェア・エニックスなどゲーム会社52社が参画するプロジェクトである。なぜスマートフォンのゲームアプリ市場が7兆円にも迫る巨大な市場を形成しているにもかかわらず、これほど多くのゲーム会社があえてウェブサイト上で楽しめるゲームソフトを提供しようとしているのであろうか。

　その理由は、アプリの場合、アップルの「アップストア」やグーグルの「グーグルプレイ」を経由しないと消費者にゲームを提供できないことから、これらプラットフォーマーのアプリ配信ルール（収益の30％を手数料として納めなければならず、改良のために仕様を変更したくても審査に1〜2週間を要する）を守ることが大前提となっており、ゲームの創造性が制限されたためである。つまり、スマートフォンを経由するネット空間を牛耳るようになったアップルやグーグルに対して、ヤフーを主導としてゲーム会社は、ゲームの創造性を取り戻

すために、このプロジェクトを発足させたのである。

　このことは、先述した「動員」による制度的実践が施されたと考えることができる。つまり、従来の制度（プラットフォーマーのアプリ配信ルール）を逸脱するために、１社ではなく多数の企業が１つのプロジェクトとして参画することによって、社会的な影響力をもってして、新たな「市場を創造する」ことを目指したメガマーケティング（制度的実践）を施そうとしていると考えられる。

＊　＊　＊

　以上が、今日までに整理されてきた、新しい市場を創造しようとする際に、既存の制度を揺さぶる制度的実践の概要と事例である。本章で述べてきたように、制度的実践とは、メガマーケティング戦略そのものなのである。ここまで読まれておわかりになった読者も多いかと思うが、Humphreys（2010）で言及された物質的戦略と修辞的戦略は、まさに制度的実践そのものである。

　文化認知的正当性を獲得するためには、「拡大」による修辞的戦略がHumphreys（2010）では提案されているが、このことは本章の文脈に置き換えると、認知的支柱を確立するための「理想化」による制度的実践のことである。規制的正当性を獲得するためには、社会的ネットワークを構築することで、当該市場をコントロールする（規制する）だけのリソースを獲得する物質的戦略がHumphreys（2010）では提案されているが、このことは本章の文脈に置き換えると、規制的支柱を確立するための「動員」による制度的実践のことである。規範的正当性を獲得するためには、「拡張」や「連結化」による修辞的戦略がHumphreys（2010）では提案されているが、このことは本章の文脈に置き換えると、規範的支柱を確立するための「代替となるディスコースの創造」による制度的実践のことである。それぞれ細部のニュアンスが異なる部分はあるが、それぞれの制度的実践の本質的な部分はHumphreys（2010）と一致する。

　ここまで、第Ⅱ部では３章にわたって、「市場を創造する」ことを捉えるために、本書の理論的支柱を構成するメガマーケティング概念、ネオ制度派組織論、そしてネオ制度派組織論によって拡張されたメガマーケティングとしての制度的実践について詳述してきた。ここで、本書における「市場を創造する」ことの定義をしておきたい。本書では、「市場を創造する」ことを、

「市場の断絶と創造」の局面における、個人ないし集団としての新規参入
者が、既存市場の制度を構成する認知的、規範的、規制的支柱を揺さぶろ
うとする制度的実践

であるとする。つまり、「市場を創造する」こととは、非連続的な事象ではな
く、連続的な事象の中で、多様な主体の複雑な相互作用が交錯した帰結であり、
動態的に変化する環境への戦略的適応のことなのである。

　次章からは第Ⅲ部として、まずは第 6 章で市場の動向を概観したうえで、ネ
オ制度派組織論によって拡張されたメガマーケティングの視座を本書の理論的
支柱とし、第 1 章と第 2 章で詳述した携帯音楽配信サービス市場の断絶と創造
を分析対象として、市場創造戦略に新たな知見を提供する実証分析について第
7 〜 9 章で詳述する。さらに第 10 章では、実証分析だけでは捉えきれない制
度的実践に至った背景や、同市場の終焉を明らかにするため、当事者へのイン
タビュー内容を詳述している。

第III部

「市場創造」のメカニズム

第 6 章

データでみる携帯音楽配信サービス市場
着メロ・着うた・着うたフルを取り巻く環境変化

はじめに

本章では、本書の実証分析で用いるデータの概要を説明する。実証分析で用いる詳細な数値の算出方法については各章の該当部分で説明するが、本章ではそれぞれのデータの出典や形式について説明するとともに、分析対象である携帯音楽配信サービス市場をデータから概観する。

本書が対象とする携帯音楽配信サービス市場は、多様な主体の相互作用が交錯する動態的な組織フィールドである。それゆえ、扱うデータについても多様な側面から当該市場を検討できるものとなっている。本書の分析期間は、着メロの誕生から着うたの従来型携帯端末への配信サービスが終了する、1995 年から 2016 年までである。しかし、入手可能性の問題もあり、全期間のデータが収集できていないものも存在する。また、本章で取り上げる多くのデータは、2000 年以降に収集されたものである。

主なデータは表 6.1 に示しているが、分析においては、表に掲載していないデータ（たとえば国勢調査による人口・推計人口データ、裁判記録等）も適宜利用している。その際は、各所で個別に説明を加えている。

1 携帯通信市場

まず、着メロ、着うた・着うたフルのプラットフォームである携帯通信市場のデータについて概要を説明する。携帯通信市場は、2019 年時点では、NTTドコモ（以下、docomo）、au、ソフトバンク（以下、SoftBank）の大手 3 社の寡占状態にある。近年は MVNO（格安スマホ）の成長によって 3 社のみで市場シ

表6.1　利用したデータの一覧

項目	概要	解説場所
携帯通信市場データ		**第1節**
携帯端末普及率	総務省『情報通信白書』（各年版）より年次のデータを取得。	1.1項
携帯通信契約数	電気通信事業者協会（TCA）より月次の数値を取得（2014年以降は四半期）。大手携帯キャリア3社の契約数をそれぞれ取得できる。	1.2項
携帯端末通信料金	総務省統計局「消費者物価指数（CPI）　通信料（携帯電話）」より月次の指数として取得。	1.3項
携帯端末		**第1節**
携帯端末発売データ	「KEITAI ALL」より取得。1999年以降に発売された携帯端末の発売日、キャリア、搭載OS、機能（例：着うた対応）などの情報が取得可。	1.4項
コンテンツ市場		**第2節**
着メロ、着うた・着うたフルの市場規模 (1)	モバイル・コンテンツ・フォーラム（MCF）より取得。2004年から年次でデータが得られている。着メロ、着うた・着うたフルを別途に集計している。	2.1項
着メロ、着うた・着うたフルの市場規模 (2)	日本レコード協会（RIAJ）より取得。月次でデータが得られている。2005年から四半期でデータが取得可。	2.1項
広告・コミュニケーション		**第2節**
広告出稿量	CM総合研究所よりデータベースを取得。個別のCMごとに放送企業、放送開始日、放送終了日、放送回数などのデータが取得可。	2.2項
ナレッジコミュニティ質問ログ	「OKWAVE」より取得。ウェブサイトのサービス開始が1999年のため、以降の関連する質問や回答などのデータが取得可能。	2.3項

ェアが100％になることはないが、とくに着メロ、着うたによる携帯音楽配信サービスが大きく成長していた時代には、この3社によってほぼ独占されていた。ただし、2000年1月時点ではauは、その前身となる3企業、DDI、IDO、KDDに分かれており、SoftBankはJ-PHONEブランドで通信サービス事業が展開されているが、これらはすべて2016年末時点での企業の情報として集計している。

1.1　携帯端末普及率

　携帯端末の普及率については、総務省が発行する『情報通信白書』の各年版から年次のデータを取得することができる。これは、総務省が毎年実施している通信利用動向調査によって得られたデータであり、各年の年末時点での世帯保有率として発表されている。普及率としての数値の精度は高いと考えられる

図6.1 携帯端末世帯普及率

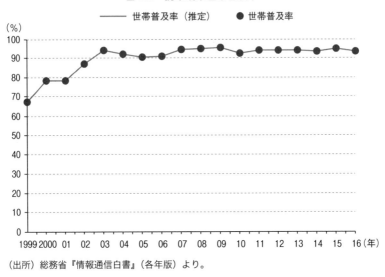

（出所）総務省『情報通信白書』（各年版）より。

が、年次のデータであるため、詳細な推移の情報は得られない。また、キャリアごとの市場シェアの情報も得られない。

　図6.1は携帯端末の普及率であるが、1999年末には67.7％であった携帯電話保有率は2002年末には94.4％となり、その後も微増微減はあるがおおよそ95％前後で推移している。それゆえ、着うたによる携帯音楽配信サービスが開始される2002年以降に、大きな普及率の変化は見られない。したがって、2000年以降を分析対象とする場合、一部の世帯を除けば、ほぼ国民全員が、着メロ、着うたによる携帯音楽配信サービスの潜在的な消費者となる可能性があるといえる。ただし、着うたのプラットフォームとしての携帯端末は、着うた対応の機能が備わっていなければ、着うたをダウンロードして利用することができないので注意が必要である。この点については後述する端末発売数のデータを使って補完する。

1.2 携帯通信契約数

　携帯通信契約数については、電気通信事業者協会（TCA）によって公開されている契約数を取得している。TCAによって発表される契約数は報道等でも

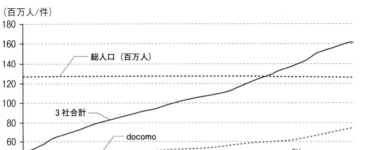

図6.2　携帯通信契約数

（出所）契約数は電気通信事業者協会（TCA）、総人口は総務省「国勢調査」より。

取り上げられることも多く、信頼性の高いデータといえる。また、契約数がキャリアごとに取得されていることも大きな特徴である。とくに大手キャリアの契約数については長期のデータが月次で取得可能であり、キャリア間の競争状態を検討するための資料として有用である。

　図6.2は2000年以降の大手携帯キャリア3社の契約数（百万人／件）である。契約数については、2013年までは月次で得られているが、2014年以降は四半期で得られているため、図6.2の2014年以降は四半期のデータから直線補完を行って月次の情報としている。また、auについてはKDDI、IDOの契約数も合算し、SoftBankについてはJ-PHONEおよびvodafoneの契約を引き継いでいるため、これらのブランドで発表されていた契約数もSoftBankの契約として扱っている。また、あわせて3社合計の契約数と日本の総人口もプロットしている。日本の総人口（百万人）は総務省の「国勢調査」から推計人口として月次で発表されており、これを用いている。

　図6.2からわかるが、図6.1に示した携帯電話世帯普及率が2002年以降ほぼ横ばいとなっているのに対して、契約数は分析期間全体を通して増加傾向にある。これは1世帯に1台の保有から、世帯の個人が全員所有するという傾向が表れたものと考えられ、世帯普及率が頭打ちになっても「一家に1台から1人1台」として契約数が拡大していったことがわかる。しかしながら、契約数

図6.3 携帯通信契約数（市場シェア）

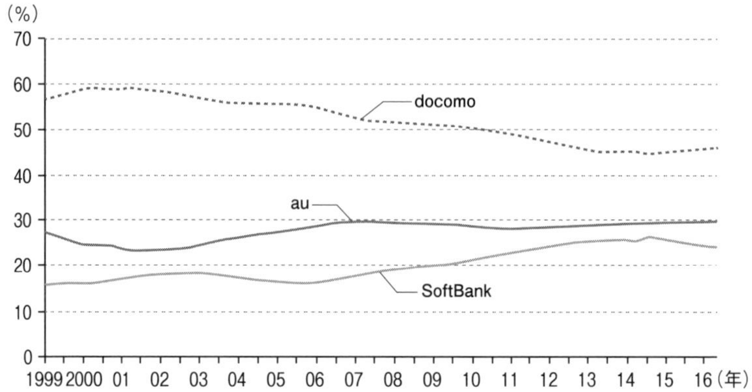

（出所）電気通信事業者協会（TCA）より。

と日本の総人口を比較した図6.2を見るとわかるように、2012年には契約数は総人口を上回っており「1人1台以上」の傾向が見られるようになっている。これは、契約数が法人契約を含んでいるという側面もあるが、もう1つの要因としてスマートフォンとタブレット端末の普及があると考えられる。スマートフォンが急速に普及するのは2011年以降であるが、このときに既存の携帯端末を契約したまま、別途でタブレット端末などの契約を行う消費者が増え、結果として一人で複数の契約者となっている消費者が増えたことが要因といえる。

　3社の合計契約数を総和し、市場シェアとして比較したものが図6.3である。合計契約数の図6.2を見るとすべてのキャリアの契約数が上昇しているが、図6.3からは3社の市場シェアではdocomoが減少傾向にあることがわかる。一方、auとSoftBankについては増加傾向にあり、とくにauの市場シェアが2000年から2005年にかけて上昇しており、その後2008年以降はSoftBankの市場シェアが上昇していることがわかる。

1.3 携帯端末通信料金

　携帯端末通信料金については、総務省統計局が集計・発表している「消費者物価指数（CPI）　通信料（携帯電話）」より、月次の指数として取得している。この指数には、多くの契約者が月次で支払っている端末代金は含まれない。この点については、「携帯電話機」という項目で別途集計されている。携帯電話

図6.4　消費者物価指数の推移

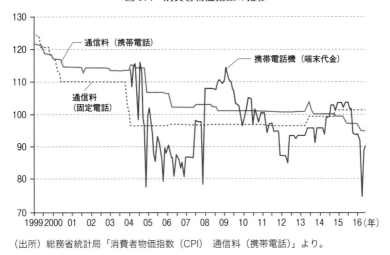

（出所）総務省統計局「消費者物価指数（CPI）　通信料（携帯電話）」より。

　の通信料は 2000 年 1 月から CPI に項目が追加され、以降月次で公表されている。図 6.4 では、固定電話の通信料金として「通信料（固定電話）」、携帯電話の通信料金として「通信料（携帯電話）」、携帯電話の端末代金として「携帯電話機」の CPI の推移を 2000 年 1 月から示している。ただし、「携帯電話機」については 2005 年 1 月から公表が始まっている。

　図 6.4 からわかることは、携帯電話の通信料は一貫して低下傾向にあることである。とくに 2005 年 10 月から 11 月にかけて大きく低下し、その後緩やかに低下し続けている。本書の分析終了時点は 2016 年末であるが、以降はMVNO（格安スマホ）の参入もあって競争的な環境になり、さらに価格の低下が続いている。格安スマホの通信料についても、2018 年 1 月から通信料に含まれることになっている[1]。比較として掲載している固定電話の通信料についても、2000 年初頭と比較すると同様に低下傾向にあるが、2013 年以降はわずかに上昇している。携帯電話の端末代金は通信料金と比較すると変動が大きい。とくに集計開始後の 2005 年から 2008 年末までの低下はフィーチャーフォン（従来型携帯電話）の成熟化と対応し、その後の上昇はスマートフォンの普及と

1）総務省統計局「2015 年基準消費者物価指数の中間年（2018 年）における見直し（案）」（http://www.stat.go.jp/info/guide/public/cpi/pdf/171006_1.pdf）。

図6.5　入手可能機種数の推移

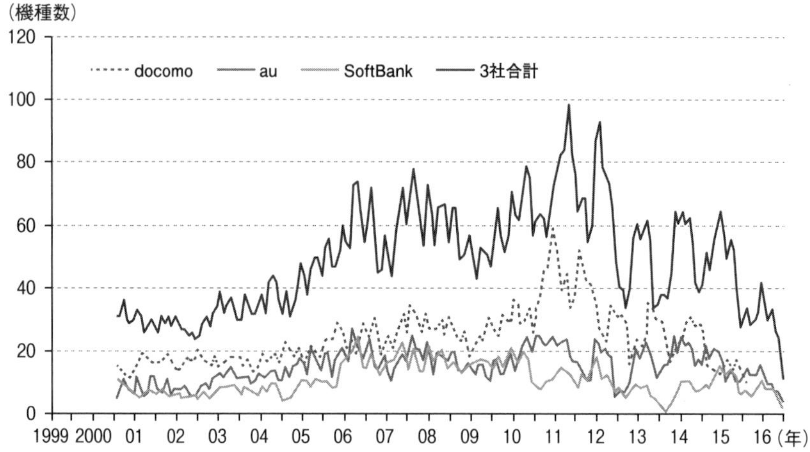

（出所）KEITAI ALL（http://keitaiall.jp）より。

対応していると考えられる。

1.4　携帯端末発売機種数

　携帯電話端末データについては、携帯端末データベースを取得できるウェブサイト KEITAI ALL（http://keitaiall.jp）から取得している（2017年2月に取得しており、2019年7月現在はウェブサイトの更新もありデータベースにはアクセスできない）。このデータベースでは、2000年以降に発売された端末（機種）について、発売日やメーカーだけでなく、詳細なスペックの情報も含まれている。また、フィーチャーフォンにおいては、キャリアごとに異なる機種が発売されていたため、機種が発売されていたキャリアの情報から、キャリアごとにどのような機種が発売されていたかという情報を得ることができる。月次の統計では機種の発売日には偏りがあるが、機種は発売から半年程度は入手可能である。そのため、集計においては発売月を含めた6カ月間を機種の入手可能期間として、月ごとの入手可能機種を集計して用いる。

　図6.5は各キャリアの月次の入手可能機種数の推移である。集計にはスマートフォンも含まれている。また、1999年12月以前に発売された機種については情報が不確実であるため、2000年6月以降の数値を図示している。2001年

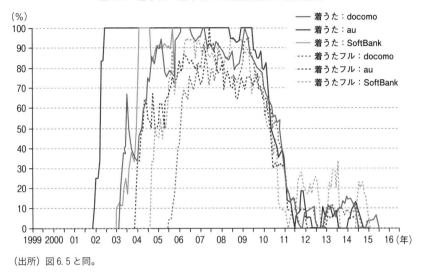

図6.6　着うた・着うたフル対応端末の占有割合

（出所）図6.5と同。

6月から2016年12月までの入手可能機種数を見ると、docomo、au、Soft-Bankの3社で類似した傾向が見られる。期間中の相関係数を見ると、docomoとauで0.636、auとSoftBankで0.522、docomoとSoftBankで0.461となっている。

　次に、本書の主眼である着うた・着うたフルに関する推移を検討する。このデータベースには、個々の端末について、着うたを再生するための機能を搭載しているかについても情報が掲載されているため、入手可能端末から着うた・着うたフルの再生に対応している機種の割合を算出することができる。着うたと着うたフルは異なる携帯音楽配信サービスであるため、着うたの再生には対応していても着うたフルのサービスには対応していない端末もある。ただし、スマートフォンについてはすべて着うた・着うたフルどちらも非対応として集計されている。

　図6.6は各キャリアの着うた・着うたフルの対応端末が当月の入手可能端末に占める割合の推移を示したものである。これを見るとわかるが、着うた・着うたフルはどちらもauが先行しており、着うた対応端末が初めて発売された2002年11月から約半年後の2003年5月には、発売される機種がすべて着うたに対応している。その後、2003年12月にSoftBankから初めて着うた対応

図 6.7　スマートフォンの占有割合

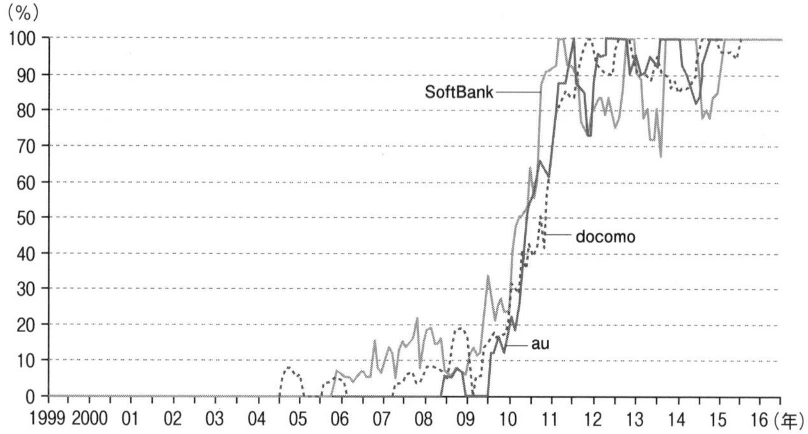

（出所）図 6.5 と同。

端末が発売され、docomo からは 2004 年 2 月に初めて着うた対応端末が発売されることになるが、それぞれのキャリアで発売されるすべての端末が着うたに対応するまでに要した時間は au より相対的に長い。その間に、2004 年 11 月には au が着うたフル対応の端末を発売しており、その後も多くの端末が着うたフルに対応している。SoftBank が着うたフル対応端末を初めて発売するのは 2005 年 8 月であり、docomo は 2006 年 6 月であった。その後は各社対応端末を多く発売しているが、2011 年以降はスマートフォンが多く発売されるようになるため、フィーチャーフォンからスマートフォンへの世代交代に従って対応端末の発売も減少している。

　参考として、スマートフォンが入手可能端末に占める割合を図 6.7 に示す。本書では、Blackberry、Symbian、Windows phone（Windows mobile）、iOS、Android のいずれかの OS を搭載している機種をスマートフォンとして判定し集計している。2005〜08 年の、iPhone が発売される前に販売されていた機種は、Blackberry や Symbian を搭載しているものが集計されている。図 6.6 で示した着うた・着うたフル対応端末の占有割合と比較すると、おおよそ 2010 年から 2012 年までの間に、急速にスマートフォンの発売機種数が増加していったことがわかる。

図6.8　着メロ、着うたの市場規模

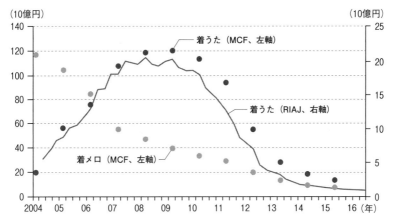

(出所) モバイル・コンテンツ・フォーラム (MCF) の公開資料および日本レコード協会 (RIAJ) の公開資料をもとに作成。日本レコード協会の公開資料については、Ringtunes、着うたフル (従来型携帯電話)、その他音楽サービス (従来型携帯電話) を集計対象とした。

2 携帯音楽配信サービス市場

2.1 着メロ、着うたの市場規模

　着メロおよび着うたの市場規模に関する試算については、複数の組織が集計し、発表されている。1つはモバイル・コンテンツ・フォーラム (MCF) の統計であり、着メロ、着うたの市場規模が2004年から年次で報告されている。もう1つは日本レコード協会 (RIAJ) が発表している統計であり、2005年から四半期ごとのデータを得ることができる。

　図6.8は、MCFおよびRIAJから発表された市場規模の推移である。MCFは年次で、RIAJは四半期ごとにデータがあり、左軸はMCF、右軸はRIAJが集計した着メロ、着うたの市場規模を示している。MCFは着メロ、着うたに関連するコンテンツサービスを含めた市場規模を集計しているが、RIAJはレコード会社にもたらされる収益を集計しているため、両者の市場規模は異なる。RIAJの統計を年次でまとめてもMCFのものとは一致せず、着うた市場を比較するとMCFの発表する市場規模はRIAJのものと比較すると1.5倍から2

倍ほどの開きがある。それでも MCF と RIAJ の全体的な推移はほぼ完全に連動しており、両者の年次の統計が得られる 2005 年から 2015 年までの 11 年間の着うたの市場規模の相関係数は 0.997 となっている。

　MCF の統計を見ると、2004 年には着メロ市場が推計で 1167 億円、着うた市場が 201 億円とされている。その後は、着メロ市場を代替するように着うた市場が成長し、2007 年には市場規模が 1074 億円、2008 年には 1190 億円、2009 年には 1201 億円、2010 年には 1133 億円と 4 年連続で 1000 億円以上の市場規模が報告されている。2011 年以降は市場規模が縮小している。

2.2　着メロ、着うたの広告出稿量

　広告出稿量に関しては、CM 総合研究所によって集計されている CM データベースをもとに、TVCM の放送回数を集計している。CM データベースは、出稿された CM ごとに、出稿した企業名、放送開始日、放送終了日、放送回数が記録されているので、この情報をもとにして月次の放送回数を集計する。放送開始日と放送終了日が同月であれば、記録されている放送回数はすべて当該月になされたものであることがわかるが、複数月にわたって放送された CM については各月に何回放送されたかという情報は付されていない。そこで、複数月にわたって放送されている CM に関しては、放送された期間で割って 1カ月当たりの放送回数とする。たとえば 2005 年 1 月 1 日から 2005 年 2 月 28日まで 15 回放送された CM については、2005 年の 1 月に 7.5 回、2 月に 7.5回放送されたとみなす。

　分析期間中に放送された集計対象の CM は、着メロが 1427 件、着うたが5387 件である。ただし、この中には放送回数の情報が得られないものもあり、これは集計から除外している。放送回数は CM 素材によって大きく異なり、着メロでは最小 1 回、最大 744 回、平均 10.48 回であった。また、着うたでは最小 1 回、最大 606 回、平均 14.9 回であった。

　図 6.9 は、着メロおよび着うたについて CM の放送回数を月次で集計した値の推移である。着メロよりも着うたの CM の方が多く出稿されていることについては集計対象の CM 件数からも想定されるが、2.1 項（図 6.8）の市場規模の推移とは異なる形状を示していることに注目されたい。市場規模は、着メロと着うたには明確な世代交代の関係があることが見て取れる。しかしなが

図 6.9　着メロ、着うた CM 放送回数

（出所）CM データベースより。

らCM放送回数については、着メロのCMは着うたの市場が成長してからも多く出稿されており、どちらかというと連動している傾向がある。加えて、着メロのCMは着うたが開始されるより前の2001年前後には放送されているが、回数はあまり多くないこともわかる。

　詳しくは第Ⅰ部にまとめているが、着メロ、着うた市場は、業界の垣根を越えて、多様な主体から構成されている。着メロ、着うたという携帯音楽配信サービスを消費者に提供する携帯キャリア企業だけでなく、携帯端末メーカーや着メロ、着うたといった音楽コンテンツを提供する配信企業、そのもととなる楽曲を管理しているレコード会社など、複数の企業が着メロ、着うた市場を成長させようと広告を出稿している。こうした広告を出稿した企業について、市場におけるポジションを考慮して集計したものが図6.10と表6.2である。

　ここでは、CMを放映していた企業を、キャリア（docomo、au、SoftBank）、端末メーカー、レコード会社、配信企業（配信専業者、配信兼業者）に分類している。キャリアは通信環境とプラットフォームを提供する企業であり、端末メーカーは携帯端末を製造する企業である。また、レコード会社はアーティストを育成・宣伝して音楽をリリースし、その音楽から着メロ、着うたを制作して配信を行うのが配信企業である。ここで、配信企業について、着メロおよび着うたの音楽コンテンツのみを提供する企業を配信専業者とし、音楽コンテンツ

図6.10　事業者ごとのCM放送回数

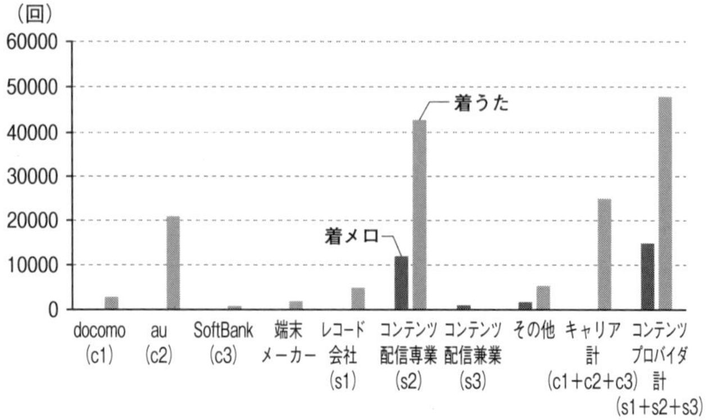

（出所）図6.9と同。

に加えて壁紙やゲームなども配信している企業を配信兼業者とした。また、大きなカテゴリーとして、レコード会社、配信企業をまとめてコンテンツプロバイダーとして集計している。

　図6.10と表6.2からもわかるように、着メロCMはほとんどがコンテンツプロバイダーによって出稿されており、着うたCMに関してもその多くがコンテンツプロバイダーによるものであることがわかる。キャリアが出稿した着うたCMについては、着うた市場を牽引したauが多くのCMを出稿しているが、docomoとSoftBankの出稿量は少ない。

2.3　ナレッジコミュニティ

■ 概要

　前項で概説した広告出稿は、企業から消費者に向けた単方向のコミュニケーションであるが、ここでは消費者間の双方向のコミュニケーションにも目を向けたい。消費者間のコミュニケーションについては、当時にタイムスリップして対面の口コミなどのすべてを観測することはできないが、インターネット上の掲示板等に残された過去の口コミデータ（eWOM）を見ることで、消費者間の双方向のコミュニケーションを取得することができる。そこで、日本語で運営されているナレッジコミュニティから消費者間のコミュニケーションを観測していく。

表6.2　カテゴリー、事業者ごとの CM 放送のシェア

	着メロCM 放送回数	着メロCM における 構成割合	着うた・フル CM放送回数	着うた・フル CMにおける 構成割合	キャリアCM 総放送回数	キャリアCM における 構成割合
docomo	0.0	0.0%	2989.4	3.7%	200575.8	1.5%
au	1.0	0.0%	20908.9	**26.1**%	204576.5	**10.2**%
SoftBank	0.0	0.0%	1171.8	1.5%	233430.8	0.5%
端末メーカー	0.0	0.0%	1934.0	2.4%		
レコード会社	0.0	0.0%	5040.9	**6.3**%		
コンテンツ 配信専業者	12018.4	81.1%	42864.7	**53.4**%		
コンテンツ 配信兼業者	1047.9	7.1%	211.0	**0.3**%		
その他	1748.0	11.8%	5115.7	**6.4**%	336395.4	
	14815.3	100.0%	80236.4	100.0%	974978.5	

（出所）図6.9と同。

　ナレッジコミュニティサイトは、Q&A サイトあるいは質問サイトとも呼ばれ、消費者が質問・疑問に思ったことを投稿し、当該質問に対する回答を募る場を提供するサービスを運営している。本書で用いるデータは、株式会社オウケイウェブが提供する OKWAVE（http://www.okwave.co.jp）から取得した質問および回答のデータである。OKWAVE は 1999 年にベータ版のサービスを開始し、2000 年から正式に運用を開始しており、同様の Q&A サイトである Yahoo!知恵袋（2004 年にベータ版のサービスを開始）よりも過去のデータを収集することができる。

　第Ⅰ部の事例からもわかるように、着メロは 1999 年 2 月の i モードによる携帯電話向け IP 接続サービスの開始に伴って普及が加速し、2004 年に売上のピークを迎えている。着うたは au によって 2002 年 12 月からサービスを開始され、2009 年に売上のピークを迎えた市場である。このことからも、Yahoo!知恵袋ではなく 1999 年にベータ版のサービスを開始した OKWAVE であれば、より当時の消費者たちの様相を捉えることができる。

■ 質問ログデータの取得と整理
　具体的なデータ取得の手続きについて詳述する。まず OKWAVE の検索欄に

図6.11　OKWAVE の画面を収集対象データ

（出所）OKWAVE ウェブサイト（`https://okwave.jp/qa/q1096552.html`　2018 年 2 月 20 日アクセス）をもとに筆者ら作成。

おいて、「着メロ」および「着うた」という 2 つのキーワードを入力し、ヒットした質問を収集対象とする。収集期間は 2000 年から 2016 年末までである。ここで、「着メロ」というキーワードでヒットした質問は合計 5622 件、「着うた」というキーワードでヒットした質問は合計 5336 件であった。これらの質問について、「質問タイトル」「質問本文」「ベストアンサー（BA）」「BA へのお礼」のデータを収集していく。OKWAVE の画面と収集対象のデータについては、図 6.11 に示している。重複を除外すると、合計 1 万 72 件の質問データが収集された。

　得られたデータは自然言語であるため、内容に踏み込んだ分析を行うためには、出現する単語を分解し、定量的な分析ができるように前処理する必要がある。日本語の形態素解析器には、Kudo, Yamamoto and Matsumoto（2004）によって開発されている MeCab があり、本分析でもこれを用いる。加えて、本章で用いるデータは、インターネット上の一般ユーザーによって投稿された自然言語の情報であり、固有名詞など多く含むため、通常の辞書では適切な分解ができない可能性がある。そこで、Sato（2015）によって開発されているMeCab の新語辞書 mecab-ipadic-NEologd を用いる。mecab-ipadic-NEologd では、映画、マンガ等のコンテンツのタイトルや略称についても辞書登録がなされており、より現代の文脈を形態素解析できることから、インターネット上のウェブサイトに掲載されている自然言語データの分析に用いられている（Katsumata, Motohashi and Nishimoto 2017）。

図6.12 着メロ・着うた質問数の推移

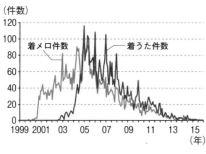

（出所）OKWAVE より。

図6.13 着メロ・着うた質問数の推移
（調整済み）

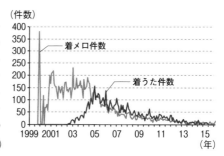

（出所）図6.12と同。

　MeCab によって形態素解析を行い、固有名詞を含む名詞と形容詞のみを単語として抽出する。ここで改めて「着メロ」および「着うた」が名詞として文中に含まれているか確認したところ、1万72件の質問のうち、9136件にどちらかの単語が含まれていたため、この9136件を分析対象とする。内訳は、「着メロ」という単語が含まれている質問が5432件、「着うた」という単語が含まれている質問が4529件、どちらも含まれている質問が825件であった。合計の単語数は74万5404件、語彙数は3万5158個であった。ここからさらに、出現回数が全体で2回未満の単語を除外し、分析対象の語彙数は1万8048個、合計の単語数は72万8294件となった。

　年別の投稿された質問数は図6.12および図6.13に示している。図6.12が得られた質問数、図6.13が年別の合計質問数を調整した重み付き質問数である。OKWAVE 全体の年別の合計質問数については非公表であることから入手できなかったため、ワイルドカード検索など[2]によっておおよその年別の合計質問数を推定し、これによって調整している。

　図6.12から、「着メロ」および「着うた」に関する質問は、2005年にピークを迎えていることがわかる。「着メロ」に関する質問は、2004年に売上のピークを迎えていることから、それまでにも多くの質問が観測されるが、「着うた」に関する質問は、売上のピークが2009年であることから、2005年以降にも多くの質問が観測されている。

　年別の合計質問数を調整した重み付き質問数の推移を示した図6.13では、

着うたの質問数は 2007 年にも 2005 年と同等の水準にあることが確認できる。「着メロ」に関する質問数は、市場の成長と連動しているが、「着うた」に関する質問数は、2009 年に売上のピークを迎えているにもかかわらず、市場の成長と連動していないことが興味深い。

3 メガマーケティングの実証分析に向けて

　本章では、着メロの誕生から着うたの従来型携帯端末への配信サービスが終了する 1995 年から 2016 年までを分析対象期間とし、主に 2000 年以降について、本書の実証分析で用いるデータの概要を説明し、着メロと着うたによる携帯音楽配信サービス市場の推移を概観した。本章は、第Ⅰ部の内容が、あらゆるデータとして取得されたことを示している。

　とくに注目してもらいたいことは、着メロ、着うた市場は、多様な主体の相互作用が交錯する動態的な組織フィールドであるということである。携帯キャリア（docomo、au、SoftBank）をプラットフォームとした携帯音楽配信サービスであるが、そのコンテンツをプラットフォームに配信していたのは、ドワンゴ（いろメロミックス）などの配信企業や、レコード会社の共同出資によって生まれたレーベルモバイル（レコチョク）をはじめとするコンテンツプロバイダーたちであった。また、これらの携帯音楽配信サービスを利用するには、対応端末の開発が必要だったことから、携帯端末メーカーの動向も大きく関わっている。

　このことが顕著にデータとして取得されたのが、着うた CM に関する広告

----

2) まず、質問検索において「a」「あ」「*」の 3 つの検索語について、検索期間を限定し、2000 年から 2016 年まで質問数の情報を得る。各年の質問数の割合は 3 つの検索語でおおよそ一致しており、相関係数は、$r_{a,あ}=0.988$, $r_{a,*}=0.985$, $r_{あ,*}=1.000$ であった。次に、それぞれの単語の質問数について、最大値が観測された年の数値で除すと、最大 1 の相対的な質問総数が得られる。この平均をとったものを年別の相対質問総数としている。年間の合計質問数は 2007〜2008 年に最も多く、以降は減少して 2015 年には 2001 年と同程度の質問総数となっていることがわかった。年別の相対質問総数は年次で得られており、キーワードの質問数は月次で得ているため、各月の重み付き質問数は対応する年の相対質問総数で除した値を用いている。

図6.14　動態的組織フィールドとしての携帯音楽配信サービス市場

第7章
消費者間のメガマーケティング
携帯音楽配信サービス市場における消費実践の解明

第8章
コンテンツプロバイダーのメガマーケティング
レーベルモバイルによる携帯音楽配信サービス市場の断絶と創造

第9章
プラットフォーマーのメガマーケティング
auによる携帯音楽配信サービス市場の断絶と創造

第10章
携帯音楽配信サービス市場の誕生と環境変化
「音楽のau」の確立、揺れ動く競争構造への対応

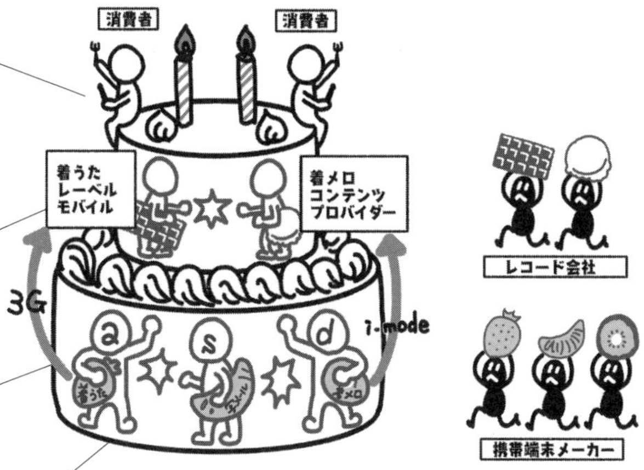

出稿量であろう。前掲の図6.10に示したように、同市場では、コンテンツプロバイダーが最も積極的に広告を出稿していた。加えて、携帯キャリア（とくに同市場を牽引したau）や携帯端末メーカーも、着うた関連の広告については出稿している様子が見て取れる。また、広告出稿量と連動するように、着うたの市場規模やナレッジコミュニティの質問数が変動しているようにも見て取れる。

　次の第7章から第9章までは、本章で紹介したデータをもとに、この多様な主体の相互作用が交錯する動態的な組織フィールドを、重層的な3つの市場の視点から分析していく（図6.14参照）。つまり、本書の分析対象となる携帯音楽配信サービス市場は、着メロ、着うたのユーザーを主体とした消費者市場が最上層を形成し、プラットフォームを経由して着メロ、着うたをユーザーに配信するコンテンツ市場が中間層を形成し、そのプラットフォームとなる携帯通信市場を最下層においた3つの市場が、垂直的・水平的な協働と競争による相互作用を交錯させた組織フィールドであると捉える。

　そこで次章以降では、各層の市場における主人公を焦点組織とし、垂直的・水平的な市場における多様な主体たちの相互作用を包含したメガマーケティン

グの実証分析を試みていきたい。まず次の第7章では、消費者市場を主な分析対象とし、着メロおよび着うた・着うたフルに対する消費者たちの消費実践（消費者たちがどのように2つの携帯音楽配信サービスを消費していたのか）を明らかにするために、ナレッジコミュニティサイトの質問ログデータの内容分析を行っていく。

　第8章では、レーベルモバイルを焦点組織とし、着うた・着うたフルという携帯音楽配信サービスが「どのように創造されたのか」ということについて、コンテンツ市場を中心に、多様な主体たちの制度的実践が、着うた・着うたフル市場の創造にどれほどの影響を及ぼしたのかを検証するために実証分析を行っていく。

　第9章では、レーベルモバイルのキャリア・パートナーであったau を焦点組織とし、着うた・着うたフルという携帯音楽配信サービスが、「どのように創造されたのか」ということについて、携帯通信市場を中心に、多様な主体たちのマーケティング・コミュニケーションが、着うた・着うたフル市場の創造にどれほどの影響を及ぼしたのかを検証するために実証分析を行っていく。

　第10章では、着うた・着うたフルという携帯音楽配信サービスが「どのように創造され断絶するに至ったのか」ということについて、同市場を牽引した当事者へのインタビューによって、より深く検証していく。

第7章
消費者間のメガマーケティング
携帯音楽配信サービス市場における消費実践の解明

はじめに

本章では、本書の分析対象となる2つの携帯音楽配信サービスが、「いかにして消費者たちに普及していったのか」を明らかにするために、着メロおよび着うた・着うたフルに対する消費者たちの消費実践（消費者たちがどのように2つの携帯音楽配信サービスを消費していたのか）を解明することを目的とする。ここでは、前章で紹介した、インターネット上のQ&Aサイト（ナレッジコミュニティ）に保存されている当時の消費者同士の対話履歴データ（質問ログ）を収集し、それら自然言語のビッグデータをトピックモデルによって内容分析することで、当時のユーザーたちの消費実践を明らかにする。

1 分析の焦点

本章の分析では、「着メロ」と「着うた・着うたフル」という2つの携帯音楽配信サービスが、「いかにして消費者たちに普及していったのか」を明らかにするために、「消費者たちがどのように2つの携帯音楽配信サービスを消費していたのか」、すなわち「消費実践（consumption practices）」の解明を目的とする。消費者たちの消費実践を明らかにするための最もポピュラーな調査方法は、インタビュー調査である。インタビュー調査を通して、ANT（Actor Networking Theory）による手続きによってコミュニティ（組織フィールド）の生成過程を明らかにしていく調査方法などが今日では確立している（Martin and Schouten 2014）。しかし、当時の携帯音楽配信サービスをどのように利用していたのかについて今日インタビューしても、なかなか正確な発言を得ることは

難しく、ここでの分析データとしては適当ではない。また、本分析では、「消費者たちがどのように２つの携帯音楽配信サービスを消費していたのか」を分析の焦点としているため、一時点ではなく、できるだけ時間を通じた消費実践の変化も捉えていきたい。

このような分析目的に対して、新聞や雑誌記事を追跡することで、消費者たちの消費実践を明らかにしようとする試みはある。たとえば、松井（2013）では、「癒し」という言葉をめぐるディスコースが、どのように消費者たちの消費実践の中で変化していったのかを明らかにしている。勝又・西本（2016）では、スマートフォン市場を分析対象とし、市場の普及過程と言葉の変化に注目し、市場の黎明期には「スマートフォン」というハイブリッドワード（スマート＋テレフォン）が多用されるが、市場が成長するにしたがって「スマホ」というオリジナルワードが社会で共有される（規範化する）ことを明らかにし、言葉の変化と市場参入のタイミングについて議論している。しかし、これら先行研究は、いずれも言葉の意味や変化に注目したものであり、本分析の主目的である消費実践の解明とは一致しない。繰り返しになるが、本分析の目的は、「消費者たちがどのように２つの携帯音楽配信サービスを消費していたのか」を明らかにすることである。

そこで、本分析では、「着メロ」と「着うた・着うたフル」という２つの携帯音楽配信サービスに対する当時の消費者たちの時間を通じた消費実践を捉えるべく、インターネット上のQ&Aサイト（ナレッジコミュニティ）に保存されている当時の消費者同士の対話履歴データを収集し、それら自然言語のビッグデータを「トピックモデル」を用いて「内容分析」することで、当時のユーザーたちの消費実践を明らかにすることを試みる。

2 消費実践の過程を捉えるためのデータ

2.1 データの取得

本章では、前章で説明した株式会社オウケイウェブが提供するOKWAVE（http://www.okwave.co.jp）から取得した質問および回答のデータを用いる。収集期間は2000年から2016年末までである。前章で述べたように、「着メロ」

というキーワードでヒットした質問は合計 5622 件、「着うた」というキーワードでヒットした質問は合計 5336 件であった。これらの質問について、「質問タイトル」「質問本文」「ベストアンサー（BA）」「BA へのお礼」の文書情報を用いる。重複を除外した 1 万 72 件の質問データが分析対象である。

2.2　形態素解析と基礎集計

　得られたデータは自然言語であるため、内容に踏み込んだ分析を行うためには、出現する単語を分解し、定量的な分析ができるように前処理する必要がある。前章でも紹介したように、本分析では日本語の形態素解析器である Kudo, Yamamoto and Matsumoto（2004）が開発した MeCab を用いる。加えて、本章で用いるデータは、インターネット上の一般ユーザーによって投稿された自然言語の情報であり、固有名詞など多く含むため、通常の辞書では適切な分解ができない可能性がある。そこで、Sato（2015）によって開発されている MeCab の新語辞書 mecab-ipadic-NEologd を用いる。mecab-ipadic-NEologd では、映画、マンガ等のコンテンツのタイトルや略称についても辞書登録がなされており、より現代の文脈を形態素解析できることから、インターネット上のウェブサイトに掲載されている自然言語データの分析に用いられている。

　MeCab によって形態素解析を行い、固有名詞を含む名詞と形容詞のみを単語として抽出する。ここで改めて「着メロ」および「着うた」が名詞として文中に含まれているか確認したところ、1 万 72 件の質問のうち、9136 件にどちらかの単語が含まれていたため、この 9136 件を分析対象とする。内訳は、「着メロ」という単語が含まれている質問が 5432 件、「着うた」という単語が含まれている質問が 4529 件、どちらも含まれている質問が 825 件であった。合計の単語数は 74 万 5404 件、語彙数は 3 万 5158 個であった。ここからさらに、出現回数が全体で 2 回未満の単語を除外し、分析対象の語彙数は 1 万 8048 個、合計の単語数は 72 万 8294 件となった。

3 大規模自然言語処理のためのモデル

3.1 LDA：Latent Dirichlet Allocation

得られたデータを内容分析するためには、大規模な自然言語情報を分析することができるモデルが必要となる。本分析では、LDA（Latent Dirichlet Allocation）を採用する。LDA は Blei, Ng and Jordan（2003）によって提案されたモデルであり、Griffiths and Steyvers（2004）によって Collapsed Gibbs sampling という高速なパラメータ推定方法が提案され、今日において広く普及し、多くの拡張モデルも提案されている（たとえば、Tirunillai and Tellis 2014；Jacobs, Donkers and Fok 2016；Trusov, Ma and Jamal 2016）。

LDA は文章全体に潜在的に K 個のトピックがあると想定し、文章を分解して分類していく手法である。以下、質問文全体を「コーパス」、個別の質問と回答の組を「ドキュメント」、個別の語を「単語」、単語の種類を「語彙」と呼ぶ。分析対象のコーパスの長さを N と置く。本分析では $N = 728{,}294$ である。語彙数を V と置く。本章では $V = 18{,}048$ である。ここで、単語 w_i, $i = 1, \cdots, N$ について、語彙 $v = 1, \cdots, V$ が出現する確率は、以下のようなカテゴリカル分布 $Cat(\cdot)$ に従っていると仮定される。

$$w_i \sim Cat_V(\tilde{\phi}_i), \quad \tilde{\phi}_{iv} = \prod_{k=1}^{K} \phi_{kv}^{z_{ik}}$$

ここで、z_{ik} は単語 w_i が属するトピックを規定するパラメータである。分析対象の文章に K 個のトピックが含まれ、w_i はいずれか1つのトピックに所属しているため、$z_i = \{z_{i1}, \cdots, z_{iK}\}$ もまたカテゴリカル分布に従っていると仮定できる。

$$z_i \sim Cat_K(\tilde{\theta}_i), \quad \tilde{\theta}_{ik} = \prod_{d=1}^{D} \theta_{dk}^{x_{id}}$$

ここで、x_{id} は単語 w_i が属するドキュメントを規定する変数である。単語 w_i がドキュメント d に含まれていれば $x_{id} = 1$、そうでなければ $x_{id} = 0$ となる2値の変数である。モデルに含まれるパラメータは $\boldsymbol{z} = \{z_1, \cdots, z_N\}$, $\boldsymbol{\phi} = \{\phi_1, \cdots, \phi_K\}$, $\boldsymbol{\theta} = \{\theta_1, \cdots, \theta_D\}$ であり、ϕ_k, θ_d にはそれぞれ以下のようなディリクレ分布 $Dir(\cdot)$ を仮定する。

$$\psi_k \sim Dir_V(\gamma), \quad \theta_d \sim Dir_K(\alpha)$$

尤度を $\pi(\boldsymbol{w} | \boldsymbol{z}, \boldsymbol{\psi})$ と置くと、事後分布は次のようになるが、$\boldsymbol{\psi}$ および $\boldsymbol{\theta}$ は積分し消去することができる。

$$\pi(\boldsymbol{z}, \boldsymbol{\psi}, \boldsymbol{\theta} | \boldsymbol{w}) \propto \pi(\boldsymbol{w} | \boldsymbol{z}, \boldsymbol{\psi})\pi(\boldsymbol{z} | \boldsymbol{\theta})\pi(\boldsymbol{\psi})\pi(\boldsymbol{\theta})$$

$$\iint \pi(\boldsymbol{z}, \boldsymbol{\psi}, \boldsymbol{\theta} | \boldsymbol{w})d\psi d\theta \propto \iint \pi(\boldsymbol{w} | \boldsymbol{z}, \boldsymbol{\psi})\pi(\boldsymbol{z} | \boldsymbol{\theta})\pi(\boldsymbol{\psi})\pi(\boldsymbol{\theta})d\psi d\theta$$

$$\Leftrightarrow \pi(\boldsymbol{z} | \boldsymbol{w}) \propto \pi(\boldsymbol{w} | \boldsymbol{z})\pi(\boldsymbol{z})$$

これによって、推定すべきパラメータは $\boldsymbol{z}$ のみとなり、その第 i 要素 z_i の事後パラメータはカテゴリカル分布から取得することができる。v^* は単語 w_i で観測された語彙である。d^* は単語 w_i が含まれているドキュメントである。

$$z_{ik} | \boldsymbol{z}_{-i} \propto \frac{n_{-i, kv^*} + \gamma}{n_{-i, k} + V\gamma}(n_{-i, d^*k} + \alpha)$$

ただし、

$$n_{-i, kv^*} = \sum_{i'=1, i' \neq i}^{N} z_{i'k}w_{i'v^*}, \quad n_{-i, k} = \sum_{v=1}^{V} n_{-i, kv}, \quad n_{-i, dk} = \sum_{i'=1, i' \neq i}^{N} x_{i'd^*}z_{i'k}$$

である。得られた z_i を用いることで、ディリクレ分布のパラメータ ψ_k, θ_d についても以下の式から得ることができる。

$$\psi_{kv} = \frac{n_{-i, kv} + \gamma}{n_{-i, k} + V\gamma}, \quad \theta_{dk} = \frac{n_{-i, dk} + \alpha}{n_{-i, d} + K\alpha}$$

ただし、

$$n_{-i, d} = \sum_{k=1}^{K} n_{-i, dk}$$

である。

3.2　モデルの設定

　Collapsed Gibbs sampling はマルコフ連鎖モンテカルロ（MCMC）法による推定であるため、事前分布のパラメータやイタレーション回数などを設定しなければならない。本分析では、Griffiths and Steyvers（2004）に従い、ディリクレ分布のパラメータについて $\gamma = 0.1$, $\alpha = 50/K$ とした。また、Collapsed

Gibbs sampling は定常分布への収束が非常に速いことが Griffiths and Steyvers（2004）でも示されているため、イタレーション回数は 3000 回とし、そのうち初めの 1000 回を稼働検査期間として棄て、後半の 2000 回をサンプルとして取得する。z の初期値は $z_i \sim Cat_K(K^{-1}\mathbf{1}_K)$ からランダムに発生させる。加えて、モデルの最適なトピック数についても定量的な比較が必要であるため、周辺尤度を計算して最適なトピック数を同定する。モデルはトピック数 5 のモデル、10〜150 まで 10 トピック間隔の 15 モデル、200 と 300 の 2 モデルで合計 18 個のモデルを並行して推定し、結果を比較する。

4 推定結果

4.1　モデル比較

　まず、合計 18 個のモデルを比較して最適なトピック数を決定する。図 7.1 は計算した対数周辺尤度の比較である。周辺尤度の計算方法については、Newton and Raftery（1994）によって提案された尤度サンプルの調和平均をとる方法を用いている。(a) は対数周辺尤度であり、(b) は 1 トピック当たりの周辺尤度の改善幅を示している。対数周辺尤度が最も高かったのは $K = 140$ のモデルであるが、$K = 60$ を超えたあたりで 1 トピック当たりの周辺尤度の改善幅は緩やかになっているため、60 以上のトピックのモデルであれば十分に適合度が高いことがわかる。また、トピックが多すぎても解釈が難しくなるため、以降では $K = 60$ のモデルを検討していく。

4.2　トピックの解釈

　トピックを解釈するうえで、まずは「着メロ」および「着うた」という語彙と関連性の高いトピックを検討する。得られた z を用いて ψ を計算し、トピック k における語彙の出現率 ψ_k を求める。ここから、トピックごとに「着メロ」「着うた」というキーワードが出現する確率をプロットしたものが図 7.2 である。横軸には「着メロ」という語彙の出現する確率の対数を、縦軸には「着うた」という語彙の出現する確率の対数が示されている。図 7.2 によると、両方の語彙の出現率が等しく高いトピックはなく、いくつかのトピックにおい

図7.1　トピック数と周辺尤度

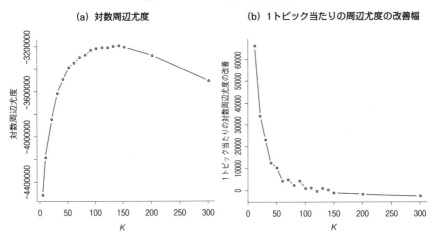

(a) 対数周辺尤度

(b) 1トピック当たりの周辺尤度の改善幅

図7.2　語彙「着メロ」「着うた」の出現率が高いトピック

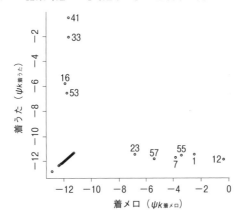

(注) 縦軸は語彙「着うた」の出現率、横軸は語彙「着メロ」の出現率。

て「着メロ」および「着うた」の出現率が高いことがわかる。「着メロ」においては、No.1、7、12、23、55、57の6つのトピックが、「着うた」においては No.16、33、41、53の4つのトピックが、とくに出現率が高い。

表7.1は、「着メロ」および「着うた」の出現率がとくに高かったトピックについて、出現率の高い上位20単語を挙げたものである。以下では、各トピックの上位20単語に注目しつつ、そのトピックに所属する原文（質問タイトル、

質問本文、ベストアンサー〔BA〕、BA へのお礼が統合された情報）にも立ち返り、トピックを解釈していく。ドキュメント d のトピックへの所属確率は θ_d である。$\theta_{dk} = \max(\theta_d)$ のとき、ドキュメントはトピック k に所属していると判定する。

■「着メロ」の出現率が高いトピック

まず「着メロ」の出現率が高い 6 つのトピックについて解釈を試みていく。トピック No.1 に所属する上位 20 単語の中には、「検索」「着メロ」「よろしくお願いします」などがある。また、これら単語が含まれるトピック No.1 に所属する原文を見てみると、たとえば、以下のような内容が確認できた。なお文書の参照では、〔Q〕は質問本文、〔BA〕はベストアンサー、〔RE〕は質問者による BA へのお礼を示す。

〔Q〕着メロを探しています。こんにちは。私は、DOCOMO の「D502i」を使っています（持っている？）。最近、着メロを変えようと思って、色んなサイトを見ましたが、いい曲がありません。沖縄の民謡などが多数ある着メロサイトを教えてください。よろしくお願いします。

(http://okwave.jp/qa/q62133.html)

上位 20 単語に留意しつつ、すべての原文を確認したうえで、トピック No.1 は、着メロの楽曲そのものを探索している単語と記述が多いことから「メロディの探索」という解釈に至った。

同様に、トピック No.7 は、上位 20 単語の中に「ソフト」「MIDI」「簡単」などがある。また、これら単語が含まれるトピック No.7 に所属する原文を見てみると、たとえば、以下のような内容が確認できた。

〔Q〕以前使っていたのですが、無くしてしまいました。探してみても複雑なツールしかなく、純粋に着メロに変換できるツールがありません。どなたか知っていましたら教えてください。よろしくお願いします。

〔BA〕お求めのソフトなのかは不明ですが、私のお気に入りソフトです。「PS-PLAYER」と検索してみてください。ダウンロードサイト以外に作者の HP があるはずです。作者は feel-H" の 12 和音に特化した新作ソフトを公開なさってます。こちらの試用は私も無いのですが、PS-PLAYER の方は以前から使ってましてメインは feel-H" だそうですが、ドコモ系や他社携帯用も作れ

表7.1　トピックごとの頻出単語

(a) 着メロ

順位	1:メロディの探索	7:MIDI制作	12:和音の探索	23:着信	55:アニメ・ゲーム・効果音	57:TVCM・ドラマ・映画主題歌
1	検索	ソフト	着メロ	電話	どこ	曲
2	着メロ	MIDI	和音	番号	欲しい	CM
3	よろしくお願いします	簡単	メロディ	場合	着	タイトル
4	Mello	作成	16	名前	歌	曲名
5	メニュー	着メロ	オルゴール	グループ	声	映画
6	着信メロディ	フリーソフト	40	電話機	ゲーム	番組
7	リスト	PHS	メロディー	相手	着メロ	ドラマ
8	どこ	編集	よろしくお願いします	時	手	BGM
9	サイト	方法	研	電話帳	ボイス	主題歌
10	カラオケ	初心者	きれいな	ごと	系	テーマ
11	ヤマハ	ツール	J研	特定	アニメ	誰
12	24	自分	ディズニー	かた	ほしい	TV
13	ご存知	フリー	イイ	発信	効果音	中
14	どなた	変換	マイナー	呼び出し	携帯サイト	NHK
15	ポケメロ	MIDI	単音	録音	いかが	サントラ
16	i-mode	PS	J-SKY	拒否	公式	放送
17	こんにちは。	Soft	PHONE	メロディー	よろしくお願いします	テーマ曲
18	JOYSOUND	ベクター	オリジナル	回数	版	クラシック
19	J-POP	携	検索サイト	人	FF	オープニング
20	応援歌	ソフトウェア	sh	登録	ウタ	シーン

(b) 着うた

順位	16:自作・ファイル変換	37:自作	41:楽曲の探索	53:容量
1	ファイル	着うた	着うた	音質
2	変換	方法	着うたフル	容量
3	3gp	自作	フル	KB
4	携帯動画変換君	作成	掲示板	サイズ
5	3G	登録	うた	秒
6	もと	可能	公式サイト	大きい
7	着	自分	よろしくお願いします	場合
8	作成	作り方	おねがい	以下
9	方法	再生	公式	MB
10	経由	AMC	レコード会社	制限
11	設定	やり方	直営	程度
12	再生	G2	レコ直	時間
13	AAC	W	サウンド	最大
14	拡張子	3G	レコチョク	500
15	MP4	Web	music.jp	kb
16	化	よろしくお願いします	ミスチル	以上
17	動画	LINK	方位	悪い
18	使用	Room	古着	小さい
19	アップロード	G	普通に	数
20	3GPP	Eonet	愛光電気	ファイルサイズ

るようです。ちなみに私は-H"ユーザーなのでこれ以外のソフトについては
存じ上げません参考になれば幸いです。
[RE] 私が探していたのはコレです！！わざわざありがとうございました！

(http://okwave.jp/qa/q170148.html)

これらのことから、トピック No.7 は、着メロを演奏するための MIDI の制
作やファイルフォーマットの変換に関する単語と記述が多いため「MIDI 制
作」というトピックとした。

　トピック No.12 は、No.1 と同様に「メロディの探索」に関する単語と原文
が多かったのだが、その特徴は、ほとんどが和音（16 和音など）に関するもの
であったことである。このことから、トピック No.12 は、「和音の探索」とい
うトピックとした。

　トピック No.23 は、上位 20 単語の中に「電話」「番号」「場合」などがある。
また、これら単語が含まれるトピック No.23 に所属する原文を見てみると、
たとえば、以下のような内容が確認できた。

[Q] NTT ドコモの F661 を使っています。ダウンロードして多くの着メロを集
めていますが、電話がかかってきたときに 10 数秒で着メロが切れてしまい
ます。呼び出し時間は 30 秒に設定しています。着メロは相手によって違い
ます。登録してない番号からかかり、番号通知の場合は相手に関係なくいつ
も同じメロディです。非通知は着信拒否、公衆電話からは「ピッピ」っとい
った音だけです。今のままじゃ、間に合わないことが多く不便です。解決法
を知っていればお知らせください。
[BA] 多分留守番電話の呼び出し時間の設定でしょうね。1419 だったかな…に
携帯から電話をかけて、ガイダンスにしたがって、呼び出し時間を変更して
みてください。
[RE] ありがとうございました。解決しました。

(http://okwave.jp/qa/q665614.html)

これらのことから、トピック No.23 は、着信時の問題点・不満に関する単
語と記述が多いため「着信」という解釈に至った。

　トピック No.55 もまた、トピック No.1 や 12 のように着メロの探索に関す
る単語と原文が多かったが、特徴的だったのは、いわゆる J-POP などの楽曲
ではなく、アニメやゲーム、有名人のボイスや電車の発車音などの効果音に関
するものであったことである。このことから、トピック No.55 は、「アニメ・

ゲーム・効果音」というトピックとした。

　トピック No.57 もまた、トピック No.1、12、55 のように着メロの探索に関する単語と原文が多かったが、特徴的だったのは、TVCM やドラマ、映画の主題歌などの楽曲に関するものであったことである。このことから、トピックNo.57 は、「TVCM・ドラマ・映画主題歌」というトピックとした。

■「着うた」の出現率が高いトピック

　次に、「着うた」の出現率が高い 4 つのトピックについて解釈を試みていく。トピック No.16 に所属する上位 20 単語の中には、「ファイル」「変換」「3gp」などがある。また、これら単語が含まれるトピック No.16 に所属する原文を見てみると、たとえば、以下の内容が確認できた。

> [Q] 既存の CD の音源をそのまま着うたにしたりはできますか？教えて下さい。一般人が知らないようなインディーズバンドの曲とか 10 年位前の曲とかです。
> [BA] あんまり詳しく書くとうるさいらしいんで……以下の手順を踏みます　1．CD から WAV ファイルに変換　2．WAV ファイルから 3gp ファイルに変換　3．3gp ファイルのバイナリ書き換え　4．出来た 3gp ファイルはネット経由でダウンロードそれぞれにフリーソフトがあります。「cd2wav32」「着うた・ムービーメーカー」「着もと」などがあれば便利でしょう。出来たファイルをサーバに保持すると著作権法違反になりますので、そこら辺のアップローダーの使用は避けた方が賢明です。見えないようなご自分専用の HP スペースなどを活用して、ダウンロードします。MiniSD やUSB 経由では着モーションにはなりません。
>
> （http://okwave.jp/qa/q1140723.html）

　これらのことから、トピック No.16 は、着うたを自作しようとするもファイル変換に悩む単語と記述が多いため「自作・ファイル変換」という解釈に至った。

　トピック No.37 は、No.16 と同様に楽曲の自作に関する単語と原文が多かったのだが、トピック No.37 とは異なり、ファイル変換に関するものだけでなく、着うたの自作に関連する広範な悩みについての単語と記述が多いことから、トピック No.37 は、「自作」というトピックとした。

　トピック No.41 は、「着メロ」の出現率が高いトピック No.1、12、55、57

と同様に、「着うた」に関する楽曲の探索についての単語と記述が多いことか
ら、トピック No.41 は、「楽曲の探索」というトピックとした。

　最後に、トピック No.53 は、上位 20 単語の中に「音質」「容量」「KB」など
がある。また、これら単語が含まれるトピック No.53 に所属する原文を見て
みると、たとえば、以下の内容が確認できた。

> [Q] mmf の着うたを作ってみたのですが、データサイズオーバーで、とるこ
> とができません…『mmfconverter2』を使っています。出力ファイルサイ
> ズをいじっても 245KB より小さくならないのです。どうやればサイズが小
> さくなるかわかりません。おしえてください。
>
> (http://okwave.jp/qa/q1161227.html)

　これらのことから、トピック No.53 は、着メロと比較して格段にファイル
サイズが大きくなった着うたを携帯端末に設定することに悪戦苦闘する単語と
記述が多いため「容量」というトピックとした。

5 トピック・トレンドと要因分析

5.1 目的変数とモデル

　前節では、トピックの解釈を頻出単語と原文から試みたが、本節では各トピ
ックが時間の経過とともにどのように変化したのかを検討していく。また、消
費者たちの消費実践に関する各トピックの継時的な変化は、個人ないし集団と
しての新規参入者が市場を創造しようと、既存市場の制度を構成する 3 つの支
柱を揺さぶろうした 1 つの帰結として観測できるものである。そこで、本分析
では、「何が」各トピックの継時的な変化をもたらしたのか、その要因につい
ても検討していく[1]。本節で分析対象とするのは、文書ごとに与えられるトピ
ック所属確率 θ_d である。θ_d は得られてから容易に計算することができ、文書

---

1) 本分析では、制度分析による要因分析にまでは踏み込んでいない。つまり、トピック
　の時間を通じた変化に対する説明変数として、多様な主体の制度的実践というよりも、
　分析対象となる組織フィールドにおいて観測できうるマーケティング変数を用いている。
　本章の分析の焦点は、あくまでも消費者たちの消費実践であり、多様な主体の制度的実
　践を対象とする制度分析は、次章で行う予定である。

ごとに与えられているため、文書の投稿年月などの背景との関連性を検討することができる[2]。

目的変数となる θ_d については、$\theta_{dk} \in (0,1)$, $\sum_{l=1}^{K} \theta_{dl} = 1$ という性質を持つため、分析においては注意が必要である。このような目的変数を分析するモデルとしては、Cooper and Nakanishi（1988）によるマーケットシェアモデルがある。本書では、多項ロジット型のマーケットシェアモデルとして定式化する。所属確率 θ_{dk} に影響を与える要因を a_{dk} と置き、以下のように関係を定義する。

$$\theta_{dk} = \frac{a_{dk}}{\sum_{l=1}^{K} a_{dl}}, \quad a_{dk} = \exp(x_d' \beta_k) = \prod_{m=1}^{M} \exp(x_{dm} \beta_{mk})$$

ここで、x_{dm} はドキュメント d の第 m 番目の特性であり、これに係るパラメータ β_{mk} との加重和（線形結合）で要因が表現される。形式は多項ロジットモデルと同様である。定式化は、ディリクレ多項回帰（Dirichlet Multinomial Regression：DMR）とも同様であるが、DMR はトピック所属のパラメータ z と、上式では β に当たる事前構造に含まれるパラメータを同時に推定することを志向しているのに対して、本分析では逐次的にパラメータを得ている。

推定においては、Nakanishi and Cooper（1974）によって提案された対数中央化を行うことでパラメータを得ることができる。まず、θ_{dk} についての上式の対数をとり、k について総和して K で除す算術平均をとると、以下の式を得ることができる。

$$\tilde{\theta}_d = \sum_{m=1}^{M} \overline{\beta}_m x_{dm} - \log\left(\sum_{l=1}^{K} a_{dl}\right)$$

ただし、

2) LDA のパラメータに階層構造を仮定する拡張モデルとして、Mimno and McCallum（2008）による DMR（Dirichlet Multinomial Regression）や Blei and Lafferty（2006）による CTM（Correlated Topic Model）など、いくつかの手法が提案されているが、これらのモデルでは、事前分布に共役でない分布を仮定するなど、Collapsed Gibbs sampling による推定ができない。そこで、変分ベイズ法や Metropolis-Hasgings 法による推定が試みられている（たとえば、Trusov, Ma and Jamal 2016；Welling and Teh 2011）。しかし、これらの推定法では、解が不安定になり、推定速度が大幅に低下するなどの問題もある。そこで本書では、実用性を重視して、得られたパラメータを所与として分析を行う。

$$\tilde{\theta}_d = \frac{1}{K}\sum_{l=1}^{K}\log(\theta_{dl}), \quad \overline{\beta}_m = \frac{1}{K}\sum_{l=1}^{K}\beta_{mk}$$

である。次に、要素ごとの式の差をとっていくと、線形回帰モデルが得られる。

$$\log(\theta_{dk}) - \tilde{\theta}_d = \sum_{m=1}^{M}\left(\beta_{km} - \overline{\beta}_m\right)x_{dm}$$

$$\theta_{dk}^* = \sum_{m=1}^{M}\beta_{mk}^*x_{dm} + \varepsilon_{dk}$$

この $\beta_{mk}^*,\ m=1,\cdots,M$ は最小2乗法（OLS）によって得ることができる。推定においては、たとえば第1トピックのパラメータ $\beta_{1m},\ m=1,\cdots,M$ を0に固定し、推定後に平均値を計算し、そこからパラメータの値を決定できる。具体的には、以下の手続きで行う。なお、以下では $\beta_k = (\beta_{1k},\cdots,\beta_{Mk})'$ であり、$\overline{\beta}$ も同次元のベクトルである。

まず、$\beta_k - \overline{\beta} = \beta_k^* \Leftrightarrow \beta_k = \beta_k^* + \overline{\beta}$ なので、

$$\overline{\beta} = \frac{1}{K}\sum_{l=1}^{K}\beta_l = \frac{1}{K}\left(\sum_{l=1}^{K}\left(\beta_l^* + \overline{\beta}\right)\right)$$

であり、ここから以下の関係が得られる。

$$\sum_{l=2}^{K}\beta_l^* + \beta_1^* + K\overline{\beta} = K\overline{\beta} \Leftrightarrow -\sum_{l=2}^{K}\beta_l^* = \beta_1^*$$

この変換によってパラメータ β_1^* が得られる。マーケットシェアモデルは、推定においてはいずれか1つのブランドシェア（本章ではトピック出現率）のパラメータを0と置く制約をかけるが、上式でパラメータに変換すると、いずれのトピック出現率のパラメータに制約を与えても同じ値を得ることができる。推定において、誤差項の分散は $\varepsilon_{dk} \sim N(0,\sigma_k^2)$ と仮定している[3]。

5.2 説明変数

ドキュメント d の投稿された年月から説明変数を構成していく。分析期間としては、2000年1月〜2016年12月である。まず、全体的なトレンドの影響を把握するために投稿年のダミー変数を入れる。そして、「何が」各トピックの継時的な変化に影響を及ぼすかということについては、以下2種類の要因を説明変数に含めていく。

3） 導出と推定のためのコード、分析事例などは、里村（2015）に詳しい。

図7.3　端末の月別発売数の推移

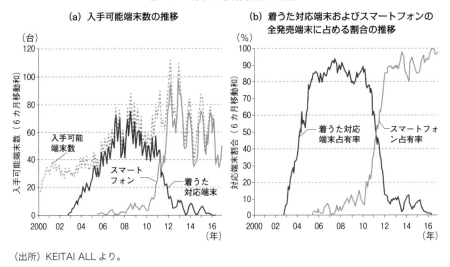

（出所）KEITAI ALL より。

　第1の説明変数は「端末の発売履歴」である。この変数は、携帯端末の技術的情報が集約されている KEITAI ALL（`http://keitaiall.jp/`）から取得したデータベースをもとに得ている。KEITAI ALL からは、端末ごとに発売年月日、メーカー、販売キャリア、OS、機能情報が取得できる。この中に「着うた機能」に対応しているか否かの情報もある。ここでは、「発売端末に占める着うた対応端末の割合」と「発売端末に占めるスマートフォン端末の割合」を月別に求めたデータを利用する。2000 年1月から 2016 年 12 月までに発売された分析対象となる携帯端末数は 1639 機種である。ただし、携帯端末は発売から半年程度は入手可能であるため、1つの端末について、発売月を含めて6カ月間を発売期間として毎月の機種数を集計する。また、スマートフォン端末については、Symbian、iOS、Windows Mobile（Windows Phone）、Android、Blackberry のいずれかの OS を搭載した端末をスマートフォンと判定して、着うた対応端末と同様に発売月から6カ月間を発売期間として集計する。得られた端末の発売数は図 7.3（a）に示している。

　図 7.3（a）、（b）はいずれも 2000 年1月から 2016 年 12 月までの 204 カ月分の推移を示したものである。（a）は発売された端末機種数の月別推移であり、（b）が説明変数として用いる「着うた対応端末およびスマートフォンの全発売端末

図7.4 TVCMの月別放送回数の推移

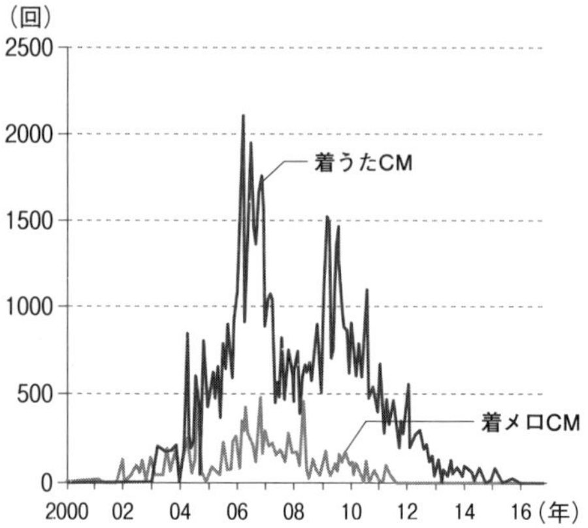

（出所）CMデータベースより。

に占める割合」である。薄いグレーの破線は入手可能な全端末数、濃いグレーの実線が着うた対応端末、薄いグレーの実線がスマートフォンである。着うた対応端末は、着うたによる携帯音楽配信サービスが開始されたのと同時に2002年から発売されているが、実際に多くの端末に搭載されるようになるまでには2年ほどの時間を要している。2004年には多くの端末に搭載されるようになり、この傾向はスマートフォンが台頭してくる2010年頃まで続いている。

　第2の説明変数は「広告出稿量」である。この変数は、CM総合研究所が収集しているCMデータベースから取得している。このデータベースでは、TVCMの内容や出稿企業のほかに、放送開始年月日、放送終了年月日、放送回数の情報を得ることができる。ただし、各月の放送回数はわからないので、合計の放送回数を放送期間中の月数で割り、各月に放送回数として割り振っている[4]。ここでは、「着メロ」と「着うた」に関するTVCMをCM総合研究所に抽出してもらった広告出稿量のデータを利用している。分析対象となったTVCMの本数（素材）は、着メロで1427件、着うたで5387件であった。分析期間中の合計放送回数は、着メロで1万4815.3回、着うたで8万236.4回で

4）2000年に放送開始したごく一部のCMについては放送終了月が得られないものがあるが、これについては放送開始月にのみ放送があったとしている。

あった。得られた月別の CM 放送回数は図 7.4 に示している[5]。図 7.4 では、着メロ CM は 2001 年から 2012 年まで観測されており、着うた CM は 2005 年以降大きく増えているが、2011 年以降は減少しており、2016 年には 2004 年と同程度の水準にまで落ち込んでいるようだ。

5.3　分析結果と考察

　モデルに組み込んだ変数は、年次ダミー変数と月次の端末発売数、CM 放送回数である。得られたパラメータには平均が 0 となるように制約を置いているため、相対的な高低で影響の強さを比較することになる。本項では、先述した「着メロ」「着うた」の出現率が高い 10 個のトピックに注目して考察していく。

　まずは、時間トレンドを把握するために年次の推移を見る。図 7.5 (a)～(c) は、2000 年から 2016 年までのパラメータの推移をプロットしたものである。(a) は「A：1 メロディの探索」「B：7 MIDI 制作」「C：12 和音の探索」と「着メロ」の出現率が高かった 6 つのトピックの平均値「M：着メロトピック平均」をプロットしている。同様に、(b) は「D：23 着信」「E：55 アニメ・ゲーム・効果音」「F：57 TVCM・ドラマ・映画主題歌」と「M：着メロトピック平均」をプロットしている。また、(c) は「着うた」の出現率が高かった 4 つのトピック「G：16 自作・ファイル変換」「H：37 自作」「I：41 楽曲の探索」「J：53 容量」と、この 4 つのトピックの平均値「m：着うたトピック平均」をプロットしている。2013 年から 2016 年は投稿された質問件数が少ないため、値のぶれが大きくなっているが、着メロおよび着うたの全体的な傾向を平均値から見ると、着メロに関するトピック出現率は減少傾向であるものの、着うたのトピックについては直線的な傾向はみられない。

■「着メロ」のトピック・トレンド

　着メロのトピック・トレンドを見てみると、「A：1 メロディの探索」「C：12 和音の探索」「E：55 アニメ・ゲーム・効果音」「F：57 TVCM・ドラマ・映画主題歌」については、分析期間を通じて減少傾向である。これらトピック

5）放送期間が複数月にまたがっている CM については合計放送回数を各月に按分するため、放送回数が整数ではない場合がある。

図7.5 トピック出現率の推移

(a)「着メロ」トピック・トレンド (1)

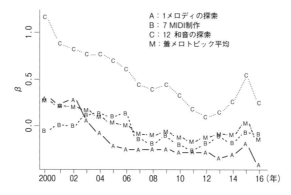

(b)「着メロ」トピック・トレンド (2)

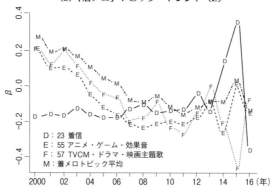

(C)「着うた」トピック・トレンド

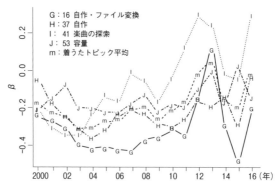

はすべて着メロの探索に関するものであるが、着メロの普及とともに、着メロをダウンロードできるサイトが充実していったことから、楽曲を探索するにあたっての困難や努力が軽減されることで、トピックとしては減少傾向になったことが推察される。

　一方で、「B：7 MIDI 制作」はわずかな減少、「D：23 着信」は増加傾向にある。前者は、着メロが誰でも自作可能な MIDI フォーマットをベースとしたものであったことがトピック・トレンドに反映されていると推察できる。つまり、着メロは自作可能な MIDI フォーマットをベースとしているがゆえに、着メロ市場が縮小していく中でも、携帯端末またはスマートフォンはユーザーの手元に普及しているので、一定数のユーザーたちが着メロを自作することに興じていたと考えられる。

　後者は、増加傾向にあった唯一のトピックであるが、分析期間中の前半と後半では、トピックの解釈が異なってくる。前半は、まさに着信時の状況に関連しており、非通知番号や国際電話番号からの着信に対する不信感等であったが、後半は、2003 年に NTT ドコモが開始したメロディコールサービス（電話発信者に聞かせる呼び出し音）と関連している。原文に立ち返ると、「A：1 メロディの探索」などと同様に、メロディコールの探索に関するものを多々確認することができた。また、競合キャリアも同様のサービスに追随し、この市場が 2007 年には契約者数が 1000 万人を突破することを考慮すれば、このことがトピック・トレンドに反映されていると推察することは妥当である。

■「着うた」のトピック・トレンド

　着うたのトピック・トレンドを見てみると、初期時点では出現率が高かった「G：16 自作・ファイル変換」「H：37 自作」は、2000 年から 2005 年にかけて減少傾向である。また、この間の 2002 年に「J：53 容量」が一度ピークを迎えている。

　着うたサービスが開始されたのは 2002 年であることから、前者は、着メロに向けられたトレンドであるとも推察できる。しかし、このトピックが「着うた」の出現率が高いトピックであることを考えれば、ユーザーたちが「着メロ」ではなく、自ら「着うた」なるものを自作しようと試行錯誤していた可能性が考えられる。なぜならば、着うたサービスが開始される以前から、「着ム

ービー」（au が最初に EZ ムービーとしてサービスを提供）なるものが普及していたからである。

　着ムービーとは、携帯端末にムービーデータを送受信できるサービスのことである。つまり、ムービーデータを送受信できるということは、映像データに加えて音声データを携帯端末に保存できるということである。すなわち、映像データを暗転させておいた状態で音声データがある着ムービーを送受信すれば、それはもう「着うた」となんら変わりないのである。

　このようなムービーデータからの自作による着うたは、「えせ着うた」と呼ばれ、原文を見る限り広く普及していたようである。「G：16 自作・ファイル変換」と「H：37 自作」に所属する上位 20 単語にある「3GPP」「AMC」というのは、着ムービーに対応したファイルフォーマットのことであり、「動画」に関する単語が多いことを考えれば、着うたの自作が 2002 年以前から行われていた可能性は高く、2002 年のサービス開始と同時に多くの楽曲が提供されたことから、徐々に自作せずにユーザーの好みに合った着うたを入手することができるようになり、トピック・トレンドとしては減少傾向にあると推察できる。

　一方、上述のように、「J：53 容量」の一度目の大きなピークは 2002 年である。このことは、まさに「着うた」が「着メロ」とは異なり、かなり大きなファイルサイズであることが起因していると推察できる。第 2 章の事例の中でも、このこと（当時は定額制のパケット通信サービスがなかったため、ファイルサイズの大きな着うたをダウンロードしてしまうと多額のパケット通信料がかかってしまうこと）が 2003 年に着うたの普及を停滞させたことを詳述したが、着うたサービスが開始された 2002 年に、すでにユーザーたちにとっては大きな問題点（不満）になっていたことが、今回のトピック・トレンドによって改めて確認することができた。しかし、この問題については 2003 年以降にキャリア各社が定額制のパケット通信サービスを導入していくことで解決されていく。これに対応するように「J：53 容量」の出現率も低下している。

　次に、2006 年から 2010 年にかけては、「I：41 楽曲の探索」に関するトピックが増加傾向にある。2004 年 11 月には au が「着うたフル」のサービスを開始し、以降 2005 年 8 月にボーダフォン（現・ソフトバンク）が、2006 年 6 月には NTT ドコモも同サービスに追随していく。こちらも事例の中でも紹介し

たように、「着うたフル」のサービス開始が、より一層この市場を急拡大させ
ていくことになる。つまり、市場が急速に拡大していったということは、ユー
ザーたちがこぞって楽曲の探索に多くの時間とお金を割いたことが推察できる。
「着うた」の出現率が高い4つのトピックの中では、「I：41 楽曲の探索」に関
するトピックの出現率は、2005年以降2014年まで最も高い。このことは、同
じ携帯音楽配信サービスである「着メロ」とは異なる様相であることが興味深
い。「着メロ」は、市場の拡大と成熟に従って「C：12 和音の探索」「E：55
アニメ・ゲーム・効果音」「F：57 TVCM・ドラマ・映画主題歌」「A：1 メロ
ディの探索」といったトピックは減少傾向であったが、「着うた」については、
市場が拡大し成熟したとしても、「I：41 楽曲の探索」は減少傾向には転じて
いない。このことは、「着うた」が「着メロ」とは異なること、とくに「着う
たフル」にいたっては、着信音ではなくむしろウォークマン（音楽を聴く）と
して機能していたことが、この違いを生み出していると考えられる。

　また、2000年から2005年にかけては減少傾向であった「H：37 自作」に
関するトピックが、2006年から2010年にかけては増加傾向にある。このこと
は、「G：16 自作・ファイル変換」が2006年から2010年にかけても引き続き
減少傾向であることと、先述したように2004年11月にauが「着うたフル」
のサービスを開始したことに加え、2006年1月に携帯音楽配信サービスシス
テム（LISMO）[6]が提供された事実を突き合わせると、消費者たちは、LISMO
を利用して着うた・着うたフルを合法的に自作し、携帯端末に保存することで
ウォークマン（音楽を聴く）として楽しんでいたことが推察される。

■ 要因分析：「何が」消費実践に影響を与えたのか

　続いて、端末発売数およびCM放送回数との関係を検討していく。図7.6
(a)、(b)は、トピックごとに得られたパラメータの値をプロットしたものであ
る。(a)は着うた対応端末およびスマートフォンの全発売端末に占める割合に

---

6) 第2章の事例でも紹介したが、LISMOとは、携帯電話で着うたフルによって楽曲を
　ダウンロードし、その楽曲をPCに取り込んで楽しんだり、CDからPCに取り込んだ楽
　曲を携帯電話に転送して、携帯端末をウォークマンのようにして楽しんだりすることが
　できる携帯音楽配信サービスシステムのことである。同様のサービスシステムは、NTT
　ドコモは2007年5月に、ソフトバンクも2007年10月に提供を開始している。

図7.6　トピック出現率と端末発売数・CM放送回数との関係

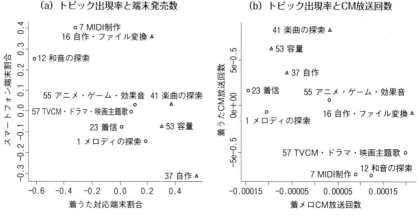

(a) トピック出現率と端末発売数　　　　(b) トピック出現率とCM放送回数

（注）○は着メロ、△は着うたに関するトピックを示す。

係るパラメータであり、(b)は着メロおよび着うたのCM放送回数に係るパラメータである。図中には「着メロ」および「着うた」の出現率が高い10トピックの値が示されており、キーワード「着メロ」の出現率が高いトピックは「○」で、「着うた」の出現率が高いトピックは「△」で示している。

　図7.6(a)を見てみると、着うた対応端末およびスマートフォンの全発売端末に占める割合について、着うた対応端末の割合と「着うた」の出現率が高い4つのトピックの関係は強く、着うた対応端末が増えると着うたの出現率が高い4つのトピックはいずれも出現率が高くなることがわかる。「着メロ」の出現率が高いトピックについては、着うた対応端末の割合に係るパラメータの値は相対的に低く、とくに「12 和音の探索」や「7 MIDI 制作」に関するトピックの出現率は低くなるようだ。「16 自作・ファイル変換」については、着うた対応端末が増えても出現率は高くなるが、スマートフォンの割合が増えても出現率が高くなる傾向がある。このことは、着うた対応端末にしろスマートフォンしろ、着うた機能を搭載する端末の増加によって、先述した着ムービーを改良することによる「えせ着うた」の需要が増えたことによるものと推察できる。とくにスマートフォンの割合に係るパラメータの考察においては、YouTube などの動画閲覧サイトからダウンロードした動画を着うたにしようとするユーザーを想定することができるだろう。

次に図 7.6 (b) を見てみると、CM 放送回数との関係についても、着うたへの広告出稿量（CM 放送回数）が増えると「着うた」の出現率が高い 4 トピックのうち「16 自作・ファイル変換」を除く出現率は高くなる傾向がある。しかしながら、着メロへの広告出稿量（CM 放送回数）については、CM 放送回数が増えても、必ずしも「着メロ」の出現率が高いトピックの出現率が高くなるとは限らない。また、全体として着メロと着うたとのパラメータについては負の関係があることがわかる。たとえば、「53 容量」は、着うたへの広告出稿量（CM 放送回数）との正の関係は強いが、着メロへの広告出稿量（CM 放送回数）とは逆の傾向がある。このことは、「53 容量」のトピック解釈で先述したように、着うたと比較して着メロはファイルサイズが小さく、従量課金制の通信環境においてもユーザーにとっては、着メロをダウンロードすることはそれほど問題とはならなかったため、このような結果が得られたと考えられる。

6　消費実践プロセスの解明

▶ いかにして消費者たちに普及していったのか

本章では、本書の分析対象となる 2 つの携帯音楽配信サービスが、「いかにして消費者たちに普及していったのか」を明らかにするために、着メロおよび着うた・着うたフルに対する消費者たちの消費実践（消費者たちが 2 つの携帯音楽配信サービスをどのように消費していたのか）を明らかにすることを目的とした。そこで、現在では観測することができない当時のユーザーたちの着メロおよび着うた・着うたフルに対する消費実践を明らかにするために、インターネット上の Q&A サイト（ナレッジコミュニティ）に保存されている当時の消費者同士の対話履歴データ（質問ログ）を収集し、それら自然言語のビッグデータをトピックモデルによって内容分析することを試みた。そして、第 I 部の事例と本章の分析結果を対応させることで、消費者たちの消費実践がより鮮明となり、本章の分析対象となる着メロおよび着うた・着うたフルが、「いかにして消費者たちに普及していったのか」を理解することができたことは、本章の特筆すべき貢献である。

6.1 消費実践と市場実践のインタラクション

着メロについては、「メロディの探索」と「MIDI 制作」という消費者たち
の消費実践が同サービスの普及を促したと考えられる。第 2 章で述べたように、
2000 年以降に一時は国内の着メロ配信サービス事業者は 100 社を超えるよう
になり、JASRAC も着メロ市場の拡大を看過することができず、着信メロディ
配信による音楽著作権使用料を徴収するようになったのは 2000 年 8 月であっ
た。このような「市場実践（market practices）」があることからも、着メロに対
する消費者たちの消費実践として「メロディの探索」と「MIDI 制作」がトピ
ックとして出現してくることも納得できる。また、これら 2 つのトピックに対
して着メロへの広告出稿量（CM 放送回数）という市場実践も、さらなる普及
を後押ししていることも明らかとなった。そして、第 1 章では詳述されること
がなかったメロディコールサービス（電話発信者に聞かせる呼び出し音）という
市場実践も、ユーザーたちを魅了し、市場の維持・拡大に貢献したことが明ら
かになった。

　着うた・着うたフルについては、2000 年から 2005 年にかけては「自作・フ
ァイル変換」と「容量」という消費者たちの消費実践と、企業の市場実践が同
サービスの普及を促したと考えられる。第 2 章で述べたように、従量課金制の
通信サービスしかなかった当時に、着メロとは異なり着うたは、かなり大きな
ファイルサイズであったことから、着うたをダウンロードすると多額のパケッ
ト通信料がかかってしまうことが、同サービス開始当初の 2002 年からすでに
消費者たちの間で不満として顕在化していたことが明らかになった。そして、
2003 年以降に「容量」に関するトピックが減少傾向に転じたことと、2003 年
11 月に au が業界の慣例を打ち破る「EZ フラット（後のダブル定額）」による
パケット定額制サービスを開始した事実を突き合わせると、この市場実践がい
かに着うた・着うたフル市場の拡大に寄与したのかがわかる。一方で、第 2 章
では詳述されることがなかった「自作・ファイル変換」は、本章の分析によっ
て明らかになった新たな考察であった。

　分析結果から、「自作・ファイル変換」に関するトピックに所属する原文に
立ち返ってみると、着うたサービスが開始される以前から消費者たちは、着ム
ービー（au が最初に EZ ムービーとしてサービスを提供）を応用して、いわゆる
「えせ着うた」と呼ばれるものを自作していたのである。ここからは考察にか

なりの飛躍があるが、おそらくソニー・ミュージックエンタテインメントもこのような状況があることを把握し、着うたというサービスを企図したのではないかと推察できる。

　2006 年から 2010 年にかけては、「楽曲の探索」と「自作」という消費者たちの消費実践が同サービスの普及を促したと考えられる。第 2 章でも紹介したように、2004 年 11 月には au が「着うたフル」のサービスを開始し、以降 2005 年 8 月にボーダフォン（現・ソフトバンク）が、2006 年 6 月には NTT ドコモも同サービスに追随していく中で、同市場が急拡大していく。つまり、着うたフルのサービス提供が契機となって、「着うた」が「着メロ」とは異なり、単に着信音としての機能だけでなく、「着うたフル」にいたっては、むしろウォークマン（音楽を聴く）として機能することから、ユーザーたちがこぞって楽曲の探索に多くの時間とお金を割いたことが、この時期に「楽曲の探索」がトピックとして出現してきたのであろう。一方で、「自作」は、これも第 2 章でも紹介したように、それまでは違法だった着うたの自作が、2006 年 1 月に au からサービスが開始された携帯音楽配信サービスシステム（LISMO）によって、着うた・着うたフルを合法的に自作することができるようになったことが、「自作・ファイル変換」の減少傾向、「自作」の増加傾向としてトピック・トレンドに現れているのであろう。

6.2　似て非なる市場：「着メロ」と「着うた・着うたフル」

　前項では、第 I 部の事例と本分析の結果を対応させることで、消費者たちの消費実践（消費者たちが 2 つの携帯音楽配信サービスをどのように消費していたのか）を明らかにしてきた。その考察を進めていく中で、ある興味深いことに気づかされた。それは、着メロと着うた・着うたフルは、「似て非なる市場」だということである。「似て非なる」とは、「一見似ているが、その本質はまったく異なる」こと示す表現である。

　着メロと着うた・着うたフルは、ともに携帯電話向けの有料音楽配信サービスであり、市場規模は、ともに 1000 億円を超え、日本の音楽産業の 25％以上を支える巨大市場を形成した。しかし、考察を行っていくことで、決定的な違いに気づかされた。それは、着うた・着うたフルは、「自作・ファイル変換」「容量」「楽曲の探索」「自作」という消費者たちの消費実践に対して、企業の

市場実践が垣間見えるのに対して、着メロは、「メロディの探索」と「MIDI制作」という消費者たちの消費実践に対して、企業の市場実践が記述できないということである。

このことは、企業の市場創造戦略に新たな知見を提供するという本書の目的に対して重要な示唆を与えてくれる。それは、着うた・着うたフルという携帯音楽配信サービスは、時に企業の市場実践が市場（消費実践の普及）を牽引しつつも、時には消費者たちの消費実践に呼応するように企業の市場実践が施され、本章の分析に加えて第Ⅰ部の事例も突き合わせると、多主体の複雑な相互作用の中で、強力な個人ないし集団（ソニー・ミュージックエンタテインメントを中心としたレーベルモバイルと、キャリア・パートナーであるau）が、市場（制度）に対して見事な戦略的適応としての「制度的実践」を施してきたということである。

次章では、さらにこの制度的実践を深耕するために、着うた・着うたフルという携帯音楽配信サービスが、「どのように創造されたのか」ということに焦点を当て、ネオ制度派組織論により拡張されたメガマーケティングの視座から事例分析を行い、明らかになった制度的実践が、いかに着うた・着うたフルという携帯音楽配信サービス市場の創造に影響を及ぼしたのかについて検証を試みたい。

第 8 章

コンテンツプロバイダーの メガマーケティング
レーベルモバイルによる携帯音楽配信サービス市場の断絶と創造

はじめに

　本章では、レーベルモバイルを焦点組織とし、着うた・着うたフルという携帯音楽配信サービスが、「どのように創造されたのか」を分析する。そこではまず、ネオ制度派組織論により拡張されたメガマーケティングの視座から、同市場における主体たちの制度的実践を事例分析によって深耕する。次に、事例分析から明らかになった制度的実践が着うた・着うたフル市場の創造にどれほどの影響を及ぼしたのかを検証するために、第6章で紹介した多様な情報源を用いた実証分析を試みる。

1 着うた・着うたフル市場

▶ レーベルモバイルの視点

　本節では、着うた・着うたフルという携帯音楽配信サービス市場が、「どのように創造されたのか」ということをネオ制度派組織論により拡張されたメガマーケティングの視座から事例分析を行うにあたって、第Ⅰ部で紹介した事例の要約をする。ただし、ここでの要約は、着うた・着うたフル市場を創造した立役者であるソニー・ミュージックエンタテインメント（SME）を中心としたレーベルモバイルの視点から描かれたものである。

1.1 着メロ市場に対するレコード会社の不満

　世界初の携帯電話IP接続サービス「iモード」のキラーコンテンツとなった着メロは、CD音源ではなくMIDI音源が使用された。そのため、着メロは、メロディに対して日本音楽著作権協会（JASRAC）に使用料を支払えば誰でも

ビジネスができる仕組みになっていた。JASRACの着メロ配信によるMIDI音源の利用に対する使用料徴収額は、2000年に前年の約5倍の12億2000万円、2001年には前年の約3倍の40億861万円、2002年は73億2382万円と、JASRACの屋台骨であるCD録音や演奏に対する著作権使用料徴収額の伸び悩みを補完する一大事業となっていった（第1章の図1.4参照）。

　着メロによる携帯音楽配信サービスが急成長する一方で、音楽パッケージ市場は、一時代を築いたダンステクノミュージックのムーブメントが一巡し、ミリオンヒット曲数に陰りが見え始めてきた。前年割れすることのなかった音楽ソフト市場は、1999年に初めて市場が縮小した（第2章の図2.1参照）。SMEは、この変化にいち早く対応しようと、当時、アメリカで台頭しつつあった有料音楽配信サービスに可能性を見出そうとした。

　1999年12月、SME傘下のソニー・ミュージックダイレクトは、日本で最初に大手レコード会社として携帯音楽配信サービス「bitmusic」を開始する（2007年7月に終了）。しかし、当時のブロードバンド接続契約数は、わずか197万件であり、多くのユーザーたちはダイヤルアップかISDNを利用していた。そのため、楽曲を1曲ダウンロードするのに16分もかかってしまうことに加え、レコード会社はCDが売れなくなることを恐れて新譜を販売することに消極的だったことから、配信楽曲数も1000曲程度しか準備することができず、事業を軌道に乗せることができなかったのは、第2章でも述べた通りである。

　bitmusicが軌道に乗らないのを横目に、着メロによる携帯音楽配信サービスは、市場をどんどんと拡大させ、2004年には日本の音楽産業の約4分の1を支える1167億円の市場規模となった。しかし、着メロはCD音源ではなくMIDI音源が使用されたため、その著作権使用料は作曲者などの著作者に支払われるものであり、歌っているアーティストや、その曲に投資・宣伝をしているレコード会社などの著作権隣接者には、一切利益が入らない歪な収益分配構造となっていた。いくら着メロ市場が大きくなろうとも、SMEをはじめとするレコード会社には、一切利益が入らなかったのである。bitmusicの不調も相まって、このことは、レコード業界の不満へと変わっていった。ここで、第2章の再掲になるが、以下の当時のコメントもご覧いただきたい。

　「レコード会社が人、モノ、金を使ってヒット曲を生み出して、着メロは成り立っている。しかし着メロが売れてもレコード会社の収入にはならない。不満のぶつけようがない」（レーベルモバイル社長・上田正勝氏）[1]

　「レコード会社は売れる前から地道なプロモーションを重ねた結果、大ヒット曲を生み出している。それで着メロがここまで大きくなったのに、恩恵が全部他人に取られてしまっている」（SME デジタルネットワークグループ部長・今野敏博氏）[2]

1.2　着うた・着うたフル市場の創造

　2001 年 7 月、SME は大手レコード会社 4 社（エイベックス、東芝 EMI、ビクターエンタテインメント、ユニバーサルミュージック）と共同出資により運営される携帯電話向けコンテンツサービス会社「レーベルモバイル株式会社」（以下、レーベルモバイル）を立ち上げ、「レコード会社直営♪サウンド」（通称、レコチョク）による新たなサービス「着うた」を企図した。そして、パートナーとして選んだのが KDDI であった[3]。レーベルモバイルが設立された 2001 年は着メロの全盛期であったため、同社も着メロの配信サービスを展開していたが、ある日、同社の出資会社であった SME のエンジニアが、ムービーメール（動画を添付した E メール）を見てあることに気づく。それは、ムービーメールには動画と音声が含まれているわけだが、これは携帯通信回線を利用して音声を配信することができるという点であった。彼はすぐに音声だけを配信するサービスの開発に取り掛かった。その後、数々の苦難を乗り越え、au をキャリア・パートナーとする「着うた」が誕生することとなった。

　2002 年 12 月、レーベルモバイルは、キャリア・パートナーである au と「着うた」による携帯音楽配信サービスを開始した。着うたの初日のダウンロード数は、携帯音楽配信としては異例の多さの 3000 ダウンロードを記録した。

---

1) ITmedia Mobile「着メロの進化形目指す〜『着うた』の裏側」2002 年 12 月 10 日
（http://www.itmedia.co.jp/mobile/0212/10/n_uta.html）。

2) 同上。

3) 当初、SME は単独で着うた提供事業を始めようとして NTT ドコモに対して同事業の説明を行ったが、NTT ドコモからは採算性の観点から難色を示されたため、2002 年 5 月 9 日にレーベルモバイルの運営委員会において同事業を提案した（東京高裁平成 22 年 1 月 29 日判決、平成 20 年（行ケ）第 19 号、第 20 号、第 35 号、および第 36 号、LEX/DB25462552）。

成功の裏には、bitmusic での経験を活かした SME の戦略があった。bitmusic が成功しなかった1つの要因に、提供楽曲数の少なさがあった。そこで SME は、当初から多くの楽曲を提供できるように、1社ではなく、大手レコード会社4社との共同出資によるレーベルモバイルを設立することによって、当初から多くの楽曲を揃え、多様なアーティストの楽曲を買えるような状況を創り出したのである。着メロによる携帯音楽配信サービス市場が史上最高額の 1167 億円に達した 2004 年、着うたの市場規模も 201 億円にまで成長した。着うた市場の成長が見え始めた頃、レーベルモバイルと au は、「CDMA2000 1xEV-DO」というより高速な通信方式を導入し、楽曲の一部だけでなく、楽曲を丸ごと配信する「着うたフル」による携帯音楽配信サービスを開始する。2006 年1月には、同市場を牽引してきた au は手を緩めることなく、LISMO（Listen Mobile Service）という携帯音楽配信サービスシステムを投入する。LISMO の登場によって、消費者たちは携帯電話で着うたフルによって楽曲をダウンロードし、その楽曲を PC に取り込んで楽しむことができたり、CD から PC に取り込んだ楽曲を携帯電話に転送して、携帯端末をウォークマンのようにして楽しんだりすることができるようになった。LISMO の登場によって、さらに着うたフルのダウンロード数は増えることとなった。

その後、着うた・着うたフル市場は、2007 年には初めて 1000 億円以上の市場規模となり、2008 年には累計ダウンロード数が 10 億を突破するようになった。そして 2009 年、着うた・着うたフル市場は、史上最高額の 1201 億円に達した。

1.3 着うた・着うたフル市場に対する公正取引委員会の指導

ただし、着うた・着うたフルの市場創造について、すべてが順調だったわけでない。2008 年7月 24 日、レーベルモバイルは公正取引委員会から独占禁止法上の「共同の取引拒絶」に当たるとする審決を受けた。この審決は、著作権をめぐる着メロと着うたの軋轢が契機となっている。詳細は第2章4節で述べているが、「着うた」は、アーティスト本人のボーカルが入った音楽データであるため、「着うた」を配信する場合には、JASRAC などへの使用許諾に加えて、レコード会社などの原盤権者による使用許諾をも得なければならなかったため、レーベルモバイルは着メロ市場で正当な収益を獲得できなかった経験か

ら、原盤権を囲い込み、「着うた」による携帯音楽配信サービスから音楽配信業者たちを遠ざけようとしていたのである。以下は第 2 章の再掲になるが、当時のコメントも確認しておこう。

　「着メロは誰でも事業ができる。しかしモバイルサウンド（着うた）の場合、原盤権者（主にレコード会社）の許諾なしではサービスできない……また、一般ユーザーによるデータの作成もできないようになっている「着うた」の登場で、まさに『レーベルモバイルをつくった意義が出てきた』……条件さえ折り合えば、例えば大手着メロプロバイダーでも「着うた」を出せる」（レーベルモバイル社長・上田正勝氏）[4]

　「なぜわれわれが着うたをやりたかったかというと、このサービスは基本的に曲の原盤を持っていて実際に宣伝／投資している側に利益が返ってくるビジネスだから。リターンが返ってくれば次に投資できる。そういうビジネスサイクルを作りたかった。われわれのメインビジネスに近いところまで着メロを引き戻したということ」（SME デジタルネットワークグループ部長・今野敏博氏）[5]

　「着メロ配信サービスとは、アーティストにとってもレコード会社にとっても違うビジネス。権利を保護し正当な対価を得て正当な分配をするサイクルを作る。着メロとは違った広がりを見せるだろう」（東芝 EMI ニューメディアグループ課長・山﨑浩司氏）[6]

　その後、レーベルモバイルを共同運営する大手レコード会社のうち 3 社（SME、エイベックス、ユニバーサルミュージック）は、審決案に異議を申し立て、取り消しを求め上告したが、2011 年 2 月 19 日に上告は最高裁判所によって退けられることとなった。

2 事例分析
　▶ メガマーケティング戦略としての制度的実践

前節の事例から、着うた・着うたフルによる携帯音楽配信サービス市場が創

4) ITmedia Mobile「着メロの進化形目指す～『着うた』の裏側」2002 年 12 月 10 日（http://www.itmedia.co.jp/mobile/0212/10/n_uta.html）。

5) ASCII.jp ×デジタル「レコード会社がやりたかったサービス "着うた"」2002 年 12 月 26 日（http://ascii.jp/elem/000/000/335/335412/）。

6) 同上。

　造された背景には、以下の２つの要因があったことがわかる。１つは、レコード会社にとって主要な収益源であった音楽パッケージ市場が縮小傾向にあったことが挙げられる。もう１つは、音楽ソフトの収益減を補完するための新たな事業として、PC向けの有料音楽配信サービスを目指したbitmusicであったが、当該事業が順調ではなかったことが挙げられる。このような背景から、既存市場である着メロとの間にあった軋轢（ヒット曲を生み出すために先行投資をしているレコード会社には、その曲が着メロとして配信されても一切収益が入らなかったことへの不満）が契機となり、J-PHONEの写メールに対抗するキラーコンテンツを模索していたauとの思惑が一致したことから、新しい携帯音楽配信サービス市場が創造されたことがわかる。つまり、着うたや着うたフルといった携帯音楽配信サービスに対する消費者ニーズがもともとあったのではなく、レコード会社が着メロによって歪められた音楽市場の収益分配構造を戻すことを企図し、異なる市場で競合と激しいシェア争いをしていた携帯キャリアが当該ビジネスにコミットしてくれたことで市場の断絶と創造が起こったのである[7]。このことは、Martin and Schouten（2014）でも指摘されているように、新しい市場は常に消費者ニーズが原動力となって創造されるのではなく、企業主導で創造されること（firm-driven market emergence）を経験的に考察できたことになる。また、第３章２節でも先述したように、本事例は、メガマーケティングの視座を必要とする、従来のマーケティング研究に対する１つ目の批判（消費者ニーズは統制不可能な外生変数として扱われることが暗黙の前提となっていること）を支持する好例でもある。

　また、着うた・着うたフルの市場創造戦略が奏功した理由を第５章の表5.1の枠組みによって整理することで、既存市場である着メロ市場を土台とした戦略的適応として、どのような制度的実践が施され、市場の断絶と創造がなされたのかがわかる。図8.1は、これまでの事例分析をまとめた着うた・着うたフル市場の概略図（組織フィールド）である。実線の矢印は、着うた・着うたフ

<hr>

[7] このことは、レーベルモバイルを設立しようとしたSME、エイベックス、ビクターエンタテインメントが、東芝EMIとユニバーサルミュージックを同事業に参画してもらうために作成した資料の中に、「コンテンツプロバイダー等のサードパーティに音楽コンテンツ事業に参入されるとコンテンツを生み出す利益の還流がない」という記載があることからも明らかである（東京高裁平成22年１月29日判決、平成20年（行ケ）第19号、第20号、第35号、および第36号、LEX/DB25462552）。

図8.1　着うた・着うたフル市場における制度的実践

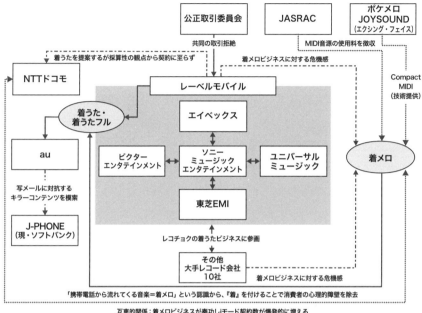

（注）実線：着うた・着うたフル市場において観察された制度的実践。
　　　一点鎖線：着うた・着うたフル市場において観察された制度的実践には該当しない事象。
　　　点線：着メロ市場において観察された事象。

ル市場において観察された制度的実践である。一点鎖線の矢印は、着うた・着うたフル市場において観察された制度的実践には該当しない事象である。点線の矢印は、着メロ市場において観察された事象である。

　図8.1からもわかるように、着うた・着うたフルが成功した背景には、SMEを中心に大手レコード会社4社を巻き込んでレーベルモバイルという共同出資会社を設立し、さらにはその他10社の大手レコード会社も当該事業に参画してもらうことで、当初から幅広い楽曲を揃えることができたことが大きな要因となっている（図8.1の両矢印の実線）[8]。加えて、コンテンツの配信先として、キラーコンテンツを模索していた携帯キャリアとWin-Winのパートナーシップを構築することができたことも大きな要因である（図8.1の着うた・着うたフルが媒介する実線）。これら一連のパートナーシップは、Delacour and Leca（2011）によって指摘された規範的支柱に対する制度的実践の1つで

ある「連合」に相応する（第5章3節を参照）。

　それではなぜ、連合による制度的実践によって、新しい市場を創造することができたのだろうか。そこには、「着うた」というサービス名に潜むSMEの秀逸な計算があった。着うたの本質的なサービスは、着メロとは異なり楽曲そのものを配信することから、まさに「音楽配信」であったが、音楽配信というと、当時の消費者には難しい印象を与えかねないリスクがあった。加えて、「携帯電話から流れてくる音楽＝着メロ」という認識が広く消費者に認知されていたことから、「着」をつけることで消費者の心理的障壁を取り除こうとしたのである（図8.1の着メロから着うた・着うたフルへの実線）[9]。このことは、Munir（2005）によって指摘されている認知的支柱に対する制度的実践の1つである「潔白証明」に相応する（第5章2節を参照）。つまり、「着うた」というサービス名そのものが、認知的支柱に対する制度的実践による揺さぶりと捉えることができる。

　ただし、規制的支柱に対する制度的実践については、正当性を獲得するところまでには至らなかったといえる。着メロの登場によって歪められた市場の収益分配構造を再びレコード会社にとって有益な状態に戻すために、着うたビジネスを展開するために必要な原盤権を囲い込み、レーベルモバイル設立当初からコンテンツプロバイダー等のサードパーティの新規参入を排除しようと試みた点[10]は、規制的支柱に対する「不服従」に該当すると考えられるが（第5章4節を参照）、この制度的実践については公正取引委員会による是正指示を受け、また法廷での係争の結果敗訴している（図8.1の公正取引委員会からレーベルモバイルへの実線）。

----

8) このことは、着うたビジネスを開始する前に、レーベルモバイルが多くのレコード会社に同事業への参画を促そうとした説明会（2002年9月2日開催）にて配布した資料に、同事業に参画するメリットを記載すると同時に「参入戦術として、複数のレコード会社が集結するレコちょく♪が、レコード会社にしか出来ない原盤着メロのポータルサイトを展開することで、早期にマーケットシェアを高め、参入障壁を築き、競合他社が参入する余地を排除することを目指す」という文言が含まれていたことからもわかるように、Kotler（1986）におけるメガマーケティングを体現した大きな成功要因であった（東京高裁平成22年1月29日判決、平成20年（行ケ）第19号、第20号、第35号、および第36号、LEX/DB25462552）。

9) CNET Japan「着うたがどうやって生まれたか、知っていますか」2008年12月3日（https://japan.cnet.com/article/20384621/）。

3 実証分析

▶ メガマーケティング戦略の成果検証

3.1 目的変数

　前節までの事例分析によって、着うたの普及のために SME を中心とした多くの主体が3つの支柱のいずれに対しても制度的実践による揺さぶりを施していることがわかった。本節では、この3つの制度的実践（メガマーケティング戦略）が着うた・着うたフルの新市場創造戦略（戦略的適応としての制度的実践による市場の断絶と創造）にどの程度の影響を与えたのか、着うた・着うたフルの市場規模を目的変数とする定量分析によって検討する。図8.2は、第6章の図6.8の再掲となるが、本章にとって重要な変数となるので、ここで改めて説明しておきたい。

　市場規模については、モバイル・コンテンツ・フォーラム（MCF）が2004年から年次で集計し、それとは独立に日本レコード協会（RIAJ）も2005年から四半期ごと集計し、公表している。ただし前者には音楽配信事業会社等、より多くの主体を集計対象としており、レコード会社だけで構成される後者と比較すると市場規模に大きな差異がある。図8.2は、MCFおよびRIAJの公表している着メロおよび着うたの市場規模データをプロットしたものである。RIAJの公表する市場規模は、年次で総和しても MCF の半分程度であるが、2005年から2015年までの11年間の市場規模の相関係数をとると 0.997 であり、ほぼ市場の趨勢は一致している。そこで本章では、四半期ごとに集計された RIAJ の市場規模を目的変数とする。分析期間は2005年第1四半期（1Q）から2016年第4四半期（4Q）までの48期である。

---

10) このことは、2004年10月末時点で明らかになった、コンテンツプロバイダー等のサードパーティに対するレーベルモバイルを運営する大手レコード会社5社の原盤権の利用許諾実績（曲数ベース）からもわかる。具体的には、SME とビクターエンタテインメント、ユニバーサルミュージックについては、サードパーティへの利用許諾実績は皆無であり、エイベックスについては0.04%、東芝EMIについては0.51%と、ほとんど利用許諾をしていない。このことからも、東京高裁では、違法性（利用許諾の拒絶の共同性）があると認定している（東京高裁平成22年1月29日判決、平成20年（行ケ）第19号、第20号、第35号、および第36号、LEX/DB25462552）。

図8.2 着メロ、着うたの市場規模の推移（図6.2再掲）

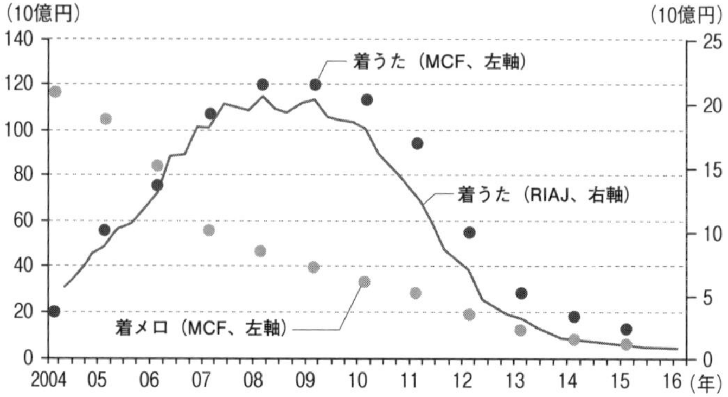

（出所）モバイル・コンテンツ・フォーラム（MCF）の公開資料および日本レコ
ード協会（RIAJ）の公開資料をもとに作成。日本レコード協会の公開資料に
ついては、Ringtunes、着うたフル（従来型携帯電話）、その他音楽サービス
（従来型携帯電話）を集計対象とした。

3.2 説明変数

　説明変数については、規範的支柱、認知的支柱、規制的支柱のそれぞれについ
いて観測されたメガマーケティング戦略（制度的実践）の成果を利用する。

　規範的支柱への制度的実践については、レーベルモバイルという共同出資会
社を設立したことに加え、キラーコンテンツを模索していた携帯キャリアと
Win-Win のパートナーシップを構築することができたこと（連合）が大きな成
功要因であった。そこで、「連合」についての観測変数として、着うた対応端
末がその時点で入手可能な全携帯端末に占める割合を利用する。なぜならば、
着うた機能を含め端末に搭載する機能の仕様の決定権は、当時は携帯端末メー
カーではなく、携帯キャリアにあったからである。つまり、全携帯端末に占め
る着うた対応端末の割合は、「連合」の強さを示す変数なのである。そこで、
NTT ドコモ、au、ソフトバンク各社が発売している全携帯端末について、着
うた機能を搭載していた携帯端末の割合を月別に集計する。ただし、端末につ
いては発売月に偏りがあり、発売から半年程度は入手可能であることが多いた
め、発売月を含めた6カ月は発売中として機能搭載率の計算に含める。データ
は KEITAI ALL（http://keitaiall.jp/）から取得した。1999 年2月から 2017
年2月までに発売された 1902 件の携帯端末を対象として機能対応状況を調べ

たところ、着うた機能を搭載した携帯端末として760機種が該当した。ただし、目的変数が四半期ごとの数値なので、まずは月別に対応機種の割合を算出し、これを四半期ごとに平均をとって、その期の対応機種割合（機能搭載率）とおく。

　認知的支柱への制度的実践については、先にも述べたように「携帯電話から流れてくる音楽＝着メロ」という認識が広く消費者に認知されていたことから、「着」をつけることで消費者の心理的障壁を取り除こうとした「着うた」というサービス名（潔白証明）が大きな成功要因であった。つまり、着メロと着うたが消費者の認知の中で連想されることをねらっている。そこで、「潔白証明」についての観測変数として、Q&Aサイトにおける着メロと着うたの併記（co-mention）件数を利用する（Kennedy 2008）。着メロと着うたが併記されているということは、消費者にとって着メロと着うたが同じ認知表象にあることを示しているのであり、まさに「着うた」というサービス名が奏功したことを示す変数なのである。

　Q&Aサイトについては、2000年からサービスを展開しているOKWAVE（https://okwave.jp/）から利用する。OKWAVEの質問検索から「着メロ」というキーワードで全期間の質問を収集し、ここから「着うた」というキーワードが併記されている件数を四半期ごとに計算して利用する。第6章2節で述べたように、OKWAVEから抽出した「質問タイトル」「質問本文」「ベストアンサー（BA）」「BAへのお礼」のデータのうち、2000年から2016年末までで「着メロ」という単語が含まれているものが5432件、「着うた」という単語が含まれているのが4529件、このうちどちらも含まれている質問は全体で825件であった。ただし、変数の作成においては、OKWAVE全体の推定投稿数を年次で算出し、これを用いて実際の投稿数に重みを付けている。

　規制的支柱への制度的実践については、着メロの登場によって歪められた市場の収益分配構造を再びレコード会社にとって有益な状態に戻すために、着うたビジネスを展開するために必要な原盤権を囲い込み、レーベルモバイル設立当初からコンテンツプロバイダー等のサードパーティの新規参入を排除すること（不服従）を試みたが、監督省庁からの是正勧告を受け、正当性を獲得するには至らなかった。そこで、「不服従」が成功に至らなかったことについての観測変数として、公正取引委員会からの審決を受けた月（2008年7月）と上告

が棄却された月（2011年2月）を変化点とするダミー変数を用いることもできるが、本分析では1つの変数にまとめて用いる。事例分析からもわかるように、審決を受けた月は、不服従が失敗に終わりつつある時点であり、上告が棄却された時点で完全に不服従が失敗に終わり、正当性を獲得するには至らなかったことになる。そこで、審決を受けた期以降を −0.5 と置き、上告が棄却された期以降を −1.0 と置いた変数を用いる。

　これらの制度的実践の変数には、互いに高い相関関係があることが想定されることから、多重共線性を避けるため、モデルには1つずつ組み込み、結果を比較する。また、すべての変数を含めた結果を検討するため、第4の制度的実践の説明変数として上記3要因（着うた機能搭載率、Q&Aサイト発言数、公正取引委員会審決・上告棄却過程）を統合した変数を作り、これも別のモデルに組み込む。予備分析として3つの変数の相関係数行列の固有値をとったところ、1つの固有値のみが大きく1を上回り、十分な一次元性があることが確認された。そこで、3つの変数を標準化して平均をとった変数を、制度的実践の説明変数としたモデルを併せて推定する。

　また、これらに加えてコントロール変数として、携帯電話市場における通信料 CC_t（出所は総務省統計局「消費者物価指数」[11]、データ通信料および通話料を含み、着うた楽曲の個別購入費用は含まない）、携帯電話契約数 NS_t（出所は電気通信事業者協会[12]）、携帯電話世帯普及率 DR_t（出所は総務省『情報通信白書』[13]）、四半期ダミー $\{D_{1t}、D_{2t}、D_{3t}\}$ を利用する。

　モデルは、市場規模増減率の対数 $\log(MS_t/MS_{t-1})$ を目的変数として、影響の方向を明確にするためにラグをとった制度的実践の変数 IW_{t-1}、コントロール変数を含めて定式化する。携帯電話の契約数と普及率については、目的変数を増減率の対数としているので、同様に増減率の対数の形でモデルに組み込む。記述を簡易化するために、以下では、$MS_t^* = \log(MS_t/MS_{t-1})$、

---

11) 総務省統計局「消費者物価指数」(http://www.stat.go.jp/data/cpi/)。

12) 電気通信事業者協会 (http://www.tca.or.jp/database/)。2014年以降は四半期ごとに契約数が得られている。2013年以前の契約数は月次で発表されているので、四半期ごとに平均値を取って利用した。

13) 総務省『情報通信白書』(http://www.soumu.go.jp/johotsusintokei/whitepaper/)。当該年末時点の保有率が年次で発表されているので、値が得られていない期は直線補間を行って利用した。

表 8.1　相関係数行列

	平均値	標準偏差	相関係数						
			市場規模	連合	潔白証明	不服従	合成変数	通信費	契約数
市場規模（MS_t^*）	-0.038	0.119							
制度的実践（IW_{t-1}）									
連合：着うた機能搭載率	0.493	0.376	0.705						
潔白証明：Q&Aサイト併記数	14.915	16.965	0.742	0.721					
不服従：公正取引委員会	-0.596	0.438	0.788	0.892	0.889				
統合：合成変数	0.007	2.824	0.790	0.924	0.922	0.983			
コントロール変数									
通信費（CC_t^*）	1.023	0.035	0.635	0.553	0.850	0.687	0.739		
契約数（NC_t^*）	0.001	0.000	-0.253	-0.213	-0.002	-0.159	-0.132	0.067	
普及率（DR_t^*）	0.001	0.004	0.099	0.113	0.170	0.172	0.161	-0.085	0.155

$NS_t^* = \log(NS_t/NS_{t-1})$、$DR_t^* = \log(DR_t/DR_{t-1})$ と表記する。モデルは以下のように定義される。

$$MS_t^* = \beta_0 + \beta_{IW^*}IW_t^* + \beta_{CC^*}CC_t^* + \beta_{NC}NC_t^* + \beta_{DR^*}DR_t^* + \sum_{s=1}^{3}\beta_{Ds}D_{st} + \varepsilon_t$$

得られた変数間の相関係数は表 8.1 の通りである。想定された通り、制度的実践の変数間に高い相関係数が見られるため、制度的実践の変数については 1 つずつモデルに組み込み、合計 4 つのモデル（M1〜M4）を並行して推定した結果を比較する。

3.3　分析結果

表 8.2 は推定結果である。全体的な傾向として、連合（着うた機能搭載率）、潔白証明（Q&A サイト上の併記数）、不服従（公正取引委員会の審決・上告棄却の変数）、合成変数はすべて強く正で有意となっている。

ここから、それぞれの制度的実践が着うた・着うたフル市場の創造に正の影響を与えていたことが改めて明らかになった。つまり、規範的支柱への制度的実践である連合については、レーベルモバイルという共同出資会社を設立したことに加え、キラーコンテンツを模索していた携帯キャリアと Win-Win のパ

表8.2 推定結果

目的変数： 市場規模 (MS_t^*)	(M1) 制度的実践の説明変数： 連合（着うた機能搭載率）			(M2) 制度的実践の説明変数： 潔白証明（Q&Aサイト併記数）		
	推定値	標準誤差	t 値	推定値	標準誤差	t 値
切片	-1.452	0.409	-3.551**	-0.276	0.731	-0.377
制度的実践 (IW_{t-1})	0.138	0.042	3.336**	0.005	0.002	3.006**
通信費 (CC_t^*)	1.390	0.423	3.284**	0.286	0.742	0.386
契約数 (NC_t^*)	-91.549	89.202	-1.026	-156.728	84.704	-1.850†
普及率 (DR_t^*)	3.249	3.027	1.073	0.957	3.433	0.279
7～9月ダミー	-0.001	0.032	-0.020	-0.017	0.033	-0.531
10～12月ダミー	-0.034	0.036	-0.945	-0.023	0.036	-0.653
1～3月ダミー	-0.021	0.038	-0.556	-0.015	0.038	-0.398
F値	9.802***			9.160***		
R^2, Adj.R^2	0.638	0.573		0.622	0.554	
AIC, BIC	-97.750	-81.098		-95.744	-79.093	
目的変数： 市場規模 (MS_t^*)	(M3) 制度的実践の説明変数： 不服従（公正取引委員会）			(M4) 制度的実践の説明変数： 統合（合成変数）		
	推定値	標準誤差	t 値	推定値	標準誤差	t 値
切片	-0.640	0.492	-1.303	-0.530	0.523	-1.013
制度的実践 (IW_{t-1})	0.167	0.040	4.200***	0.027	0.007	4.075***
通信費 (CC_t^*)	0.747	0.478	1.564	0.548	0.527	1.040
契約数 (NC_t^*)	-69.590	83.694	-0.831	-73.499	84.384	-0.871
普及率 (DR_t^*)	0.970	2.994	0.324	0.872	3.043	0.287
7～9月ダミー	0.000	0.030	0.013	-0.005	0.030	-0.182
10～12月ダミー	-0.037	0.033	-1.112	-0.038	0.034	-1.120
1～3月ダミー	-0.022	0.035	-0.613	-0.027	0.036	-0.745
F値	11.798***			11.482***		
R^2, Adj.R^2	0.679	0.622		0.673	0.615	
AIC, BIC	-103.486	-86.835		-102.625	-85.974	

（注）$N = 47$; †: 10%, *: 5%, **: 1%, ***: 0.1%.

ートナーシップを構築できたが、着うた・着うたフル市場の創造に影響力を与えたことを示す（M1：β_{IW^*}〔推定値〕= 0.138, SD〔標準誤差〕= 0.042, t〔t値〕= 3.336）。認知的支柱への制度的実践である潔白証明については、先にも説明したように「着」をつけることで消費者の心理的障壁を取り除こうとした「着うた」というサービス名が奏功したことを示している（M2：β_{IW^*} = 0.005, SD = 0.002, t = 3.006）。そして、規制的支柱への制度的実践である不服従については、着メロの登場によって歪められた市場の収益分配構造を再びレコード会社にとって有益な状態に戻すために、着うたビジネスを展開するために必要な原盤権を囲い込み、レーベルモバイル設立当初からコンテンツプロバイダー等のサー

ドパーティの新規参入を排除することを試みたが、公正取引委員会からの是正勧告を受け、正当性を獲得するには至らなかったことが、顕著に着うた・着うたフル市場の創造に負の影響を示している（M3：$\beta_{IW^*} = 0.167$, $SD = 0.040$, $t = 4.200$)[14]。また、これら制度的実践を合成変数とした場合には、着うた・着うたフル市場の創造に正の影響を示している（M4：$\beta_{IW^*} = 0.027$, $SD = 0.007$, $t = 4.075$）。

　これらモデル（合成変数を説明変数としたモデルは除く）について、AIC と BIC をもとにモデルの適合度を比較すると、最も適合度の高いモデルは、規制的支柱への制度的実践である「不服従」を説明変数としたモデル M3 であった。続いて、規範的支柱への制度的実践である「連合」を説明変数としたモデル M1、認知的支柱への制度的実践である「潔白証明」を説明変数としたモデル M2 の順に適合度が高かった。ここから考察できることは、正当性を獲得するに至らなかった制度的実践（不服従）の失敗は、着うた・着うたフル市場を維持することを困難にさせた大きな要因となったのではないかということである。つまり、正当性を獲得していく過程（市場の断絶と創造）において、認知的、規範的支柱への制度的実践よりも、規制的支柱への制度的実践が、市場を創造し、持続的に維持していくためには、重要な要因となってくる可能性も考えられる。

4 市場はどのように創造されたのか

▶ レーベルモバイルの視点

　本章では、着うた・着うたフル市場における主体たちの制度的実践を深耕するために、着うた・着うたフルという携帯音楽配信サービスが、市場が「どのように創造されたのか」ということに焦点を当て、ネオ制度派組織論により拡張されたメガマーケティングの視座から事例分析を行った。さらに、事例分析から明らかになった3つの支柱に対する制度的実践を検証するために、多様な情報源を用いた実証分析を試みてきた。事例分析と実証分析によって、SME

14） 説明変数が負の値が大きくなっていく形をとっているため、推定された正の値は市場規模に対して負の影響を示している。

を中心とするレーベルモバイルを焦点組織としながらも、その他のレコード会社、共同出資会社、携帯キャリア、携帯端末メーカー、コンテンツ配信業者、規制当局、消費者たちの多様な相互作用が交錯することで、既存市場（着メロ市場）が断絶され、新市場（着うた・着うたフル市場）が創造されたことがより鮮明となり、着うた・着うたフルが、「どのように創造されたのか」を理解することができた。

　とくに下記2点については、本章の特筆すべき貢献である。本書では、認知的、規範的、規制的という3つの支柱に焦点を充てて分析を行ってきたが、1つは、これほどまでに包括的にそれぞれの制度的支柱を揺さぶる制度的実践を明らかにしたものは少ない。Humphreys（2010）は、本書と同様にすべての制度的支柱に対する制度的実践を描いているが、同分野の他の研究成果を見ても、ある特定の制度的支柱に対する制度的実践に焦点を当てたものがほとんどである。このことは、本書の目的である企業の市場創造戦略に新たな知見を提供するにあたって、包括的な示唆を与えることができる。

　もう1つは、実証分析によって、これまで明らかにされてこなかった市場創造に対する制度的実践のインパクトを抽出することができる分析スキームとその成果を提供することができたことである。同分野においては、あくまでフレーム分析などによる定性的な分析手法に留まっていたことから、制度的実践を抽出することに終始していたが、そのインパクトを定量的に理解できたことは、本研究分野のさらなる体系化に新たな示唆を与えうる。

4.1　メガマーケティング戦略

　着うた・着うたフル市場が、「どのように創造されたのか」ということは、まさに市場の断絶と創造の局面において、個人ないし集団としての新規参入者（主にSMEを中心としたレーベルモバイルとキャリア・パートナーであるau）が、既存市場（着メロ）の制度を構成する規範的、認知的、規制的支柱を揺さぶってきた制度的実践に他ならない。本節では、事例分析と実証分析では注目してこなかった側面も包含し、どのような制度的実践によって着うた・着うたフル市場が創造されたのか、改めて整理しておきたい。

　規範的支柱に対して、新規参入者が施した制度的実践は大きく2つある。1つは、既存市場の制度（着メロが普及してもその楽曲に先行投資をしているレコー

ド会社には一切収益が入らない歪な収益分配構造）に対して危機感を覚えた SME が中心となって大手レコード会社 4 社＋その他大手レコード会社 10 社を巻き込み、レーベルモバイルという共同出資会社を設立したことである。もう 1 つは、競合キャリアである J-PHONE が写メールによって市場シェアを伸長させていることに対して危機感を覚えていた au が、レーベルモバイルが企図していた新たなビジネス（着うた）をキラーコンテンツとして採用したことである。双方の利害が一致し、Win-Win のパートナーシップを構築することができたことが、見事な制度的実践へとつながったのである。

　Win-Win のパートナーシップを築けた理由は 2 つある。それが、認知的支柱に対する新規参入者が施した制度的実践である。その 1 つは、「着うた」というサービス名に込められた SME の秀逸な計算であった。先述のように着うたという携帯音楽配信サービスは「音楽配信」であったが、音楽配信というと、当時の消費者には難しい印象を与えかねないリスクがあり、「携帯電話から流れてくる音楽＝着メロ」という認識が広く消費者に認知されていたことから、「着」をつけることで消費者の心理的障壁を取り除いたのである。もう 1 つは、当時、日本の移動体通信分野において強大なシェアを誇る NTT ドコモグループに対抗するために DDI（第二電電株式会社）が IDO と KDD と合併したことによって 2000 年 7 月に誕生した au ブランドの構築である。当時は、「J-PHONE ＝写メール」のブランドイメージを競合キャリアが確立していた一方で、新規ブランドであった au に対するブランドイメージはほとんどなく、そのことも相まって、2002 年 3 月末時点で au の市場シェアは業界 3 位にまで落ち込んでいた。そのことに危機感を覚えた au が、SME の提案した「au ＝着うた」という構図をつくることで「音楽に強い au」というブランドイメージを消費者に認知させようとした積極的なブランド・コミュニケーション活動があったことである。

　規制的支柱に対しても、新規参入者が施した制度的実践は大きく 2 つある。1 つは、着メロの登場によって歪められた市場の収益分配構造を再びレコード会社にとって有益な状態に戻すために、着うたビジネスを展開するために必要な原盤権を囲い込み、SME を中心としたレーベルモバイルが設立当初からコンテンツプロバイダー等のサードパーティの新規参入を排除しようと試みたことである。このことは、その後の公正取引委員会から是正勧告によって正当性

を失う契機となってしまったことは実証分析の結果から明らかであるが、市場
が創造される黎明期には首尾よく機能していたことは、事例分析からもわかる
であろう。もう1つは、J-PHONE と激しいシェア争いを繰り広げていた au が、
着うたはファイルサイズが着メロと比較して格段に大きいためダウンロードに
時間を要し、当時の業界では暗黙の了解であった従量課金制ではパケット通信
料が割高になってしまうことが市場の拡大を停滞させていたことに対して、
「EZ フラット」(後のダブル定額) によるパケット定額制サービスを開始したこ
とである。このことは、その後の着うた・着うたフル市場を急拡大させていっ
た制度的実践であった。

4. 2　メガマーケティングという視座を求めて

　前項では、着うた・着うたフル市場が、「どのように創造されたのか」とい
うことについて、事例分析と実証分析では注目してこなかった側面も含めて、
既存市場 (着メロ) の制度を構成する規範的、認知的、規制的支柱を、制度的
実践によってどのように揺さぶってきたのかを包括的に整理してきた。

　本章の分析対象は、レーベルモバイルを焦点組織としながらも、その他のレ
コード会社、携帯キャリア、携帯端末メーカー、コンテンツ配信業者、規制当
局、消費者たちの多様な相互作用が交錯する組織フィールド (前掲の図 8.1 参
照) である。とくに、本章で整理されてきたメガマーケティング戦略としての
制度的実践は、本章 1 節の冒頭でも先述したように、SME を中心としたレー
ベルモバイルを焦点組織として描かれたものである。それゆえ、本章の事例分
析と実証分析におけるメガマーケティング戦略への示唆は、レーベルモバイル
を焦点組織としたものとなった。事例分析から明らかにした「連合」「潔白証
明」「不服従」という 3 つの制度的実践に加え、実証分析の目的変数 (メガマ
ーケティング戦略の成果) を、着うた・着うたフルの市場規模としてしまった
ことからも、このような限界が生じてしまっている。

　このままでは、多様な主体の複雑な相互作用の中で、組織フィールドを構成
する主体の行為に注目しようとするネオ制度派組織論を理論的基盤とするメガ
マーケティングへの本書の理論的貢献、実務的貢献は限定的にならざるをえな
い。そこで、次章では、メガマーケティングに対する本書のさらなる研究貢献
を追及するために、着うた・着うたフル市場のもう 1 つの立役者である au の

メガマーケティング戦略について議論していきたい。

　（付記）　本章は、西本章宏・勝又壮太郎（2018）「メガマーケティングによる市場の断絶と創造：着メロか
　　ら着うたへ」『組織科学』51(3)：31-45 を加筆・修正したものである。

第 9 章

プラットフォーマーの
メガマーケティング
au による携帯音楽配信サービス市場の断絶と創造

はじめに

　前章では、レーベルモバイルを焦点組織としたメガマーケティング戦略について事例分析と実証分析を行った。本章では、さらなるメガマーケティングへの示唆を求めて、レーベルモバイルのキャリア・パートナーであった au を焦点組織とし、着うた・着うたフルという携帯音楽配信サービスが、「どのように創造されたのか」ということについて、同様に事例分析と実証分析を試みる。

1 着うた・着うたフル市場

▶ au の視点

　本節では、着うた・着うたフルという携帯音楽配信サービスが、「どのように創造されたのか」ということをネオ制度派組織論により拡張されたメガマーケティングの視座からさらに追及するために、キャリア・パートナーである au を焦点組織として、第 I 部で紹介した事例の要約をする。

1.1　競合キャリアへの危機感と 3G 戦略

　「従来の着信メロディとは異なり、アーティストのヴォーカルも入った曲のサビ部分（約 30 秒程度）を EZweb 上の対応サイトからダウンロードすることにより、着信音として利用したり、そのまま再生して楽しむことができる新サービスに対応しました」（KDDI 株式会社・沖縄セルラー電話株式会社ニュースリリース No.2002-180[1)]）

　au が「着うた」なる携帯音楽配信サービスを開始することをプレスリリースしたのは 2002 年 11 月 18 日だった。このとき、au は 2001 年に業界 3 位で

あった J-PHONE が写メールを大ヒットさせたことを機に、2002 年 3 月末時点では業界 3 位に陥落してしまった。着うたは、写メールに対抗するためのキラーコンテンツと思いきや、初の対応機種「A5302CA」（カシオ計算機製）のメインの仕様書には、着うたに対応しているかどうかの記載はなく、最大 40 和音（FM 音源 32 和音＋ PCM 音源 8 和音）の着メロが楽しめることが書かれていただけだった。

　なぜならば、着うたのプレスリリースが出た 2002 年は、着メロが大流行していた真っ只中。2002 年の着メロの市場規模はわからないが、JASRAC が徴収していた MIDI 音源の著作権使用料徴収額は、前年比 54.7％増の 73 億 2382 万円にまで伸長していた（第 1 章の図 1.4 参照）。このことは、すでに着メロによる携帯音楽配信サービス市場の規模が 1000 億円を超えたことを示唆している。また当時は、第 2 世代（2G）から第 3 世代携帯電話（3G）へ移行する時期であり、au は 3G だからこそ楽しめる魅力的な大容量キラーコンテンツ（3G 戦略）として、「フォトメール」「ムービーメール」に続いて着うたを据えていたのである[2]。そんな中での着うた配信サービスの開始であった、しかし、その状況は着うたの配信サービスの開始と同時に一変する。着うた配信サービスの発案者であるレーベルモバイルも驚きを隠さなかったのが、着うたの初日のダウンロード数である。世界初の着うたに対応した A5302CA には、CHEMISTRY の「My Gift to You」がバンドルされ、着うたの初日のダウンロード数は、PC 向けの有料音楽配信では考えられなかった 3000 ダウンロードを記録した。

1.2　着うた・着うたフル市場の創造

　順調な船出のように思えたが、翌年は市場の成長が停滞することとなる。着

---

1)「KDDI 株式会社・沖縄セルラー電話株式会社ニュースリリース No.2002-180　別紙　第 3 世代携帯電話新ラインナップ」(http://www.kddi.com/corporate/news_release/ka-ko/2002/1118/index3.html)。

2) 着うた配信サービス開始当初の au の着うたへの期待がそれほど高くなかったことは、株式会社レコチョク、常務執行役員・山﨑浩司氏に筆者らが行ったインタビュー調査からも確認することができた。山﨑氏は「着うたもサービス開始当初は au の中では 2 ～ 3 番目のプライオリティで入っていた。ただ、初速がすごかったので、年が明けてプランが変わっていき、だんだん au の 3G 戦略の柱になっていった」と振り返っている（2017 年 8 月 29 日のインタビューより）。

うたは、著作権者に加え、著作隣接権者（歌唱者、音源を保有するレコード会社や芸能事務所など）にも使用料を支払う必要があったことから、着メロに比べてダウンロード料金が割高にならざるをえなかったからである。また、当時は従量課金制によるパケット通信しかなく、着うたは着メロと比較して2倍以上のファイルサイズであるため、ダウンロードによるパケット通信料が割高になってしまうことも相まって、着うたに対する需要は高まっていたにもかかわらず、ユーザーからは敬遠されてしまうジレンマを抱えていたのである。

　だからこそ、着うたに社運を賭けた au は次の一手を打つ。従量課金制であることからパケット通信料が割高になってしまう状況を打開するために、2003年11月28日に第3.5世代携帯電話と呼ばれる「CDMA 1X WIN」のサービスを開始する。それと同時に、「EZ フラット（後のダブル定額）」によるパケット定額制サービスを開始したのだ。これまでの業界の通例を打ち破る大胆な施策に、当時の業界内では大きな衝撃が走った。

　競合キャリアは、パケット定額制サービスを準備する前に、ボーダフォン（現・ソフトバンク）は2003年12月に、NTT ドコモは2004年2月に着うた配信サービスを開始し、着うたが次世代の携帯電話サービスのキラーコンテンツへと成長する基盤が整いつつあった。その後、NTT ドコモは2004年6月1日から、ボーダフォンは2004年11月21日より、パケット定額制サービスを開始した。着メロ配信サービス市場が史上最高額の1167億円に達した2004年、着うたの市場規模も201億円の市場規模を形成するようになった。

　レーベルモバイルと au は、この時代の到来を確信していた。レーベルモバイルは「着うた」による音楽配信サービスを開始する以前から、すでに「着うたフル」の商標権を申請していた。au は、競合が追従してきた2004年11月に「CDMA2000 1xEV-DO」というより高速な通信方式を導入し、楽曲の一部だけでなく、楽曲を丸ごと配信する「着うたフル」による携帯音楽配信サービスを開始する。そして、「音楽に強い au」というブランドイメージを確立した au は、新たに「感動ケータイ」というフレーズを使い、先進的で感度の高いブランドになることを宣言した。着うたフルは、サービス開始後3カ月も経たないうち（2005年1月5日）に100万ダウンロード[3]を記録するようになった。その後、競合キャリアは、2005年8月にボーダフォンが一部の機種を除いた3G 携帯端末向けに、2006年6月に NTT ドコモはようやく902iS シリーズよ

り着うたフルの配信を開始することとなった。

　競合キャリアが着うたフルへの対応を進めようとしている 2006 年 1 月、au は次の一手を投じる。LISMO（Listen Mobile Service）という名の携帯音楽配信サービスシステムである。LISMO の提供によって、合法的に着うた・着うたフルを携帯端末と PC の間で連動できるようにしたのである。つまり、CD からパソコンに取り込んだ楽曲を携帯電話に転送できることからも、携帯端末をウォークマンのようにして楽しむことができるようなったのである。LISMO の登場によって、さらに着うたフルのダウンロード数は増えることとなった。NTT ドコモも 2007 年 5 月に、ソフトバンクは 2007 年 10 月に同様のサービスシステムを開始し、au の LISMO を追従するようになった。

　その後、着うた・着うたフル市場は成長を続け、2007 年には着うたフルが 1 億ダウンロード（DL）を突破（2007 年 2 月 15 日）し、初めて 1000 億円以上の市場規模となった。2008 年には着うたと着うたフルの累計ダウンロード数が 10 億（2008 年 5 月 3 日に着うたフルは 2 億 DL）を突破するようになった。そして、他キャリアの携帯音楽配信サービスとの差別化を図るため「EZ『着うた』」の名称を使用していた au だったが、他キャリアと同様の「着うた」に改称した 2009 年、ついに着うた・着うたフル市場は、史上最高額の 1201 億円に達した（2009 年 8 月 1 日に着うたフルは 3 億 DL）。この年、一時は市場シェアを逆転されていたソフトバンク（当時の J-PHONE）とは 9.5 ポイント差の 28.7％にまで市場シェア（業界 2 位）を拡大し、番号ポータビリティ制度（MNP）の追い風もあって、au の純増シェア（IP 接続ベース）は 38.2％にもなっていた。

2 事例分析

▶ 正当性の源泉

　前節の事例から、au によって着うた・着うたフル市場が創造された背景には、以下の 2 つのきっかけがあったことがわかる。1 つは、競合キャリアであ

　3）本事例で記載している着うたフルのダウンロード数は、KDDI、沖縄セルラーが提供する au 携帯電話および PC の音楽配信サイト「LISMO Music Store」における EZ「着うたフル」においてのダウンロード数である。

る J-PHONE が写メールを大ヒットさせたことにより、一時は au の市場シェアが業界3位に陥落してしまったことである。もう1つは、当時は 2G から 3G へと通信規格が移行する時期であり、au は 3G 戦略に社運を賭けたことである。このような背景から、レーベルモバイルからの提案がさらなる契機となり、また想定以上に市場からの反応があったことも相まって、au が着うたに多くの経営資源を投入していったことがわかる。つまり、au にとって着うたが次世代のキラーコンテンツとして、中長期的な経営戦略の中心的存在になっていったことが、この市場の断絶と創造を起こしたのである。

　携帯キャリア業界においては au が牽引していった着うた・着うたフル市場であるが、当時、圧倒的な業界トップだった NTT ドコモ（2002 年 4 月時点の市場シェア：59.0％）が市場を支配する中で、なぜ業界第 2 位の au（2002 年 4 月時点の市場シェア：17.7％）が、これほどまでに着うた・着うたフルによって市場シェアを伸長させることができたのであろうか（2010 年 4 月時点の NTT ドコモの市場シェア：49.9％、au の市場シェア：28.4％）。その理由を、単に au の経営資源の選択と集中、もしくは MNP の好機があったことと関連づけてしまえば、組織の戦略的適応を描くことはできない。

　　ここで、提示したいメガマーケティングの視座が、前章でも 1 つの分析焦点となった、規範的支柱に対する制度的実践としての「連合」である。本章の事例からも、やはり au にとってレーベルモバイルとの Win-Win のパートナーシップ構築は、市場シェアを回復・拡大させるためには必要不可欠な事実であったことがわかる。しかし、ここで言及している「連合」は、前章でレーベルモバイルを焦点組織として議論した際のものとは異なる。連合とは、「社会的影響力によって既存の消費行動に対抗する代替的な消費行動の需要を促進させようとする行為」のことである（Delacour and Leca 2011）。つまり、社会的影響力を行使して新たな消費行動に対する正当性を獲得していこうとする制度的実践のことである。それでは、au がどのようにして着うた・着うたフルという新たな消費行動に対する正当性を獲得していったのだろうか。レーベルモバイルが社会的インフラとしての携帯事業を運営している au とパートナーシップを構築することは、まさに社会的な影響力を獲得することにつながることを意味する。しかし、社会的インフラを提供している au にとって、社会的な影響力を持つということはどういうことなのだろうか。少なくとも相対的に組織の

規模が小さいレーベルモバイルは、au にとって社会的影響力を与えるとは考えにくい。

　本書の理論的視座であるメガマーケティングが依拠するネオ制度派組織論では、上記のようなリサーチ・クエスチョンに対して、正当性の源泉（sources of legtimacy）を明らかにしようとする先行研究が蓄積されている。これら先行研究の焦点は、状況ごとに正当性に対して集合権威（collective authority）を保持している個人ないし集団を特定することであった（たとえば、Suddaby and Greenwood 2005）。その研究成果は、1990 年代になるとメディアを焦点とした分析へと収束していくこととなる（Deephouse and Suchman 2008）。メディアは、正当性を反映させる存在でもあるし、また正当性を与えてくれる存在でもあることが明らかになっている（Deephouse 1996）。

　社会的インフラを提供している au にとって、メディアという存在はどのように捉えられるであろうか。メディアは、携帯キャリア業界の巨人である NTT ドコモ（当時）よりもはるかに社会的影響力を保持する集合権威である。携帯キャリアは、社会的インフラであるがゆえにメディアへの露出度は高くならざるをえない。つまり、携帯キャリアにとって、メディアは国や政府を除けば、おそらく最も正当性を獲得するために意識をしなければならない社会的影響力を持つ対象であろう。

　そこで次節からは、着うた・着うたフルをめぐるマーケティング・コミュニケーションが、au が着うた・着うたフルによる携帯音楽配信サービス市場を創造し、拡大したことにどれほどの正当性を与えていったのかを分析していきたい。

3 データ

3.1　携帯キャリア業界

　本節では、分析対象となる着うた・着うたフルによる市場の断絶と創造が観測できる期間において、携帯キャリア業界の背景を中心に分析データの概要を説明する。本章の分析期間は、2001 年 1 月から 2011 年 12 月までである。

　携帯キャリア業界は、2011 年末時点では NTT ドコモ（以下、docomo）、au、

ソフトバンク（以下、SoftBank）の 3 社が移動体通信市場においては大部分を
占有する寡占市場となっている。ただし、分析開始時点の 2001 年 1 月では、
au は前身となる 3 企業（DDI、IDO、KDD）に分かれていた[4]。2000 年 7 月に
au の前身である IDO（日本移動通信株式会社）と関西・九州・中国・東北・北
海道・北陸・四国・沖縄の各 DDI セルラーグループ 8 社は、日本の移動体通
信分野において強大なシェアを誇る docomo に対抗するため、移動体事業ブラ
ンドとして「au」を誕生させ、同年 10 月に DDI（第二電電株式会社）と IDO
（日本移動通信株式会社）と KDD（ケイディディ株式会社）の 3 社が合併したこ
とで KDDI が誕生し、しばらくは「au by KDDI」というブランドネームを使
用していた経緯がある。その後、2005 年 10 月にツーカーを吸収合併して現在
の au となっている。

　また、SoftBank は、親会社の変更により、2 度のブランドネームの改名を
経験している。2001 年 1 月時点のブランド名は J-PHONE であったが、2001
年 10 月にイギリスのボーダフォングループの傘下に入り、2003 年 10 月に
vodafone に変更している。その後、2006 年 4 月にソフトバンクの傘下に入り、
同年 10 月ソフトバンクモバイルに、2015 年にはソフトバンクとなり現在の名

---

4) KDDI（KDDI 株式会社）は、2000 年 10 月に DDI（第二電電株式会社）と IDO（日
本移動通信株式会社）と KDD（ケイディディ株式会社）の 3 社が合併して発足したも
のである。KDDI は、合併後に関東と名古屋地域で移動体通信事業を開始する。さらに
2000 年 11 月には沖縄を除くセルラー 7 社が合併して株式会社エーユーが発足する。し
かし同年 12 月になると、株式会社エーユーは、翌 2001 年 3 月をもって KDDI の完全子
会社になることが発表され、2001 年 10 月には KDDI 株式会社が株式会社エーユーを合
併するに至り、現在の組織へとなった。それゆえ、2012 年 1 月 15 日までは、「au by
KDDI」というブランドネームを使用していた。詳しくは、[https://ja.wikipedia.org/
wiki/Au_(通信)#cite_note-2] を参照されたい。
　au は、日本の移動体通信分野において強大なシェアを誇る NTT ドコモグループに対
抗するため、IDO（日本移動通信株式会社）と関西・九州・中国・東北・北海道・北
陸・四国・沖縄の各 DDI セルラーグループ 8 社を統合する移動体事業ブランドとして
2000 年 7 月より使用されている。詳しくは、[https://ja.wikipedia.org/wiki/Au_(携帯電
話)] を参照されたい。
　ツーカー（Tu-Ka）は、かつて存在した日本の移動体通信事業者であるツーカーセル
ラーグループ 3 社およびそれを承継した KDDI が提供していた第 2 世代移動通信システ
ム（2G）サービスであり、東京、東海、関西の三大都市圏を中心に、1.5GHz 帯の PDC
方式を利用した移動体通信を提供していた。サービスは、2008 年 3 月 31 日をもって終
了している。詳しくは、[https://ja.wikipedia.org/wiki/ツーカー] を参照されたい。

称となっている。

　このように、2016 年末時点では 3 社による寡占状態であるが、2001 年 10 月
に au by KDDI となってからは 4 社で、KDDI がツーカーを吸収合併した 2005
年 10 月からは現行の 3 社による寡占状態となっている。しかしながら、これ
らの企業の契約件数を集計している電気通信事業者協会（TCA）によると、分
析期間中のツーカーの契約件数は、それほど大きくない。2005 年 9 月時点で
は、docomo の契約件数は 4990 万件、au の契約件数が 2070 万件、SoftBank
（当時はボーダフォン）の件数は 1499 万件であり、ツーカーグループの契約件
数は 352 万件である。そこで、この au の前身となった KDDI、au、ツーカー
については、2001 年 1 月の分析開始時点からすべて集計して、合計 3 社とし
て分析を進める。

　上述のように、携帯キャリア各社の携帯端末契約件数については TCA によ
って 2013 年までは月ごとに集計されており、また、2014 年以降も四半期ごと
に集計されているため、3 社の契約数について詳細な変化を追うことができる。
図 9.1 の (a) は携帯キャリア各社の契約数の推移であり、(b) は各社の市場シェ
アの推移である。携帯キャリア 3 社の契約数はすべて増加傾向にあり、2014
年 9 月には契約数は国内の総人口を超える。このことは、TCA のデータには
法人契約が包含されており、携帯電話の契約だけでなく、iPad をはじめとす
るタブレット端末の契約数や携帯端末を 2 台以上保有する個人の増加などが考
えられる。ただし、分析期間はタブレット端末が広く普及する以前の 2011 年
12 月までなので、分析においては総人口を分母とした契約数を市場シェアと
する。また図 9.2 は、消費者物価指数から取得できる携帯電話 1 台当たりの通
信料である。

　続いて、携帯キャリア各社の端末発売数を検討していく。本分析で焦点を当
てている着うた・着うたフルについては、すべての端末に対応機能が搭載され
ているわけでなく、着うた・着うたフル市場の拡大のためには対応端末の普及
が必要となる。図 9.3 (a)〜(d) は携帯電話の端末発売数および各々の割合の推
移である[5]。(a) は、携帯キャリア各社の入手可能機種数である。1 つの端末が

---

5) 第 6 章の図 6.5 には、同じデータを用いて携帯キャリア 3 社を合計した端末発売数が
　掲示されている。

図9.1 携帯キャリア各社の契約数と市場シェア

図9.2 携帯電話1台当たりの通信料（消費者物価指数）

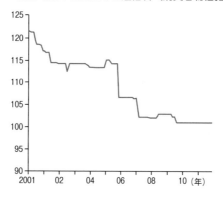

発売された月を含めて半年間（6カ月間）をその端末が入手できる期間として、月ごとに入手可能端末数を集計している。分析期間中の入手可能端末数を見ると、docomoが最も多くの端末を発売しており、第2位にau、第3位がSoftBankとなっており、市場シェアとおおよそ対応する趨勢となっている。また、分析期間中の入手可能端末数についての相関係数については、docomoとauが0.799、docomoとSoftBankが0.666、auとSoftBankが0.636であり、各社の携帯端末の販売戦略については共通した傾向がみられる。

また、図9.3(b)〜(d)は、すべての入手可能端末のうち、着うた対応端末、

図9.3　携帯端末の月別発売数の推移

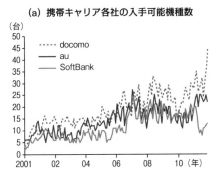

(a) 携帯キャリア各社の入手可能機種数

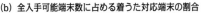
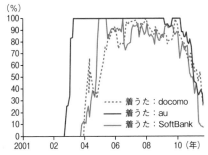

(b) 全入手可能端末数に占める着うた対応端末の割合

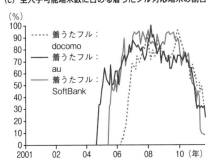

(c) 全入手可能端末数に占める着うたフル対応端末の割合

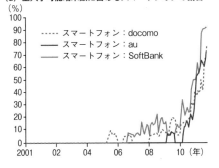

(d) 全入手可能端末数に占めるスマートフォンの割合

（出所）KEITAI ALL（http://keitaiall.jp）より。

着うたフル対応端末、およびスマートフォンの占める割合を示している。(b)
および(c)を見ると、着うた対応端末、着うたフル対応端末のどちらも占有率
がいち早く上昇したのは au であった。また、とくに着うた対応端末について
は2003年から2009年までは占有率が1.0となっており、すべての端末に着う
た機能が搭載されていたことがわかる。一方、docomo と SoftBank の着うた
対応端末の趨勢は、au に1年程度遅れて追随しており、着うたによる携帯音
楽配信サービスによって「音楽に強い au」というブランドイメージを競合キ
ャリアに先駆けて発信していたことがうかがえる。スマートフォンに関しては
SoftBank が競合キャリアに先駆けて発売し、こちらも docomo と au は、半年
から1年ほど遅れて追随しているような趨勢となっている。
　また、携帯キャリア業界の競争ルールを大きく変える出来事として、MNP
の開始が分析期間中にある。それまでは、キャリアを乗り換えて新規契約を結

んでしまうと、電話番号そのものが変更してしまうことは、消費者にとっては大きなスイッチングコストとなっていた。MNPによってキャリアを変えても携帯端末の番号が変わらず、継続して同じ番号を利用できるようになるということは、当時の携帯キャリア業界にとっては脅威でもあり機会でもあった。日本では2006年10月にMNPが開始されており、これによって顧客が流入過多となるキャリアと流出過多となるキャリアの明暗が分かれることになった。

3.2　携帯音楽配信サービス業界における広告出稿量

　次に、着うた・着うたフルという新たな消費行動をauが普及させるために獲得していった正当性の源泉として、携帯音楽配信サービス業界における広告出稿について検討していく。

　着うた・着うたフルをめぐる携帯音楽配信サービス業界は、前章の図8.1で示したように、SMEを中心として設立した共同出資会社レーベルモバイルをはじめ、本章の焦点組織であるキャリア・パートナーのau、競合キャリア、携帯端末メーカー、コンテンツ配信業者、規制当局、そして消費者たちの多様な相互作用が交錯する組織フィールドであった。つまり、組織フィールドを構成するこれら主体には、広告を出稿する動機はある。もちろん携帯キャリア業界において着うた・着うたフルを牽引していたauも広告出稿のインセンティブはあるが、携帯キャリア業界の多岐にわたる戦略の中でどの程度予算を割くかは各社の判断が分かれると想定される。

　表9.1は分析期間中の携帯キャリア各社のCM放送回数（以下、広告出稿量）である。これを見てみると、docomoが12万1941.1回、auが11万9786.3回、SoftBankが11万8714.2回であった[6]。しかし、同業界の着うた・着うたフルに対する広告出稿量に限ってみると、docomoが2989.4回（docomoの合計CM放送回数の2.5%）、auが2万907.9回（同17.5%）、SoftBankが1171.8回（同1.0%）であった。このことは、着うた・着うたフルに対するauの経営資源の選択と集中だけでなく、docomo、SoftBankが着うた・着うたフルによる携帯音楽配信サービスへの対応が遅れてしまったこと、またdocomoはauよ

---

[6]　広告出稿量を抽出するデータベースおよび計算方法は第6章と同様である。放送期間が複数月にまたがっているCMについては合計放送回数を各月に按分するため、放送回数が整数ではない場合がある。

表9.1 携帯音楽配信サービス市場における広告出稿量

	着メロ出稿量	構成割合 (%)	着うた・着うた フル出稿量	構成割合 (%)
docomo	0.0	0.0	2989.4	4.0
au	0.0	0.0	20907.9	27.9
SoftBank	0.0	0.0	1171.8	1.6
携帯端末メーカー	0.0	0.0	1934.0	2.6
レコード会社	0.0	0.0	4905.3	6.5
コンテンツ配信専業者	12018.4	81.2	39198.9	52.2
コンテンツ配信兼業者	1044.1	7.1	209.0	0.3
その他	1740.0	11.8	3744.9	5.0
合計	14802.5	100.0	75061.3	100.0

りも先にレーベルモバイルから着うた・着うたフルによる携帯音楽配信サービスを提案されていたにもかかわらず、採算性の観点から契約に至らなかったことなどにより、着うた・着うたフルに対して組織的に経営資源を傾斜させることが難しくなっていたのではないかと推察できる。

　一方、本章で分析対象となる組織フィールドを構成するその他の主体たちの広告出稿量を見てみると、携帯端末メーカーは1934.0回、レコード会社は4905.3回、コンテンツ配信専業者は3万9198.9回、コンテンツ配信兼業者は209.0回、その他企業は3744.9回であった[7]。着うた・着うたフルCMについて、上述の携帯キャリアによる放送回数と合計すると44313.3回となり、auによる広告出稿量（同27.9%）よりも多い。また、レコード会社とコンテンツ配信業者（専業・兼業）を合計すると、着うた・着うたフルCMの58.8%を占めている。

　以上が、着うた・着うたフルをめぐる携帯音楽配信サービス業界における広告出稿量（CM放送回数）の概況である。ここで、事例分析からだけでは推察することができなかったことが2つある。1つは、上述したように、着うた・着うたフルに対する携帯キャリア業界の広告出稿量が、いわゆる市場シェアを

---

7) コンテンツ配信専業者とは、着うた・着うたフルを配信することのみを事業としていたコンテンツ配信業者のことである。コンテンツ配信兼業者とは、着うた・着うたフル以外にも、さまざまなコンテンツ（待ち受け画像やムービー等）を配信していたコンテンツ配信業者のことである。その他企業には、テレビ局等がある。

めぐる競争上の趨勢とは異なっていたことである。もう1つは、組織フィール
ドを構成するその他の主体たちの広告出稿量が、着うた・着うたフルに社運を
かけていた au の広告出稿量よりも、はるかに大量だったということである。
次節からは、本章のリサーチ・クエスチョンにもなっている、着うた・着うた
フルという新たな消費行動を au が普及させるために獲得していった正当性の
源泉は、携帯音楽配信サービス市場におけるマーケティング・コミュニケーシ
ョンにあったのかどうかを実証していきたい。

4 分析モデル

4.1 携帯キャリア業界の需要関数

まずは、携帯キャリア業界の需要関数を定義する。個人 i の時間 t における
キャリア j への効用関数は、次のように定義できる。本分析では時間 t は月次
である。携帯キャリア業界は寡占市場であるため、{docomo, au, SoftBank}
の3社である。また、これに加えて携帯電話を保有しないという選択肢を仮定
し、これを外部財（$j = 0$）として考える。

$$u_{ijt} = \xi_{jt} + p_t \alpha + \varepsilon_{ijt}$$

ここで、p_t は時間 t における携帯端末の通信料である。携帯通信サービスは価
格帯が煩雑であり、またコスト構造も同質的であることから、価格による差別
化が難しい寡占市場であると考える。そのため、キャリア間で価格は同質であ
り、時間 t にのみ依存すると仮定する。また、ξ_{jt} はキャリア j が提供するサー
ビス水準など、効用に影響を与えるキャリアに依存する要因であり、ここに携
帯音楽配信サービス市場におけるマーケティング・コミュニケーションの効果
も含まれる。ε_{jt} は誤差項である。したがって、携帯電話を保有しないという
選択肢については $u_{i0t} = 0 + \varepsilon_{i0t}$ となる。ここで、ε_{ijt} が第1種極値分布に従っ
ていると仮定すると、個人の選択確率は以下のようになる。

$$p_{ijt} = \frac{\exp(\xi_{jt} + p_t \alpha)}{1 + \sum_{k=1}^{J} \exp(\xi_{kt} + p_t \alpha)}$$

この選択確率から、Berry（1994）、Clements and Ohashi（2005）、山口（2016）と同様の方法を用いて市場シェア s_{jt} の式に集計する。市場に N 人の消費者がいると仮定し、その幾何平均（対数の算術平均）をとると、以下の関係を得ることができる。

$$\log(s_{jt}) = \frac{1}{N}\sum_{i=1}^{N}\log(p_{ijt})$$
$$= \alpha p_t + \xi_{jt} - \log\left(1 + \sum_{k=1}^{J}\exp\left(\xi_{kt} + p_t\alpha\right)\right)$$

これについて、外部財との相対的な差をとると、以下のような単純な関係を得ることができる。

$$\log(s_{jt}) - \log(s_{0t}) = \xi_{kt} + p_t\alpha$$

　本章では、携帯キャリア各社の市場シェアを目的変数とする。電気通信事業者協会（TCA）から携帯キャリア3社の月別契約数を取得することができるが、先述の市場概況で説明した通り、携帯端末の契約数は2016年末時点では人口普及率100%を超えている。これは、法人契約等を含めていることが1つの要因として挙げられるが、2011年以降ではタブレット端末などの普及によって1人で2台を契約している消費者もいる。本章では、2001年1月から2011年12月末までの132カ月間を分析期間としており、TCAが発表する3社の合計契約数が日本の総人口を上回ってはいないため、総務省の発表する日本の総人口を潜在的な市場規模と仮定し、携帯電話の非保有者のシェアは、3社の合計契約数を日本の総人口で除した数値を1から引いた値を用いる。

　ここで、$y_{jt} = \log(s_{jt}) - \log(s_{0t})$ と置き、$\xi_{jt} = x_{jt}\beta + w_t\gamma_j + \eta_{jt}$ とおく。ここで X_{jt} はキャリア固有のマーケティング変数であり、w_t は外的要因である。η_{jt} については説明できない要因として $\eta_{jt} \sim N(0, \sigma^2)$ とすると、以下のような線形回帰モデルとして関係を定義することができる。

$$y_{jt} = x_{jt}\beta + w_t\gamma_j + p_t\alpha + \eta_{jt}$$

4.2　説明変数 x

上述のモデルに含まれる価格以外の内生変数 x_{jt} について、本章では、各キ

ャリアの広告出稿量と端末発売数を組み込む。それぞれの変数について、以下のように定義する。

着うた CM の広告出稿量（Ca_UtaCM）

携帯キャリア各社が出稿した着うた CM の放送回数である。各キャリアの月次の広告出稿量を説明変数としている。着メロ CM の広告出稿量については、CM データベースを確認したところ、分析対象期間中には観測されなかったので、説明変数としては含めていない。ただし、各キャリアが出稿した CM のうち、着うた・着メロが広告コンテンツに含まれているものを抽出して集計している。つまり、着うたのみを訴求しているものだけでなく、いくつかのサービスが列挙されている中の 1 つとして、着うたが訴求されているものは含んでいる。広告出稿量については、キャリア別に得られているが、市場シェアに与える影響はキャリア間で共通と仮定する。

着うた以外の CM の広告出稿量（Ca_OtherCM）

携帯キャリアが出稿した「着うた以外」の CM の放送回数である。各キャリアの月次の広告出稿量から「着うた CM」の広告出稿量を引いたものである。一言でも「着うた」を訴求している CM は Ca_UtaCM に含まれている。この変数についても、広告出稿量はキャリア別に得られているが、市場シェアに与える影響はキャリア間で共通と仮定する。

着うた対応端末の占有率の（Tr_Uta）

各キャリアからリリースされている入手可能端末のうち、着うた機能が搭載された端末の割合のことである。入手可能端末数については、第 6 章の図 6.5 を参照されたい。また、第 6 章の図 6.6 で示されている着うたフル対応端末占有率は、着うた対応端末占有率との相関係数が高いので、本章では説明変数としてモデルには含んでいない。

スマートフォン端末の占有率（Tr_SP）

これも各キャリアからリリースされている端末に関する変数であり、入手可能端末に占めるスマートフォンの割合のことである。スマートフォンの定義は第 6 章にも示したように、端末に搭載されている OS を判断基準としている。なお、分析期間の後半となる 2010 年以降に急速にスマート

フォンの占有率が高くなっており、2000 年から 2011 年までの分析期間で
スマートフォンの割合が高くなるのは最後の 1 年程度である。

　ここで注意してほしいのが、携帯キャリアごとに観測される広告出稿量や端
末の発売状況などは、内生変数である可能性が高いということである。それゆ
え、適切な推定値を得るためには、操作変数を導入する必要がある。そこで、
本章では、ラグをとった変数を用意し、これを操作変数として用いる（山口
2015）。

4.3　説明変数 w、価格 p

　引き続き、外生変数 w_t を検討する。具体的には、コンテンツプロバイダー
の広告出稿量を組み込む。それぞれの変数については、以下のように定義する。

コンテンツプロバイダーによる着メロ CM の広告出稿量（Cp_MeroCM）
　　コンテンツプロバイダー（レコード会社とコンテンツ配信業者）が出稿し
　た着メロ CM の放送回数である。これも携帯キャリアが発信する CM と
　同様に月次の広告出稿量を説明変数として含んでいる。携帯キャリアは、
　分析期間中に着メロ CM を出稿していなかったため説明変数としては含
　んでいないが、コンテンツプロバイダーは着メロ CM を積極的に出稿し
　ていたため、説明変数として含める。コンテンツプロバイダーが出稿する
　CM であるため、広告出稿量についてはキャリア間で共通であるが、市場
　シェアに与える影響（パラメータ）はキャリア間で異質であると仮定する。
コンテンツプロバイダーによる着うた CM の広告出稿量（Cp_UtaCM）
　　コンテンツプロバイダーが出稿した着うた CM の放送回数である。先
　述の通り、着うた CM は、携帯キャリアよりもコンテンツプロバイダー
　の広告出稿量が多い。また、着メロ CM と同様に、この変数についても、
　広告出稿量はキャリア間で共通であるが、各キャリアの市場シェアに与え
　る影響は異質であると仮定する。これら着メロ CM と着うた CM につい
　て、各キャリアで異質な影響があることを仮定している。この影響につい
　ては、特定の携帯キャリアにネガティブな影響を与える可能性、ポジティ
　ブな影響を与える可能性の両方が想定される。

番号ポータビリティ制度（MNP）

　携帯電話の番号ポータビリティ制度の変数は、2006年9月以前を0、10月以降を1とするダミー変数である。

キャリア・ダミー（Ca_dummy）

　携帯キャリアごとのベースラインの効用を除外するためにキャリア・ダミー変数を導入する。切片項に加えて、docomoとauについてダミー変数を含める。識別性を確保するためにSoftBankのパラメータについては0と固定する。

価格（Price）

　価格については、前述のように価格による差別化の難しい寡占市場であると仮定して分析を行う。価格については第6章の図6.4で示した消費者物価指数を用い、全キャリアが価格による差別化をすることができないと考える。そのため、価格に関しては、キャリア間で共通の変数が与えられ、また、影響の程度（パラメータ）についても共通であると仮定する。この価格の項については、負で有意となった場合、価格が安いほど全キャリアの効用が高くなるということになるため、外部財が選択される確率が低下することになり、携帯電話市場全体の契約者が増加するということになる。

5 推定結果

　推定した結果は表9.2と表9.3に示している。最小2乗法（OLS）による推定結果と、操作変数を導入した2段階最小2乗法（2SLS）による推定結果である。OLS、2SLSともに左の列（OLS1、2SLS1）は携帯キャリア各社が広告出稿したCMと端末発売状況を説明変数に入れた結果、中央の列（OLS2、2SLS2）は外的な要因の1つである番号ポータビリティ制度を説明変数に入れた結果、右の列（OLS3、2SLS3）は中央のモデルに加えてコンテンツプロバイダーによる広告出稿を説明変数に含めた結果を示している。調整済み決定係数（Adj.R^2）を見ると、OLSにおいても2SLSにおいても右の列のモデルが最もよい適合を示している。ここから、コンテンツプロバイダーによる広告出稿は、そのプラットフォームであるキャリアのシェアに影響を与えていたということがわかる。

表9.2　推定結果：OLS

	OLS1 推定値	標準誤差	OLS2 推定値	標準誤差	OLS3 推定値	標準誤差
切片	0.021	0.167	-0.454	0.224*	-0.376	0.246
X						
Ca_UtaCM	0.128	0.039***	0.155	0.031***	0.106	0.033**
Ca_OtherCM	0.042	0.013***	0.018	0.011†	0.013	0.010
Tr_Uta	0.431	0.039***	0.499	0.031***	0.489	0.032***
Tr_SP	0.131	0.019***	0.180	0.016***	0.201	0.016***
W						
Cp_MeroCM → docomo					0.175	0.088*
Cp_MeroCM → au					-0.126	0.093
Cp_MeroCM → SoftBank					-0.227	0.088*
Cp_UtaCM → docomo					-0.090	0.033**
Cp_UtaCM → au					0.111	0.034**
Cp_UtaCM → SoftBank					-0.061	0.034†
MNP → docomo			-0.142	0.022***	-0.124	0.024***
MNP → au			0.171	0.023***	0.118	0.024***
MNP → SotBank			0.029	0.024	0.049	0.025*
Ca_dummy → docomo	1.104	0.012***	1.188	0.013***	1.159	0.015***
Ca_dummy → au	0.365	0.013***	0.283	0.014***	0.252	0.016***
Ca_dummy → SoftBank	0	0	0	0	0	0
Price	-2.057	0.143***	-1.641	0.195***	-1.687	0.214***
R^2	0.964		0.978		0.981	
Adj.R^2	0.963		0.978		0.980	
N	396		396		396	

（注）†：10%，*：5%，**：1%，***：0.1%．

　また、説明変数の内生性を考慮すると、2SLS の推定結果の方が望ましいと考えられるため、以降では、最も適合度が高かった 2SLS3 の結果を考察していく。

　まず、携帯キャリア各社が広告出稿した着うた CM に関する項目（Ca_UtaCM）を考察していくと、着うた CM（Ca_UtaCM）は携帯キャリア各社の市場シェアを拡大させる要因となっている（市場シェアに対して1％水準で正の影響がある）ことがわかる。また、着うた CM 以外の CM（Ca_OtherCM）についても、10%有意水準ではあるが市場シェアを拡大させる要因となっていることがわかる。ここから、携帯キャリア各社が広告出稿することで、自身の市場シェアを拡大させているといえる。また、着うた機能対応端末（Tr_Uta）やスマートフォン端末（Tr_SP）を発売することでも、携帯キャリア各社は自身の市場シェアを拡大させている。これらの結果から、携帯キャリア各社のアクション（マーケティング変数）は、自身の市場シェアの拡大に貢献していること

表9.3 推定結果：2SLS

	2SLS1 推定値	標準誤差	2SLS2 推定値	標準誤差	2SLS3 推定値	標準誤差
切片	-0.016	0.185	-0.435	$0.232^{\dagger}$	-0.357	0.255
X						
Ca_UtaCM	0.232	0.063^{***}	0.251	0.049^{***}	0.201	0.062^{**}
Ca_OtherCM	0.094	0.026^{***}	0.050	$0.027^{\dagger}$	0.047	$0.027^{\dagger}$
Tr_Uta	0.430	0.041^{***}	0.510	0.033^{***}	0.496	0.034^{***}
Tr_SP	0.119	0.022^{***}	0.170	0.017^{***}	0.194	0.018^{***}
W						
Cp_MeroCM → docomo					0.152	$0.092^{\dagger}$
Cp_MeroCM → au					-0.203	$0.104^{\dagger}$
Cp_MeroCM → SoftBank					-0.207	0.091^{*}
Cp_UtaCM → docomo					-0.079	0.035^{*}
Cp_UtaCM → au					0.096	0.036^{**}
Cp_UtaCM → SoftBank					-0.051	$0.035^{\dagger}$
MNP → docomo			-0.138	0.023^{***}	-0.126	0.024^{***}
MNP → au			0.172	0.025^{***}	0.125	0.027^{***}
MNP → SoftBank			0.011	0.031	0.025	0.031
Ca_dummy → docomo	1.102	0.012^{***}	1.176	0.016^{***}	1.151	0.017^{***}
Ca_dummy → au	0.360	0.015^{***}	0.268	0.016^{***}	0.248	0.016^{***}
Ca_dummy → SoftBank	0	0	0	0	0	0
Price	-2.060	0.155^{***}	-1.674	0.206^{***}	-1.725	0.224^{***}
R^2	0.961		0.977		0.980	
Adj.R^2	0.961		0.977		0.979	
N	396		396		396	

(注) †: 10%, *: 5%, **: 1%, ***: 0.1%.

がわかる。

　ここで、先述のリサーチ・クエスチョンを思い出していただきたい。本章2
節の事例分析では、着うたによる携帯音楽配信サービスによってauが正当性
を獲得していった帰結として市場シェアを拡大させることができた背景には、
「正当性の源泉」があるのではないかというリサーチ・クエスチョンを提示し
た。「正当性の源泉」はメディアを焦点とする議論であることから、携帯音楽
配信サービス市場における何かしらのマーケティング・コミュニケーションが
auの着うた・着うたフルの正当性の源泉となり、その帰結としてauの市場シ
ェアが分析期間中に拡大したのではないかと考えたわけである。本章3.2項で
は、着メロCMについては、分析期間中に携帯キャリア各社が広告出稿した
ものはないため、コンテンツプロバイダーのそれとは比較することはできなか
ったが、着うたCMについては、携帯キャリア各社よりもコンテンツプロバ
イダーの広告出稿量が多いことを明らかにした。このことに注目した分析結果

図9.4　コンテンツプロバイダーの広告出稿量が
携帯音楽配信サービス市場の拡大に及ぼす影響

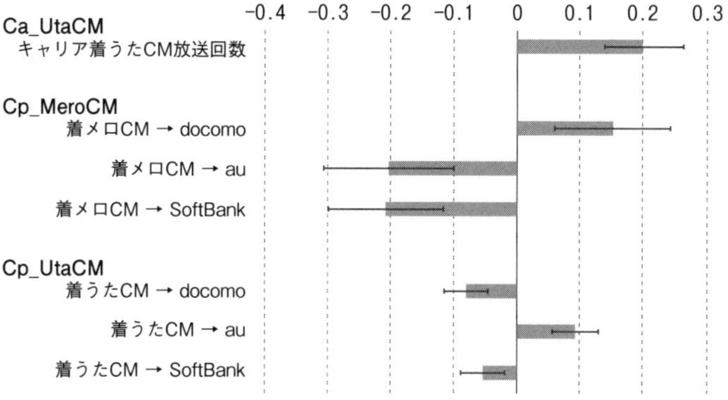

Ca_UtaCM
　キャリア着うたCM放送回数

Cp_MeroCM
　着メロCM → docomo
　着メロCM → au
　着メロCM → SoftBank

Cp_UtaCM
　着うたCM → docomo
　着うたCM → au
　着うたCM → SoftBank

-0.4　-0.3　-0.2　-0.1　0　0.1　0.2　0.3

（注）棒グラフから伸びる線は、標準誤差を示す。

　が、コンテンツプロバイダーの着うた CM の広告出稿量が、携帯キャリア各社の市場シェアに与える影響である。
　その分析結果を見る前に、同様にコンテンツプロバイダーの着メロ CM の広告出稿量が携帯キャリア各社の市場シェアに与える影響を見ておきたい。コンテンツプロバイダーの着メロ CM は、docomo の市場シェアを拡大させる要因となっている（正の影響がある）のに対して、au と SoftBank の市場シェアを縮小させる要因となっている（負の影響がある）という結果が得られた。MNP については、docomo にとっては市場シェアの縮小を招き、au にとっては市場シェアの拡大をもたらす要因となった。
　それでは、コンテンツプロバイダーの着うた CM の広告出稿量が、携帯キャリア各社の市場シェアに与える影響を見ていきたい。コンテンツプロバイダーの着うた CM は、docomo と SoftBank の市場シェアを縮小させる要因となっている（負の影響がある）のに対して、着うたによる携帯音楽配信サービス市場を牽引していきた au の市場シェアを拡大させる要因となっている（正の影響がある）という結果が得られた。着メロ CM の分析結果も含め、コンテンツプロバイダーの広告出稿量が、携帯キャリア各社の市場シェアに与える影響を図示したものが図 9.4 である。
　着メロはフェイスを中心とした主体たちが、世界初の携帯向け IP 接続サービス i モードに提供した携帯音楽配信サービスであり、着メロは i モードの普

及に大きな貢献をしたキラーコンテンツの1つであることは第1章で述べた通りである。このことは、他社に先駆けて docomo が着メロによる携帯音楽配信サービスの影響を享受していたということである。こうした背景が定量分析の結果からも得られたといえる。着メロの普及に伴って、着メロを取り巻く組織フィールドの主体たち（とくにコンテンツプロバイダー）が着メロ CM への広告出稿量を増加させることによって、先行して着メロによる携帯音楽配信サービスを展開した docomo との連想が強化されたことが、docomo の市場シェアを拡大させ、着メロによる携帯音楽配信サービスの展開が後手となった au と SoftBank の市場シェアを縮小させたようだ。このことは、事例分析からだけでは捉えきることができなかった定量分析による新しい発見である。

　一方、着うたは、着メロによって市場の収益分配構造を歪められた SME をはじめとするレコード会社と、J-PHONE に市場シェアを侵食されつつあることに危機感を抱いていた au を中心とした主体たちが企図した、着メロを代替する次世代の携帯音楽配信サービスであったことは第2章で述べた通りである。このことは、他社に先駆けて au が着うたによる携帯音楽配信サービスの影響を享受していたということである。こうした背景が定量分析の結果からも得られたといえる。着うたの普及に伴って、着うたを取り巻く組織フィールドの主体たち（とくにコンテンツプロバイダー）が着うた CM への広告出稿量を増加させることによって、先行して着うたによる携帯音楽配信サービスを展開した au との連想が強化されたことが、au の市場シェアを拡大させ、着うたによる携帯音楽配信サービスの展開が後手となった docomo と SoftBank の市場シェアを縮小させたようだ。このことも、事例分析からだけでは捉えきることができなかった定量分析による新しい発見である。

　ここで、着うたによる携帯音楽配信サービス市場の拡大について、定量分析の結果から、さらなる考察を加えたい。本章で注目してきた着うたとその後継サービスである着うたフルは、レーベルモバイルとそのキャリア・パートナーであった au が先行してサービスを提供するプラットフォームとなっているが、その後1年から2年程度で docomo も SoftBank にも同じサービスが提供されることになる。このことからもわかるように、着うた・着うたフルは、ゲームコンソール（ゲーム機）とソフトのように、特定のプラットフォームに依存して互換性がなかったわけではない。これは先行したサービスである着メロも同

様である。しかしながら、複数のプラットフォームに等しくサービスが提供されていたにもかかわらず、コンテンツプロバイダーが出稿した CM は、着メロなら docomo、着うたなら au というプラットフォームの拡大（市場シェアの拡大）にのみ正の影響を与えている。

　この背景には、それぞれの携帯音楽配信サービスに対する認知的な正当性の確立が関わってくると考えられる。Humphreys（2010）では、分析対象となったカジノ産業における制度的正当性の確立の順序が必ずしもすべての市場に対応するわけでないことを指摘したうえで、本書で詳述してきた3つの制度的正当性の確立には順序があることを指摘している。繰り返しになるが、着メロは docomo が、着うたは au が、他社に先行してサービスを展開したことは、第1、2章で述べた通りである。つまり、コンテンツプロバイダーの着メロ CM は docomo が、着うた CM は au の市場シェアの拡大に寄与しているという本章の分析結果から考えられることは、正当性の源泉は、それぞれの市場を牽引した主体に与えられるということである。docomo と au は、先行して各市場を牽引したからこそ、消費者に「着メロといえば docomo」「着うたといえば au」という構図（認知フレーム）を市場創造の初期から独占的に与えることができたと考えられる。そこに、コンテンツプロバイダーが各市場に大量の広告を投入することによって、着メロと docomo、着うたと au の連想が独占的に強化されていったことが、定量分析の結果として表れているのではないだろうか。

　正当性の源泉とは、メディアを中心とした議論であることから、本章でもコンテンツプロバイダーの広告出稿量に注目した正当性の源泉を考えてきた。しかし、ここで注意してほしいことは、コンテンツプロバイダーの広告出稿量そのものが、正当性の源泉ではなかったということである。本章の分析結果からもわかるように、コンテンツプロバイダーの広告出稿量は、ある携帯キャリアの市場シェアには正の影響を与える一方で、負の影響を与えることもあった。このように、同じコンテンツプロバイダーの広告出稿量であったとしても、携帯キャリア各社の市場シェアに与える影響が異なっている。

　この差異を生み出しているものこそが、正当性の源泉である。つまり、本章における正当性の源泉とは、先述の分析結果の考察からもわかるように、各主体が当該市場を先行して牽引してきたことそのものである。着メロは docomo

が、着うたは au が、他社に先行してサービスを牽引してきたからこそ、コンテンツプロバイダーの広告出稿量が、各主体の正当性を強化させる要因となり、結果として、各携帯キャリアの市場シェアを拡大させることになったと考えられる。このことは換言すれば、先発優位性の1つとして、コンテンツプロバイダーの広告出稿量は、当該市場を先行して牽引してきた主体に認知的正当性を与えた（もしくは強化した）ということである。

Humphreys（2010）でも、認知的正当性は、市場創造の初期の段階で与えられる制度的正当性であることが言及されている。先行して市場創造を牽引するということは、先発優位性としての認知的正当性を獲得することができる確度が高く、組織フィールドにおける多様な主体たちの制度的実践によって自身の正当性を強化していく好機を獲得することができるのである。

6 市場はどのように創造されたのか

▶ au の視点

　本章では、キャリア・パートナーであった au を焦点組織として、着うた・着うたフルという携帯音楽配信サービスが、「どのように創造されたのか」ということを深耕するために、ネオ制度派組織論により拡張されたメガマーケティングの視座から再び事例分析を行った。さらに、事例分析から明らかになったリサーチ・クエスチョンを検証するために、多様な情報源を用いた実証分析を試みた。事例分析と実証分析によって、au を焦点組織としながらも、携帯キャリア業界、レコード会社、携帯端末メーカー、コンテンツ配信業者、消費者たちの複雑な相互作用が交錯することで、既存市場（着メロ市場）が断絶され、新市場（着うた・着うたフル市場）が創造されたことがより鮮明となり、着うた・着うたフルが、「どのように創造されたのか」に対して深い理解を得ることができた。

　とくに下記2点は、本章の特筆すべき貢献である。1つは、ネオ制度派組織論により拡張されたメガマーケティングの視座から再び事例分析を行うことによって、「正当性の源泉」というリサーチ・クエスチョンを抽出したことである。au を焦点組織としなければ、このようなリサーチ・クエスチョンを導出することはできなかった。もう1つは、実証分析を試みることによって、「正

当性の源泉」とは、コンテンツプロバイダーのマーケティング・コミュニケーションによって、それぞれの携帯音楽配信サービス市場を先行して牽引してきた主体に対して、認知的正当性を与える（もしくは強化する）ことで、各主体の市場シェアに寄与するというメカニズムを洞察することができたことである。このことも、実証分析によってコンテンツプロバイダーのマーケティング・コミュニケーションが、au の市場シェアの拡大に寄与していることを明らかにしなければ、導出することはできなかった考察である。

6.1　メガマーケティング・コミュニケーション戦略

　着うた・着うたフルが、「どのように創造されたのか」ということは、まさに市場の断絶と創造の局面において、個人ないし集団としての新規参入者（主に SME を中心としたレーベルモバイルとキャリア・パートナーである au）が、既存市場（着メロ）の制度を構成する認知的、規範的、規制的支柱を揺さぶってきた制度的実践に他ならない。しかし、その中で生まれてきた新たなリサーチ・クエスチョンが、「当時は、圧倒的な業界トップだった NTT ドコモ（2002年4月時点の市場シェア：59.0%）が市場を支配していたにもかかわらず、なぜau（2002 年4月時点の市場シェア：17.7%）が、これほどまでに着うた・着うたフル市場を牽引することができ、それによって自社の市場シェアを拡大させることができたのであろうか（2010 年4月時点の NTT ドコモの市場シェア：49.9%、au の市場シェア：28.4%）」ということであった。

　そこで、注目したメガマーケティングの視座が「正当性の源泉」であった。正当性の源泉とは、市場という制度を維持・拡大していくために必要な正当性に対して集合権威を保持している個人ないし集団のことである（たとえば、Suddaby and Greenwood 2005）。本章では、正当性の源泉という新たな観点から、再び注目した制度的実践が、規範的支柱に対する制度的実践としての「連合」であった。連合とは、「社会的影響力によって既存の消費行動に対抗する代替的な消費行動の需要を促進させようとする行為」のことである（Delacour and Leca 2011）。レーベルモバイルと au の Win-Win のパートナーシップに焦点を当てると、「レーベルモバイルが社会的インフラとしての携帯事業を運営している au とパートナーシップを構築することは、まさに社会的な影響力を獲得することにつながることを意味するが、社会的インフラを提供している au に

とって、社会的な影響力を持つということはどういうことなのか」という、より深耕されたリサーチ・クエスチョンが生まれ、それは多様な主体たちの相互作用が交錯する組織フィールドにおけるマーケティング・コミュニケーションに注目することであった。

　そこで、実証分析では、着うた・着うたフルをめぐるマーケティング・コミュニケーションが、同市場を au が創造し、拡大したことに正当性を与え、au の市場シェア拡大に大きな影響を及ぼしていることを検証した。その結果、明らかになったことは、以下2点である。

　1つは、同市場の主体たち（とくにコンテンツプロバイダー）が出稿した着うた CM のマーケティング・コミュニケーション効果である。興味深いことに、レコード会社とコンテンツ配信業者（専用・兼業）が分析期間中に投入した広告出稿量（CM 放送回数）は、着うた・着うたフル CM 全体の 60% を占めるものであった。それゆえ、それら広告出稿量が、携帯キャリア各社の市場シェアにどのように影響を及ぼしたのか（正当性を与えた・強化したのか）を分析したところ、着うた・着うたフル市場を牽引してきた au だけが、その恩恵を享受していたのである。このことが、圧倒的なリーダー企業がいる業界の中で、相対的に経営資源力が劣る au が同市場を牽引することでき、著しく市場シェアを伸長させることができた要因であったことが明らかになった。本書では、このように広告が、正当性の源泉として機能することを「メガマーケティング・コミュニケーション効果」と呼ぶ。

　もう1つは、なぜ au にメガマーケティング・コミュニケーション効果が及んだかということである。このことは、au が先行して市場を牽引してきた主体であるがゆえに、消費者に「着うたといえば au」という構図（認知フレーム）を市場創造の初期から独占的に構築することができていたことが要因であった。つまり、本章で明らかになったメガマーケティング・コミュニケーション効果のメカニズムとは、組織フィールドにおいて、多様な主体たちの制度的実践（広告活動）が、先行して当該市場を牽引してきた主体が獲得している認知フレームを強化することで、当該主体に対して認知的正当性を与える（もしくは強化する）作用のことなのである。

6.2 残された課題

　本章では、前章とは焦点組織を変えることによって、メガマーケティング・コミュニケーション効果という新たな制度的実践のメカニズムを明らかにすることができた。しかし、メガマーケティング・コミュニケーションも、着うた・着うたフルという携帯音楽配信サービス市場を創造することができた1つの要因だったに過ぎないだろう。

　本書の分析対象となっている携帯音楽配信サービス市場は、多様な主体たちの相互作用が交錯する組織フィールドである。それゆえ、さまざまな制度的実践が作用していたと考えるのが自然であろう。包括的に組織フィールドで交錯した制度的実践への理解を得るには、事例分析と実証分析によるアプローチだけでは限界がある。加えて、前章と本章では、多様な情報源を駆使して、着メロと着うた・着うたフルを中心とした市場の断絶と創造を分析してきたわけだが、日本の音楽産業の一時代を築いたこれら携帯音楽配信サービス市場は、今となってはほとんど形を残していない。着うた・着うたフル市場の創造を牽引したレーベルモバイルも、従来型携帯電話への配信サービスを2016年12月15日に終了している。つまり、メガマーケティングの視座に立てば、着うた・着うたフルによる携帯音楽配信サービス市場も、何かしらの要因（制度的実践）によって断絶されたということである。

　そこで次章では、着うた・着うたフル市場の立役者であり、同市場を牽引してきた当時のauのマーケターにインタビューを行い、本書の事例分析と実証分析では捉えきれなかった、携帯音楽配信サービスをめぐるメガマーケティングの全容を明らかにしていく。その中で、何が着うた・着うたフルという携帯音楽配信サービスを断絶していったのかについても明らかにしていきたい。

第 10 章

携帯音楽配信サービス市場の誕生と環境変化

「音楽の au」の確立、揺れ動く競争構造への対応

はじめに

本書ではここまで、「着メロ」および「着うた・着うたフル」という携帯音楽配信サービスがどのように生まれ、どのように成長していったのかを、ネオ制度派組織論によって拡張されたメガマーケティングの視座から、事例研究と実証分析により明らかにしてきた。とくに、報道資料やデータが得られている「着メロ」の成長期から「着うた」の黎明期となる 2002～2004 年や、「着うた」の成長期から成熟期となる 2005～2010 年については、これまでの分析から多くの示唆を得ることができた。しかしながら、本書ではまだ明らかにしたいことが 2 つある。

1 つは、制度的実践に至る背景についてである。本書では、報道資料などの二次データから事例分析を行い、そこから抽出した制度的実践が市場の断絶と創造に寄与したのかどうかを実証分析によって明らかにしてきた。しかしながら、そこに記述された内容は、あくまでも制度的実践を施した帰結であり、なぜそのような制度的実践に至ったのかについては記載されていない。そこでの制度的実践についてより深い理解を得るには、どのような制度的実践が、どのような状況で施されるのか、その過程を解明する必要がある。

そこで本章では、キャリア・パートナーである au とレーベルモバイルの間に施された制度的実践として「連合」に注目する。組織フィールドには、多様な主体が存在するが、着メロ市場を断絶し、着うた市場を創造するために、双方はいかにして「連合」するに至ったのだろうか。とくに au の視点から、レーベルモバイルとの協働でサービスを展開した「着うた」にどのような意図と期待を持ち、「着うた」の普及に主体的にかかわっていったのかを検討していく。

　もう1つは、市場が衰退に至る背景についてである。着うた・着うたフル市場は2007〜2010年までの4年間、毎年1000億円以上の市場を形成していたが、その後は市場が縮小し、2016年12月15日には従来型携帯電話へのサービスを終了してしまう。何よりも、自分のお気に入りの着信音を持ち歩くという消費文化そのものが、すでに消滅してしまったような雰囲気がある。市場が創造され、成長する様相を描く市場創造研究は、これまでにも数多く存在する。しかし、本書が注目してきた市場創造は、先行する市場が断絶され、新しい市場が創造される局面である（第5章の表5.1を参照）。第5章の末尾でも述べたが、本書にとって「市場を創造する」こととは「『市場の断絶と創造』の局面における、個人ないし集団としての新規参入者が、既存市場の制度を構成する認知的、規範的、規制的支柱を揺さぶろうとする制度的実践」のことである。着メロ市場が「着うた」によって断絶されたと考えるのであれば、着うた市場もまた「何かしらの制度的実践」によって断絶されたと考えるべきであろう。

　本書では、これら残された最後の疑問を解く糸口を探るべく、KDDI株式会社・神山隆氏（以下、神山氏）にインタビュー調査を行った。神山氏はインタビューを実施した2019年4月8日時点でKDDI株式会社・新規ビジネス推進本部の副本部長であり、「着うた」の誕生から衰退までをau社内の第一線で経験してきた当事者である。奇しくも「着メロ」の誕生を描いた第1章の導入は1996年の渋谷であったが、今回インタビューが行われた場所もまた、KDDI株式会社ライフデザイン事業本部がある渋谷であった。

　神山氏へのインタビューの行間には、株式会社レコチョク（渋谷）で行った山﨑浩司氏（以下、山﨑氏）へのインタビュー記録など、補完情報を挿入しながら、当時の背景の解説や考察を加えている。山﨑氏はインタビューを実施した2017年8月29日時点で株式会社レコチョクの常務執行役員であり、神山氏と同様に、「着うた」の誕生から衰退までをレーベルモバイルの第一線で経験してきた当事者である[1]。

1) 以下の記述では、現在と当時のブランド名、社名が異なる場合は、原則として当時のブランド名で記述しているが、必要に応じて現在の名称を注記している。また、すべて敬称略としている。

1 「着うた」の誕生

　まずは「着うた」による携帯音楽配信サービスの誕生の背景にあった、au とソニー・ミュージックエンタテインメント（SME）を中心とするレーベルモバイル（現・レコチョク）の連携について、インタビューを通じて明らかにしていく。第2章および第8章でも述べたように、「着うた」の誕生の背景には、「着メロ」から収益を得ることができないレコード会社の危機感があった。レコード原盤を使用しない MIDI 音源にはレコード会社の著作隣接権が発生せず、レコード会社には楽曲使用料が支払われない。そのため、レコード会社は CD 音源を「着信音」にするサービスの導入を模索していた。この過程でキャリア・パートナーとして、「着うた」による携帯音楽配信サービスを提供したのが au であった。

西本　「着うた」誕生のきっかけについてですが、SME からの持ち込み企画で、「着うた」という携帯音楽配信サービスの着想を得られたのでしょうか。
神山　はい、その通りです。au は当時 ezmovie（イージームービー）という動画のサービスを企画していて、「これからのモバイルインターネットは動画」だと考えていました。J-PHONE（現・ソフトバンク）が写メールをヒットさせていたので、写真の次は動画だということで企画を進めていました。技術的に、携帯端末で 30 秒程度の動画が再生できるようになったので、写メールのようにメールに動画を添付したり、着メロのように着信時に動画が再生されたりするサービスがよいのではないかと考えていました。当時は、われわれは著作権といいますか、映像の権利の複雑さをあまり理解していませんでした。たとえば、「ミュージックビデオが着信のときに流れたらいいな」という素朴な発想を抱いていましたが、そこには複雑な権利があって、音だけではなくて実演家や映像制作者の方の権利処理が必要でした。そうした権利処理の複雑さも念頭にサービスを企画されていた SME からの提案に乗った、という感じです。
西本　やはり SME が主導で始められたのですね。
神山　SME も含めて、音楽業界の方とかレコード会社の方は、着メロの 1000 億円のマーケットに複雑な思いを持っていたということは覚えています。たまたま、われわれが動画を着信音にするサービスを検討していたときに音源のフォーマットで「MP3」を使っていたのですが、SME から「動画なんていらないんです、音だけで十分です。音楽配信フォーマットの1つである MP3 なら着うたが実現可能です」と言われました。もともと着信時に動画を再生させる機

能を考えていたので、では映像だけ落とせばいいということで着うたができあがりました。企画の本質にはわれわれは関与しておらず、持ち込まれたものに乗っかったということです。

西本　もう少し擦り合わせの中でサービスの形ができてきたのかと思っていたのですが、完全に SME からの企画に乗った形だったのでしょうか。

神山　もちろん導入に向けての仕様のチューニングやオーサリングツールの開発等のプラットフォームとしての企画開発は行いましたが。レコード会社のグループでは、SME を中心に当時のレーベルモバイル（現・レコチョク）の母体ができていましたし、大手のメジャーレーベルが揃われていました。SME からも団体戦で挑むのだという姿勢を見せていただいて、コンテンツのラインナップも PC 版サービス（筆者注：bitmusic）のときと比べて魅力的なものができるとのことでした。そこに期待を込めて、では一緒に組んでやっていきましょうということになりました。

　「着うた」による携帯音楽配信サービスの企画が au に持ち込まれた背景については、レーベルモバイル側へのインタビューからも確認することができる。東芝が動画を再生できる機種の技術的検討を行っていた際に、SME のエンジニアがその機種でボーカル付きの楽曲を再生できることに目をつけて「着うた」の原案を au に持ち込み、その企画にレーベルモバイルを巻き込んだという形であったようだ。また、レーベルモバイルについても、はじめから「着うた」という新しい携帯音楽配信サービス市場を創るという目的のために設立された共同出資会社ではなく、自社の認識としては「後発の携帯音楽配信企業」という立ち位置であった（レコチョク・山﨑氏へのインタビューより）。

神山　ただ、社内でも、コンテンツサービスを企画する部署であるわれわれはよいと思ったのですが、営業の部署に持っていくとけんもほろろなわけです、「音が悪い」と。もともと動画再生を想定し開発した端末なので音源に最適化されていなかった。音の響きも悪いし、FM ラジオに対する AM ラジオのような聞こえ方でした。一方、当時の着メロでは、和音競争というのがどんどん出てきて、64 和音まで登場していた。それに比べるとインパクトはありませんでした。2002 年の冬モデルとして 12 月に着うた対応機種を 2 機種リリースしたのですが、「着うた」については発表会でもあまり触れられませんでした。当時 au では第 3 世代（3G）ケータイに向けて、ezmovie という動画、ezna-vigation（イージーナビゲーション）という GPS を初めて搭載した携帯、ez-plus（イージープラス）というアプリ、いわゆるゲームができるものを投入し、この 3 つを柱にしてやっていこうとしていました。

図 10.1 ezmovie の TVCM（2002 年 12 月 1 日から放送）

（注）①ホームで花屋の店員とぶつかったことで電車に乗り遅れた仲間由紀恵さん。ムー
　　　ビーメールで遅刻を報告。②ムービーメールのイメージ。③ムービーメールを受け取っ
　　　た待ち人（おそらく彼氏）の目の前では、CHEMISTRY が端末にプリセットされてい
　　　る「My Gift to You」を歌唱。④当時は ezmovie を主力サービスにしようとしていた
　　　ことがわかる。
（出所）TVCM 画像は KDDI 株式会社提供。

　そのような背景もあってテレビ CM はムービーメールを推しており、着うた
対応 2 機種には CM のタイアップ曲だった CHEMISTRY の「My Gift to You」
の着うたをプリセットしていましたが、CM では「着うた」については、一切
触れられませんでした（図 10.1 参照）。
　しかしサービス開始後状況が一変します。着うたのサービス開始は 2002 年
12 月 3 日（着うたの日）だったのですが、初日に、すごい数のダウンロードが
あって、それを見てレコード会社の方々は大いに盛り上がって、「これは来る
ぞ！」ということで、SME が先に「着うた」の CM を始めました。

　第 6 章と第 9 章でも述べたが、「着メロ」の CM については、その多くがコ
ンテンツプロバイダー（配信サイト運営企業やレコード会社）が出稿したもので、
「着うた」についても、分析期間を通してコンテンツプロバイダーによるもの
が多かった。

西本　なるほど。やはり CM を先に仕掛けたのは SME の方だったのですね。

神山　SME に遅れること 3 カ月ぐらいで au は「着うた」の CM を流しはじめました。

勝又　そうなると、本格的に社内で「着うた」がいけると思われたのはサービス開始の少し後、実際の動きはじめを見てからでしたか。

神山　そうですね。着メロがそれだけヒットをしていたので、音楽もサービスの軸になるのだろうということは思ってはいましたけど、ここまでヒットするとは思っていませんでした。当時、NTT ドコモはゲームの方に目を向けていて、一方で J-PHONE は写メールで一世を風靡したものの、第 3 世代への対応に乗り遅れたという感じでした。J-PHONE の第 3 世代は NTT ドコモと同じ方式で、立ち上がりに苦労をされていました。au は 1 社だけ違う方式で、第 2 世代と下位互換性のある方式でやったので、エリアの問題とか端末価格とかそういう部分では優位であったと思います。NTT ドコモはゲームに目をつけられていて、この時期の J-PHONE はあまり特徴を打ち出せていないという状況がある中、結果的に au は音楽でブランドイメージを高めることができたと思います。ねらって行ったというよりも、そこに道が開けたという言い方の方が正しいと思います。

勝又　当時のニュースリリースなどを読み進めていくと、サービス開始から半年か 1 年くらいで主力サービスの扱いになっていることがわかります。

神山　何百万ダウンロードとか、インパクトがある数字だったのでわかりやすいですよね。PR 的にも活用しやすかったので、節目ごとにプレスリリースを出していました。

　着うたの企画が、au の社内においてはあまり期待されていなかったことは、レーベルモバイル側も認識していたようである（レコチョク・山﨑氏へのインタビューより）。また、このことは、当時の au のニュースリリースからも伺い知ることができる。第 3 世代携帯電話として「A5302CA」（CASIO 製）、「A5303H」（日立製）が発売されたときのニュースリリース[2]（2002 年 11 月 18 日）を見ると、「着うた」に関する訴求は含まれているが、それぞれの訴求順位は 12 番目と 4 番目であった（表 10.1 参照）。ムービーメールについては、その約 3 カ月前（2002 年 8 月 26 日）のニュースリリース[3]にて発表しており、主力サービスとしてムービーメールを拡大させる戦略であったことがわかる。そ

---

[2]　KDDI ニュースリリース No.2002-180「新サービス『着うた』等の提供及び『着うた』対応、カメラ付き『ムービーケータイ』2 機種の発売について」（https://www.kddi.com/corporate/news_release/kako/2002/1118/index.html）。

表10.1 着うた機能搭載端末（初期）の仕様書

A5302CA	A5303H
1　ムービーメール対応	ムービーメール対応
2　高感度センサー搭載有効画素数31万画素カメラ	au初「SH-Mobile」搭載
3　撮影ライト搭載	有効画素数34万画素180°回転アングルフリーカメラ
4　フォトアドレス帳	**業界初「着うた」対応**
5　「フォトきゃら工房」	業界初「着信ムービー」対応
6　スムースズーム搭載	業界初最大26万色メイン&サブツインTFT液晶
7　マクロ撮影機能	内蔵アンテナ
8　連続撮影機能	次世代サービス対応
9　最大1568万色相当Crystal Fine液晶	ココセコム™EZ対応液晶
10　1.1インチ大画面サブディスプレイ	
11　「かんたんメールレシピ」	
12　**業界初「着うた」対応**	
13　次世代サービス対応	
14　ココセコム™EZ対応	

（注）太字は筆者らによる。
（出所）KDDI ニュースリリース No.2002-121（https://www.kddi.com/corporate/news_release/ka-ko/2002/1118/index3.html）より。

の一方で、第2章でも述べているが、SME は「着うた」の商標を取得したときには同時に「着うたフル」の商標も取得しており、いずれは一曲まるごとを配信したいという野望が初期の段階からあったとみられる。

2 「音楽の au」の確立

2.1 「着うたフル」と「LISMO」の投入

　先述の通り「着うた」による携帯音楽配信サービスの開始は 2002 年の 12 月3 日であるが、2003 年 11 月にはパケット定額制サービスが、2004 年 11 月には「着うたフル」による携帯音楽配信サービスが始まる。また、2006 年 1 月には、新しい携帯音楽配信サービスシステム「LISMO（Listen Mobile Service）」

3） KDDI ニュースリリース No.2002-121「動画を撮って見て送れるカメラ付き『ムービーケータイ』など第 3 世代携帯電話の新ラインナップを発売」（https://www.kddi.com/corporate/news_release/kako/2002/0826/index.html）。

がスタートする。着メロとは異なり楽曲そのものを配信することから、まさに携帯音楽配信であった「着うた」による携帯音楽配信サービスは、その後「着信音」という枠から解き放たれ、au が提供する新しい携帯音楽配信サービスへと拡大していくこととなる。

西本　次に気になることはその後の戦略で、au は他社に先駆けてパケット定額制サービスを開始し、着うたフル、そして LISMO による新たな音楽消費のあり方を提供しました。「着うた」との関連性の中で、どのような経緯でこれらサービスを生み出してきたのか、教えていただけますでしょうか。

神山　「着うた」が始まって、これはうまくいくと感じていましたが、われわれは「着うた」はあくまでも「着信音」のサービスであると考えていました。ただユーザーからのアンケートを見ると、着信音として利用するだけではなく、連続再生して楽しんだり、人に聞かせて盛り上がったりと、多様な楽しみ方をしていることがわかりました。

　その頃、われわれはパケット定額制を始めようとしていましたが、当時は月額 4200 円を想定していまして、それくらい使ってもらえるサービスを合わせて用意しないといけなかった。データ使い放題で 4200 円ならお得だと思っていただけないといけない。着うたファイルのサイズは 100KB 程度でしたが、1 曲まるごととなると圧縮を加味しても 1.5MB から 2MB くらい、ファイルサイズが 10 倍から 20 倍くらいになる。そこで、1 曲まるごとの配信とパケット定額制をうまく噛み合わせて、新しいユーザー体験としてサービスを開始しようと思いました。その頃から au では「音楽」を前面に出してアプローチをし始めていました。また、その頃には携帯サービスにおける音楽分野においてはもう自分たちがリードしていけるという強い確信を持っていて、音楽でわれわれは他の携帯キャリアの先に行こうと、意志を持って進んでいました。

　第 2 章でも述べたように、「着うた」の成長と「着うたフル」のサービス開始には、パケット定額制サービスは必要不可欠であった。「着うた」そのものは、ezmovie を主力サービスとしようとしていた当時、SME から持ち込まれた企画であり、「着メロ」と比較して音質もイマイチだったことなどから大きな期待は持たれなかった。しかし、「着うたフル」が誕生する頃には、すでに携帯音楽配信サービスは、au の企業アイデンティティにもなる主力サービスとなっていた。

神山　さらに「LISMO」のときにはもう、au は「音楽」で行こう、「音楽」はもう私たちの一番の領域なのだという雰囲気になっていました。「着うた」のと

きとは違いますね。

西本　やはり社内でもそういった共通の認識が生まれていたのですね。

神山　そういう社内の雰囲気もあって盛り上がり、ソニー・エリクソンと「ウォークマン携帯」を発売したりとか（筆者注：W42S）、ガラケーの華やかな頃、色んな端末の企画をメーカーから頂いて、私たちも音楽を使った携帯電話のコミュニケーションを広げていたというわけです。こうして「LISMO」というブランドができあがってきましたので、LISMO の CM シリーズというものをずっとやっていました。「宇多田ヒカル」が確か最初のタイアップアーティストだったと思います。

西本　「YUI」とか覚えていますね。

神山　そうですね。「いきものがかり」とか。

西本　「ORANGE RANGE」の CM も覚えています。

神山　「ORANGE RANGE」は、実は「着うたフル」を開始したときの CM ですね。「花」という曲でした。LISMO を開始したのはその 1 年半後です。LISMO では多くのアーティストとタイアップをしました。「EXILE」とか、著名なアーティストとのタイアップもありましたが、ブレイク前のアーティストとも数多くコラボしました。そのうち、レコード会社の方も au の CM に採用されたらヒットする、という意識を持ってくれるようになり、アーティストのプロモーションプランと相乗効果のある提案をいただけるようになりました。そういう好循環の中で、世間の「音楽といえば au」というイメージも形成されていたように思います。

西本　これもまた、メガマーケティングの一側面ですね。

勝又　au も「音楽」にかなり前向きな姿勢をとっていたのですね。

神山　そうですね。「音楽」を軸に事業開発をしていくという気持ちがありました。もちろんその流れは今も続いていますけれど。

　「着うた」の成功によって、au が「音楽」を基軸として事業を展開していく中で、消費者も「音楽といえば au」という認識を形成するようになったことがわかる。レコード会社も、au の CM にタイアップすることができれば楽曲がヒットするという認識を形成するようになっていった。しかしながら、「音楽の au」というイメージを作り上げた「着うた」「着うたフル」のサービスは、2003 年から 2004 年にかけて、他の携帯キャリアでも開始され、au の独占的なサービスではなくなった。

2.2　「着うた」のマルチプラットフォーム化

勝又　その少し前の段階で、「着うた」がマルチプラットフォーム化しますよね。

「着うた」は au にとっては非常に大きな収益源となる主力サービスだったわけですが、2003 年から 2004 年の間に NTT ドコモやボーダフォン（現・ソフトバンク、2003 年 10 月に J-PHONE からブランド変更）でも同じように「着うた」を展開するわけですよね。そのとき、社内ではレコチョクに対して何か思うところはなかったのでしょうか。なぜ au 以外でサービスをするのかとは思いませんでしたか。

神山　それはコンテンツプロバイダーの意志だと思うので、とくになかったですね。

勝又　そのあたりをコンテンツプロバイダーの方に伺いしたところ、「着うた」というサービスで、そのうち全携帯キャリアでやりたいという展望は au にもある程度理解していただいていたと仰ってました。ただし、新しいサービスは最初に au に持ち込むことをお約束して、そのうえで他社で展開することについては、au からも気持ちよく送り出してくれたと認識されていました。

神山　当時、われわれにはオープンという感覚が当たり前にあって、競合の携帯キャリアではやらないでほしいという気持ちはなかったですね。われわれはタイムアドバンテージをとることができればいいという感覚でした。「着うた」という携帯音楽配信サービスが他社に広がっても「音楽」をずっと押していくことができるという自信はあったと思いますし、あまり気にしませんでした。そのときは「着うたフル」のローンチも見えていましたし、先に行けると思っていました。音楽業界の方たちも「まずは au に相談する」といったお互いの信頼関係も形成されていたように思います。

勝又　このあたりはプラットフォーム・ビジネス上、一般的には重要な判断かという気もしますが、そこまで大きな意思決定をしたというご実感はなかったということですね。

神山　そこまでマルチプラットフォーム化することに対して認める、認めないの議論はなかったと記憶しています。もともと、逆にゲームなどは NTT ドコモで提供しているタイトルを au でもやってほしいとコンテンツプロバイダーにお願いしていた立場ですから。そういう文化だったと思います。

西本　結構、オープンな競争をされていたのですね。

神山　そうですね。そんなに垂直統合のような考え方はありませんでした。ただ、その中でどうやって特徴的なサービスで先行するかという思いはありました。

西本　そうは言っても、やはり寡占業界ですから横並びになってしまうかと思います。そうなると教科書的には、最も経営資源を持っている NTT ドコモが市場をコントロールするパワーを持っていて、後発参入でも最終的に勝ってしまうシナリオも描けてしまうわけですが、そうした危惧はなかったのでしょうか。

神山　その通りで、ある時期からダウンロード数は NTT ドコモに抜かされていたように記憶しています。ただ、ユーザーイメージとしては、完全に「音楽は

au」であるというのがありましたし、たとえ配信数で上回っても NTT ドコモに「音楽に近い」というイメージは最後までなかったと思います。

西本 プラットフォーム・ビジネスの一定石として、もっとサービスを囲い込みたいという気持ちがあるのかなと思っていました。

神山 そういう意識はなかったですね。写メールはどこまでいっても写メールでしたしね（笑）。

　ある携帯キャリアで先行して成功したサービスは、たとえ競合の携帯キャリアが展開しても、その認知的な連想が変わることはないというのは、神山氏の写メールに関するコメントからも示唆される。J-PHONE が先行した画像付きメールである「写メール」と同様のサービスは、NTT ドコモと au にも展開されたが、どこまで拡大しても「写メールといえば J-PHONE」という認識を消費者も企業も持っていた。レコチョク・山﨑氏も同様のことについて言及しており、au が「着うた」を他のキャリアで展開することに好意的であった背景として「写メールの経験もあったのではないかと思う」とコメントしている（レコチョク・山﨑氏へのインタビューより）。

　いずれにしても、「着うたといえば au」「音楽といえば au」という連想は、競合の携帯キャリアが同様のサービスを開始したとしても、その認知的なつながり（認知的正当性）が弱まることはなかったのである。このことは、前章の分析結果の考察でも言及したように、先発優位性こそが正当性の源泉となることを支持する内容となっている。

3 「着うた」の終焉

3.1　端末代金と通信料の完全分離化

西本 （着うた、パケット定額制サービス、着うたフル、LISMO、そして「音楽の au」というイメージの確立をふまえて）そのような花ざかりの時期も過ぎ、2008 年には iPhone が日本市場に入ってきて、本格的に端末がスマートフォンに移行していきました。その中で、「着うた」ビジネスも含めて御社の当時の状況を教えていただけますか。たとえば Android au の CM が流れていた時期はどういう状況だったのか、「着うた」ビジネスの様子も含めて教えていただけませんでしょうか。

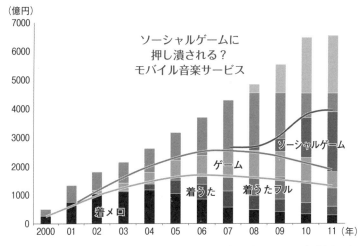

図 10.2　ソーシャルゲームと携帯音楽配信サービスの市場動向

（出所）KDDI 株式会社・神山氏提供：社外講演資料（2012 年 11 月 13 日）「音楽配信サービスを取り巻く諸状況：au の音楽サービスへの取り組みを中心に」。

　　男性アイドルグループ「嵐」が起用され、「Andoroid au」という CM が放送されたのは 2010 年 7 月から 2012 年 1 月まで（CM データベースより）。2010 年以降、スマートフォン普及率は劇的に上昇する。総務省の『情報通信白書　平成 30 年版』によると、スマートフォンの世帯普及率は 2010 年末に 9.7％だったが、2011 年末には 29.3％、2012 年末には 49.5％となった。

神山　端末の購入代金と毎月の通信料を完全分離するという（筆者注：総務省からの）指導はガラケー時代にもあったのですが、それで端末の普及速度が遅くなりました。端末の総販売数が激減しました。端末の買い替えのときにコンテンツを使い始めるというユーザーは結構多くて、つまり、この時期はコンテンツを使い始めるきっかけが減ったということになります。

3.2　ソーシャルゲームの台頭と音楽への純化

神山　あと、ソーシャルゲームですね。GREE やモバゲーなどがこの時期に成長したので、お客さんがお金を使うポートフォリオとしてソーシャルゲームの存在感がすごく高くなってきたこともあり、実際にはスマートフォンが登場する前に、「着うた」「着うたフル」はピークアウトしていたとわれわれは考えています（図 10.2 参照）。

図10.3 携帯端末の出荷台数

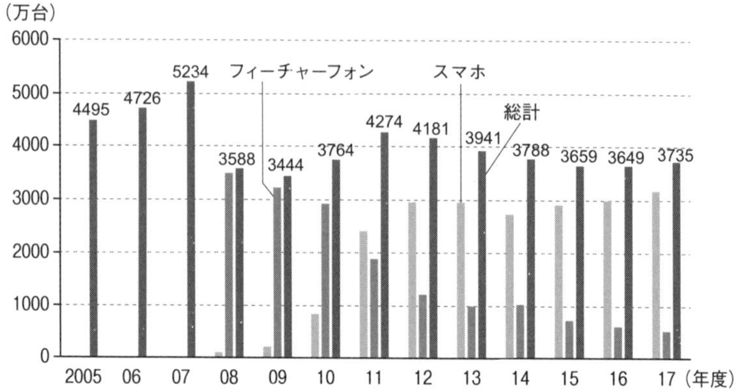

（出所）MM 総研、Akiike and Katsumata（2018）、Figure 2 より。

　図 10.3 を見てみると、2007 年以降、携帯端末の出荷台数が市場全体で減少していることがわかる。消費者物価指数を見ても、その傾向が見て取れる。消費者物価指数の携帯電話機（端末）物価は、観測開始の 2005 年以降低下が続き、2007 年 12 月には 80.7 となっていたが、次の 1 年で大幅に上昇し、2008 年 12 月には 107.9 まで上昇している（第 6 章の図 6.4 参照）。つまり、端末代金と通信料を完全分離することによって端末代金が高騰することで、消費者の携帯端末を買い替えるサイクルが鈍化し、新しいコンテンツを楽しむための機能が搭載された携帯端末が、相対的に消費者の間に広く普及しなくなり、また新しいコンテンツを試してみようとする携帯端末の買い替えのタイミングが、1 人の消費者の中でも長期化してしまったことによって、新しいサービスの普及が思うように進まなかったのである。

勝又　つまり、スマートフォンが登場しなくても、ソーシャルゲームに収益が奪われていったのではないかということですかね。

神山　そうですね。一方で、われわれ自身が音楽サービスをどんどん先鋭化させて行ったということもあったと思います。「着うた」って「なんちゃって文化」と言っていたのに、音楽配信サービスとして純化していった。もともとは着信音であって、音楽の新しい楽しみ方、使い方を提案するものだったのに…。

勝又　もっとカジュアルなものという印象はありますね。

神山　「着うたフル」になり「LISMO」になり、超高音質の「着うたフルプラス」[4] を LISMO の次にやっていましたが、あまりうまく普及してくれなかった

んです。つまり、われわれはコアなものにどんどん寄っていってしまったんです。本当はそこでもっと別の音楽の楽しみ方を模索しなければいけなかったのかもしれません。

勝又　着メロ市場の和音競争の末期の様相と似ていますね。

神山　確かにそのような感じがしますね。そこに追い打ちをかけて、スマートフォン（スマホ）が出てきた。スマホは YouTube が当たり前のように使えるので、音楽を購入する必然性がなくなった。この影響はすごく大きかったです。

勝又　音源に対する消費文化の変化が起きたのですね。

神山　携帯端末で管理されていたコンテンツがスマホになったことで完全にオープンになり、あえて買わなくてもよい状況になりました。またアーティストの方々も、YouTube にアップロードしないと世の中に認知してもらえない状況になり、アップロードせざるをえなくなりました。

勝又　地上波の歌番組もどんどんなくなっていきましたね。

西本　たとえば、この時期に「HEY!HEY!HEY!」[5]がなくなりましたよね。

神山　「着メロ」のときも、「着うた」のときもそうだったのですが、「ミュージックステーション」の放送終了後にサーバーがダウンするようなことがありました。

勝又　みんなテレビを見ていた時代でもあったのですね。

神山　テレビに反応してダウンロードする人も多かった。新曲だったらすごい勢いでダウンロードされていました。

西本　それが YouTube に流れて行ったということですか。

神山　複合的な要因だと思います。単に、スマホ悪人説というシンプルな要因ではないと思っています。ソーシャルゲームの台頭も大きかったです。

西本　ソーシャルゲームが出てきて、YouTube が出てきて、テレビを集中的に見ることもなくなって、情報のキャッチアップが多様化する中で、本当に複合的なことが起こった時代でしたね。

3.3　着信音の価値の変化

勝又　われわれも1つ仮説を立てておりまして、消費者がなんとなく着信音で個性と言いますか、アイデンティティを出すことがなくなってしまって、むしろ着信音を公衆の面前で出すのはあまり社会的に好ましい行為ではないと。だんだん着信音そのものを嫌がるようになってきたのではないかなと。それによって「着うた」という文化にブレーキがかかっていったのではないかと考えてお

----

4)「着うたフルプラス」は2008年12月から開始した、320kbps の高ビットレートの楽曲を配信する携帯音楽配信サービスである。

5)「HEY!HEY!HEY! MUSIC CHAMP」はフジテレビ系の音楽番組で、1994年10月放送開始、2012年12月放送終了、以降不定期での放送となっている。

図 10.4　着信音マナーに関する TVCM の広告出稿量

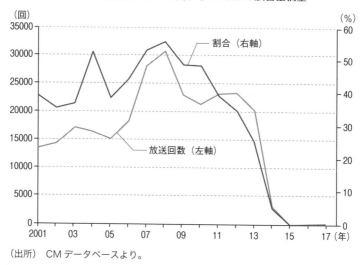

（出所）　CM データベースより。

りまして、そのあたりはどのようにお考えでしょうか。

　図 10.4 は、CM データベースから集計した、広告メッセージに「マナー」という言葉が含まれている CM の放送回数と、携帯電話の CM 放送回数全体に占める割合である。放送回数と放送割合ともに 2008 年までは増加傾向にあるが、その後は減少していく推移を描いている。「着うた」「着うたフル」の市場規模も、2007 年から 2010 年にかけて 1000 億円以上の市場規模を形成しピークとなり、その後急激に減少していく（第 6 章の図 6.8 参照）。

神山　「着うた」が始まったときもマナーモードということはよく言われていました。

勝又　「マナーも一緒に携帯をして」というやつですよね。それはあまり直接的な原因ではないというふうにお考えということですね。

神山　そうだと思いますね。

勝又　気が付いたら着信音はマリンバ[6]ばかりになりましたね。

西本　もうそれすらも鳴らないようになりましたよね。

神山　確かに。着信音といえばあのマリンバの音ですよね。

6）マリンバは、iOS 6 までの iPhone のデフォルト着信音である。iOS 7 からは「オープニング」がデフォルトとなり、iPhone X からは「反射」になっている。

勝又　ただ、誰もそのことに対しては困ってないですよね。

　人前で自分の端末と同じ着信音の携帯電話が鳴動すると、自分の携帯端末が鳴っているのではないかと確認しなければならないことから始まった着信音をめぐる携帯音楽配信サービス。他者との鳴動音の差別化が必要であったという背景が、「着メロ」の誕生の契機となった（第 1 章参照）。その後、着信音は自己表現のツールとなり、「着うた」の登場に至っては、まさに携帯音楽配信サービスへと純化していった。しかし、スマートフォンの普及に伴い、再び着信音は没個性化していく。

神山　確かにそうですね、当時はキャラクターとか綺麗な写真（壁紙）、着メロなどが自己表現の中心にありましたね。

勝又　今ではそれをスマホケースが担っているのですかね。

西本　そうは言ってもケースも皆同じようなものが多い印象です。

神山　もう画面を見られたくないということで手帳型の人もいますね。ですからマナー文化だけで廃れたというような考え方は、あまり感覚としては持っていないですね。

西本・勝又　それは貴重な見解をいただけました。

神山　買い替え需要が減ったということと、飽きられたというところがあるかと思います。あと、音楽にどんどん純化していって、一般のお客様を置いていってしまったことですね。携帯電話を使っているお客様の中心は、音楽を携帯で聞くとかミュージックプレイヤーの代わりに携帯を使っていたというわけではなかったのでしょう。「着うた」を使っていたのはどちらかと言うと、当時 iPod を使っていたようなコアな音楽ファンではなく、その周辺の人たちだと思うのですが、そこにコアなものをぶつけてしまい、ユーザーのニーズと違う方向に行ってしまった。「私たちは携帯電話にそこまでは求めていない」ということだったのではないかと思います。

西本　「着うた」の市場規模が減少傾向に転じた 2010 年から 2011 年頃には、御社はすでに違う方向に目を向けていたのでしょうか。

神山　それはもちろんですね、スマートフォンに完全に目線を移していました。

勝又　Android au の時期ですね。

神山　その後のサービスについては、Spotify などが登場してきて、音楽もいわゆる鎖国状態からグローバル競争に巻き込まれて、今に至るということですね。あとは YouTube みたいなものが登場したことによって、音源自体の価値が変化した、ということもあったと思います。

勝又　何が一番悪い、ということではなくて複合的だったということですが、2010 年頃には、次の一手はあったのでしょうか。たとえば、SME から「着う

た」の持ち込み企画があったように、レコード会社から次世代に向けた企画な
どはありましたか。「着メロ」から「着うた」になったときのように、スマホ
というデバイスにうまく乗るような次のサービスは検討されたのでしょうか。

神山　そうですね。スマホでも「着うた」や「着うたフル」を継続的に提供して
いましたし、ストリーミング型でのサブスク（定期購入型）サービスも始めま
したが、ガラケーのときのような存在感を出せている状況ではありません。

勝又　いろいろと新しい取り組みは進めているものの、結局、スマートフォンと
いう次世代のデバイス上で主導的なサービスの開発には至らなかった。音楽以
外のコンテンツが多様化しすぎたのも１つの原因なのかもしれませんね。

神山　確かにそうですね。SME でも、今の売上を支えているのはゲームですか
らね。

　2018 年、SME の売上を支えているゲームとは、100％子会社アニプレック
スが展開するスマートフォンゲームタイトル「Fate/Grand Order」を指してい
る[7]。SME はセグメント別の売上を公表していないため、詳細な貢献度は不
明だが、収益の多くを占めるとみられている。

3.4　携帯キャリアと端末メーカーの関係性の変化

　「着うた」の衰退には、複合的な要因が考えられることは先述の通りである
が、神山氏は、au として端末メーカーとの関係性が変化したことも挙げてい
る。

神山　ガラケー時代は、携帯キャリア各社がプラットフォーマーとして仕様を決
めて新しいサービスのコンセプトから計画していましたが、スマートフォン時
代になって、たとえば iPhone がいつ 5G に対応するのかわれわれはまったく
わからない状況になってしまいました。

西本　かつての「着うた」のときのように、端末メーカーに仕様を出すようなこ
とはできなくなっているということですよね。

神山　そうですね、われわれが何かイニシアティブをとれるような状況ではなく
なっています。一般のコンテンツプロバイダーの方々と同じ立ち位置になって
います。

勝又　規格、仕様書みたいなものは、今は国内の端末メーカーにも出してはいな
いのですか。

神山　一部 au 向けにカスタマイズするようなところがありますから、そこでは

---

7)「スマホゲームヒットで営業益 2 倍の 511 億円、ソニー孫会社」『日本経済新聞』2018
年 7 月 6 日付。

メーカーとインタラクションをとりますが、昔ほどあるわけではないです。た
とえば、Android のアプリで au 向けの特別なユーザーインターフェースをつ
くったりとか、au 専用のアプリをプリセットしてもらったりとか、そういう
やりとりくらいですね。基本は全世界共通の端末です。

西本　難しい状況ですね。グローバルベンダーの方が舵取りをする中で、日本国
　　内であればドコモ、au、ソフトバンクは横並びにならざるをえない状況になっ
　　ていますよね。どこで差別化することができるとお考えですか。

神山　そうですよね。現在の部署はライフデザインを標榜しているわけですけれ
　　ども、顧客との関係性と言いますか、いかに自分と距離が近いと思ってもらえ
　　るかを大切にすべきだと思っています。

西本　自分と距離が近い、au は自分のことを考えてくれているのだという感覚が
　　大切ということですね。それこそ魅力的なコンテンツというのは、１つの差別
　　化の源泉なってくるのではないでしょうか。

勝又　今では大きな会社になりましたが、私はアップルに対しては今でも「音
　　楽」のイメージがあって、それと同じように au に「音楽」のイメージがあり
　　ます。これはすぐには消えないと思います。イメージではキャリアに明確な違
　　いはあります。

神山　やはりそういうことですよね。スマホの時代になっても au のお客様は
　　「コンテンツ関与度が高い」、つまり「音楽」もそうですが、動画等の「コンテ
　　ンツ」も比較的よく使ってくれると、コンテンツプロバイダーから言っていた
　　だけることがあります。

西本　それが次世代のビジネスを展開していくうえでの資産ですよね。

勝又　「着うた」「着うたフル」が、それをもたらしたのかもしれませんね。

　「着うた」「着うたフル」は、携帯キャリアが端末の仕様を決定する交渉力が
あった時代に展開されたサービスであり、また、ゲームや動画などのコンテン
ツも未成熟の時代に「音楽」が競争優位性のあるコンテンツであったという側
面もあった。

　株式会社フェイスが「着メロ」を提案したときも、レーベルモバイルと au
が「着うた」という携帯音楽配信サービスを企画したときも、端末メーカーの
多くは日本国内にあり、携帯キャリアの仕様書を受けて基本的な製品設計を行
っていた。こうした関係から、携帯キャリアが次世代のサービスのビジョンを
決定すれば、それに対応する新機能を搭載した携帯端末をメーカーが製造し、
それら端末が広く消費者に普及することで、次世代のビジネス・プラットフォ
ームが確定され、コンテンツプロバイダーたちが、そのプラットフォーム上で

新サービスの展開に従事するという構造にあったといえる。しかしながら、スマートフォンの登場により、携帯キャリア・端末メーカー・コンテンツプロバイダーの間でのコミュニケーションがとりにくくなってしまった。神山氏が述べたように、現在では、携帯キャリアは端末メーカーに強い要望を出すことが難しくなっており、新サービスのイニシアティブをとることも難しくなっている。

＊　＊　＊

　次節では、「着うた」「着うたフル」による携帯音楽配信サービスが衰退し、また次世代のサービスへの転換が思うように進まなかった要因を、神山氏のインタビューをもとにまとめる。

4 インタビューを終えて

4.1　制度的実践（連合）はいつ施されたのか

　本章では、第1、2節にて、制度的実践に至る背景について、その詳細を明らかにし、第3節では着うた・着うたフル市場が衰退した背景について明らかにしてきた。以下本節では、それらについて改めてまとめていきたい。

　第1節では、「着うた」が誕生した黎明期の背景について詳述したが、そこには緻密な制度的実践があったというよりも、偶然が重なった帰結として「着うた」による携帯音楽配信サービスが生まれたことが明らかになった。事例分析では、「着メロ」に対して不満を募らせていたレコード会社が共同出資会社（レーベルモバイル）を設立し、著作隣接権が発生するCD音源をベースとした「着うた」を開発し、競合であるJ-PHONEの勢いに危機感を感じていたauが「着うた」による携帯音楽配信サービス事業に加担したことしか明らかにならなかった。

　しかし、インタビューからもわかるように、auは当時、3G通信規格環境の到来に好機を見出しezmovieという動画メールを次世代の主力サービスとしようとしていたのである。その当時、端末メーカーである東芝とそのグループ会社である東芝EMIが、それに対応する新機種の技術的検討に入っていた。

同時期に、レーベルモバイルで東芝 EMI と同じ境遇にあった SME のエンジニアが、その機種でボーカル付きの楽曲を再生できることに注目した。そして、彼らが音声（MP3）の部分だけを着信音にする原案を au に持ち込んだことが「着うた」の誕生の契機となったのである。つまり「着うた」は、キャリア・パートナーとなる au との緻密な計画のもとで開発されたものではなく、SME からの持ち込み企画に au が「乗っかった」というのが実際であり、この時点で企図された制度的実践（連合）が存在していたわけではなかったといえる。

　また、その品質は、当時の着メロ（64 和音）と比較しても FM ラジオに対する AM ラジオほどの音質であり、初期の着うた機能搭載端末の仕様書（表10.1）からもわかるように、着うた機能が搭載されていることは、それほど au にとって期待されるものではなかったのである。このことからも、au はレーベルモバイルのキャリア・パートナーではあったものの、「連合」としての制度的実践が綿密に施されていたわけではなかったことがわかる。しかし、市場からの予期せぬ好反応によって、サービス開始後の半年から 1 年後には、「着うた」は au の主力サービスへとなっていく。

　第 2 節では、「音楽といえば au」という連想を確立していった成長期から成熟期の背景について詳述してきた。そこには、au とレーベルモバイルの緻密な制度的実践があった。1 つは、「着うた」を含むコンテンツサービスの普及を加速させるために考案されたパケット定額制サービスの導入である。ただし、定額制とは言っても 4200 円という通信料金を当時の消費者に支払ってもらうためには、魅力的なサービスが au にはあることをユーザーには実感してもらう必要があると考えていた。そこで au は、レーベルモバイルが「着うた」を開始した当初から準備をしていた「着うたフル」を定額制パケット通信料金を採用してもらうための主力サービスとすることで、新しいユーザー体験を訴求するに至った。このことからもわかるように、この時点で第 1 節と比較しても、かなり綿密な制度的実践（連合）が施されるようになったことがわかる。さらに、au は LISMO の開発によって、着うた・着うたフルへと経営資源を傾け、LISMO のシリーズ CM が音楽業界にも好循環をもたらしたことは、インタビューに記された通りである。このことからも、この時期は、本当の意味での制度的実践（連合）が施されたと考えてもいいであろう。

　以上の考察からもわかるように、制度的実践（連合）は、「着うた」による

携帯音楽配信サービスが開始された当初から施されていたわけでなく、「着うた」の普及とともに発展していったことがわかる。当事者にインタビューを行うことで、二次データだけからは捉えきることができなかった制度的実践の背景を、より鮮明に抽出することができたことは、本章の新たな貢献である。

4.2 着うた・着うたフル市場はどのように断絶されたのか

第3節では、本章のもう1つの目的である「着うた」「着うたフル」による携帯音楽配信サービスが衰退してしまった要因について明らかにすることができた。神山氏のインタビューからもわかるように、その原因は、決してスマートフォンの登場という単純なものではなく、さまざまな要因が複合的に重なり合っていた。以下では、それら要因をリストアップすることで、着うた・着うたフル市場が衰退してしまった背景をより鮮明にしていきたい。

■(1) 端末代金と通信料の完全分離化

インタビューから明らかになった、着うた・着うたフル市場を衰退させた1つ目の要因は、端末代金と毎月の通信料を完全に分離しなければならない総務省からの指導である。今日の携帯キャリア業界にも当てはまることであるが、同業界は、毎月の通信料に端末代金の一部負担額を転嫁する商慣習がある。このことは決してすべての消費者に不利益となるものではなく、その転嫁分は端末代金の安さに反映されるものとなっている。つまり、携帯端末を頻繁に買い替える消費者にとっては、その恩恵を享受することができる一方で、あまり頻繁に携帯端末を買い替えない消費者にはとっては不利益を被ることから、総務省からの指導が入ったのである。加えて、端末代金と毎月の通信料を完全に分離するということは、携帯端末が高価格化してしまい、消費者が携帯端末を買い替えようとする機運を失してしまうことを意味するのである。

しかし、インタビューからもわかるように、消費者が携帯端末を買い替えるタイミングは、携帯キャリアにとっても新しいサービスを提供できるプラットフォームを構築する機会でもあり、同時に消費者にとっても新しいサービスを試してみようとする機運が高まるタイミングでもあったのである。総務省からの指導は、この好機が訪れるタイミングを長期化させてしまうことにつながり、同時に新しいサービスを広く普及させるためには、それなりの期間を要するこ

とになってしまうのである。

　以上のことからもわかるように、総務省からの指導は、「着うた」「着うたフル」に続く次世代の携帯音楽配信サービスを普及させる阻害要因となってしまったのである。

■(2)ソーシャルゲームの台頭

　インタビューから明らかになった、着うた・着うたフル市場を衰退させた2つ目の要因は、ソーシャルゲームの台頭である。携帯端末の普及速度が停滞しつつあるころに、GREEやモバゲーなど、ソーシャルゲームを開発・提供するコンテンツプロバイダーの著しい成長があった。このことは、インタビューからもわかるように、携帯コンテンツに毎月限られたお金しか使えないユーザーが大部分の中で、彼らの予算ポートフォリオの比重が「音楽」から「ゲーム」へと移ってしまったのである。

　前掲の図10.2を見てみると、「着うた」「着うたフル」が誕生した2002年から、1000億円以上の市場規模を形成した2007〜2010年の間にも「ゲーム」という携帯コンテンツは一定の市場規模を形成していたわけであるが、総務省からの指導があった2010年以降には、ソーシャルゲームの台頭が著しい。もし、以前と同じように携帯端末の買い替えサイクルを維持できていたのであれば、携帯キャリアがコンテンツプロバイダーに対して、ある程度の交渉力を保持し、「ゲーム」ではなく「音楽」中心の次世代サービスへと移行できたのではないだろうか。ソーシャルゲームの台頭は、決してスマートフォンの登場によるものではない。

　このことは、インタビューの補完情報として先述した、スマートフォンが本格的に普及する時期が2011年ごろであることを重ね合わせるとよくわかる。もちろんスマートフォンが本格的に普及した後は、動画サービスや携帯ゲームの高性能化が、「音楽」というコンテンツの相対的魅力度を低下させたことは間違いないであろう。

■(3)「音楽」コンテンツへの先鋭化

　インタビューから明らかになった、着うた・着うたフル市場を衰退させた3つ目の要因は、auが「着うた」を音楽コンテンツへと先鋭化させてしまった

ことである。もともと「着うた」は「着メロ」に代わる着信音としての機能的便益が中核的要素であったにもかかわらず、「着うたフル」を誕生させたことから、着信音としての要素が希薄化していくことになる。さらに LISMO の奏功は、本来の「着うた」としての消費実践からは逸脱したユーザー体験を提供してしまい、さらには超高音質で音楽を楽しめてしまう「着うたフルプラス」を提供してしまったことで、「着信音としての着うた」は、消費者の中から完全に消えてしまったのである。インタビューからも「着うたフルプラス」は、あまりうまく普及してくれなかったことが言及されているが、いわゆるChristensen（1997）で指摘されたイノベーターのジレンマに陥ってしまった典型的な事例である。

　また、スマートフォンが普及した頃にも「着うた」や「着うたフル」のようなものを普及させようと試みたこともインタビューで言及しているが、その試みがストリーミングやサブスクリプションといったものであり、もはや「着うた」を着信音ではなく、1つの音楽形態として考えてしまっている様子がうかがえる。先述した着うた・着うたフル市場を衰退させた2つの要因は外的なものであったが、「音楽」コンテンツへの先鋭化については、内的な要因であることも興味深い。

■⑷ 携帯キャリアと端末メーカーの関係性の変化

　インタビューから明らかになった、着うた・着うたフル市場を衰退させた4つ目の要因は、携帯キャリアと端末メーカー間の関係性の変化である。このことは、スマートフォンの台頭が大きな要因となっている。

　スマートフォンが台頭する前は、プラットフォーマーでもあった携帯キャリアが、国内の端末メーカーに対して強大な交渉力を保持していた。つまり、携帯キャリアが次世代の携帯コンテンツサービスを企画して、そのサービスを提供できるような携帯端末を製造するようにメーカーに対して交渉することができたのである。しかし、iPhone をはじめとする海外からのスマートフォンが台頭することによって、国内の携帯キャリアと端末メーカーの関係性は崩れ、今日では、スマートフォンを製造する海外端末メーカー（プラットフォーマー）の動向を国内の携帯キャリア各社が注視しなければならなくなってしまった。つまり、これまでは、次世代のコンテンツサービスを提供するためのプラット

フォーム（携帯端末）の仕様を携帯キャリアが決めることができたことで、ある程度の規模でそのサービスを普及させることができたが、スマートフォンの登場によって、その制度的ロジック（institutional logic）[8]が崩されてしまったことが、着うた・着うたフル市場を衰退させてしまった一要因となったのである。

　　　＊　＊　＊

　ここまで、神山氏のインタビューをもとに、着うた・着うたフル市場を衰退させた要因を4つリストアップしてみた。インタビューの中でも言及されていたように、これら要因が 2010 年ごろを境に複合的に起こったことが、着うた・着うたフル市場を衰退させてしまったのである。着うた・着うたフル市場が断絶された背景には、複合的な要因があったこと、それら要因を1つずつ詳細に検討し、市場創造研究ではあまり注目されてこなかった市場が衰退する様相を鮮明に描いたことは、本書の新たな貢献である。

8）制度的ロジックとは、組織フィールドにいるアクターの認知と行動からなるゲームのルールを規定するものである（DiMaggio 1979）。

終 章

メガマーケティングによる市場創造

1 本書のまとめ

　本書は、ネオ制度派組織論を理論的基盤とするメガマーケティングの視座か
ら「市場創造」を研究することによって、「市場を創造する」ことがどういう
ことなのかを深耕し、企業の市場創造戦略に新たな知見を提供することを主眼
として、ここまで序章と3つの部の1〜10章、11の章で議論してきた。

　序章では、本研究の解題として「市場を創造する」ということに対する本書
の視座を提示し、近年の市場創造研究は、理論的枠組みの導入を検討すべきも
のが多いことを批判的に検討したうえで、本書が挑むべき課題について詳述し
た。その中で、本書では「市場を創造する」ということはマーケティングが担
うべき本質的課題であり、実践的学問としてのマーケティング研究のアイデン
ティティを築く支柱であるということを述べた。また、近年の市場創造研究に
対する批判的な見解として、あまりにも理論的根拠のない、単に現象をなぞっ
ただけのものが多いということを取り上げた。そのうえで、本書が捉えようと
している市場創造の所在を明示するために、3つの事例を紹介し、理論的枠組
みをもつことの重要性について論じた。

　第Ⅰ部の第1章では、本書の分析対象となる「着メロ」の市場創造について
詳述した。本事例では、着メロという世界初の携帯音楽配信サービスが創造さ
れた背景をさまざまな視点から描いた。ここでは、フェイス（ファイルフォー
マット・配信システム開発企業）を焦点組織として、携帯キャリア、携帯端末メ
ーカー、半導体メーカー、カラオケ業界、コンテンツ配信業者、規制当局など、
多様な主体たちが交錯させる相互作用の中で、どのように市場が成長し、成熟

し、衰退していくのかを詳述した。

　第2章では、本書のもう1つの分析対象となる「着うた・着うたフル」の市場創造について詳述した。この章では、前章で詳述した着メロ市場との関連性を描きながら、着うた・着うたフルという携帯音楽配信サービスが創造された背景をさまざまな視点から描いた。ここでは、ソニー・ミュージックエンタテインメント（SME）を中心とした共同出資会社レーベルモバイルとキャリア・パートナーである au を焦点組織として、レコード会社、携帯キャリア業界、携帯端末メーカー、コンテンツ配信業者、規制当局など、多様な主体たちが交錯させる相互作用の中で、どのように市場が成長し、成熟し、衰退していくのかを詳述した。

　第Ⅱ部の第3〜5章では本書の理論的視座を明らかにした。第3章では、「市場を創造する」ことを捉えるための本書の視座として、メガマーケティング概念について詳述した。その中で、30年ほど前に Kotler（1986）によって提唱されたメガマーケティングの視座には、従来のマーケティング概念を3つの視点から拡張させる可能性があることを指摘し、その限界にも言及しつつ、メガマーケティング概念が市場創造研究に多くの示唆を与えてくれる潜在性を秘めていることを明らかにした。さらに、メガマーケティング概念が本書の理論的視座になることを確かめるべく、Kotler（1986）が再び注目される契機となった Humphreys（2010）の学術的貢献を整理し、今日のメガマーケティング概念の所在を明らかにした。

　第4章では、「市場を創造する」ことを捉えるメガマーケティング概念を、本書の理論的視座へと昇華させるために必要となる制度派組織論について詳述した。制度派組織論の系譜（旧制度派組織論と新制度派組織論）を深耕する中で、本書では、新制度派組織論の限界（埋め込まれたエージェンシーのパラドックス問題）を超えようとするネオ制度派組織論が、Kotler（1986）のメガマーケティング概念の理論的基盤となり、本書の理論的視座になることを確かめた。とくに、制度派組織論におけるネオ制度派組織論の位置づけについて整理しており、その特徴として、動態的な組織フィールドと制度に対して能動的な主体を想定していることを挙げた。また、ネオ制度派組織論によって拡張されるメガマーケティングの視座においては、本書で捉えるべき市場は、認知的、規範的、規制的支柱から構成されることを明らかにした。

　第5章では、本書の主眼である「市場を創造する」ことを捉えるための理論的視座として、メガマーケティング概念を据えるべく、ネオ制度派組織論において焦点となる制度的実践という戦略的適応のあり方について詳述した。ここでは、Humphreys, Chaney and Slimane（2017）による制度的実践の枠組みに準拠し、認知的支柱に対する制度的実践として「悪魔化」「理想化」「潔白証明」、規範的支柱に対する制度的実践として「連合」「分離」「代替となるディスコース」、規制的支柱に対する制度的実践として「動員」「不服従」があることを整理した。そして、本書で捉える「市場を創造する」こととは、「個人ないし集団としての新規参入者が、既存市場の制度を構成する認知的、規範的、規制的支柱を揺さぶろうとする制度的実践」であることを明らかにした。また、第5章では序章で取り上げた3つの事例について、それぞれ理論的枠組みをもった再解釈を試みた。

　第Ⅲ部の第6～9章では本書で扱うデータと実証分析について詳述し、第10章ではここまでの分析をふまえたインタビュー調査とさらなる議論を展開した。第6章では、第7～9章の実証分析で用いられるデータについて詳述した。とくに、第Ⅰ部で取り上げた着メロ、着うた・着うたフル市場を中心として、関連する周辺の産業・サービス・市場を含めた多様な情報源を概観した。ここでは、政府が発表する統計情報、企業や業界団体による発表資料だけでなく、広告データベースから得られる情報、ウェブサイトから取得した自然言語の情報など、広範な情報源を参照して、複眼的に分析対象となる2つの携帯音楽配信サービス市場の誕生から衰退までの過程を検討した。

　第7章では、本書の分析対象となる2つの携帯音楽配信サービスが、いかにして消費者たちに普及していったのかを明らかにするために、着メロおよび着うた・着うたフルに対する消費者たちの消費実践（消費者たちがどのように2つの携帯音楽配信サービスを消費していたのか）を明らかにすることを目的とし、分析を行った。具体的には、インターネット上のQ&Aサイト（ナレッジコミュニティ）に保存されている当時の消費者同士の対話履歴データを収集し、それら自然言語の大規模データをトピックモデルによって内容分析することで、当時のユーザーたちの消費実践を明らかにすることを試みた。ここでは、消費者たちの継時的な消費実践を明らかにすべく、トピック・トレンドを抽出し、それらトピック・トレンドに対して影響を及ぼす企業の市場実践を明らかにし

た。その中で、着メロ市場においては、消費者たちの消費実践に対して、企業
の市場実践が記述できないが、着うた・着うたフル市場においては、そのイン
タラクションを記述できることが明らかになった。そこで、メガマーケティン
グによる市場創造戦略の焦点を、着うた・着うたフル市場において追求するこ
ととした。

　第8章では、メガマーケティングによる市場創造戦略を明らかにするために、
レーベルモバイルを焦点組織とし、着うた・着うたフルという携帯音楽配信サ
ービスが、どのように創造されたのかということについて、同市場における主
体たちの制度的実践を深耕するために、第1、2章をレーベルモバイルの視点
から事例分析を行った。その中で、携帯音楽配信サービス市場を構成する3つ
の制度的支柱それぞれに対して「連合」「潔白証明」「不服従」という制度的実
践が施されていたことが明らかになった。さらにこの章では、それら制度的実
践が着うた・着うたフル市場の創造にどれほどの影響を及ぼしたのかを検証す
るために実証分析を行った。その分析結果は、事例分析による考察をすべて支
持するものとなった。

　第9章は、さらなるメガマーケティングによる市場創造戦略を求めて、レー
ベルモバイルのキャリア・パートナーであった au を焦点組織とし、着うた・
着うたフルという携帯音楽配信サービスが、どのように創造されたのかという
ことについて、同様に au の視点から事例分析と実証分析を行った。第8章と
は異なり、携帯キャリア業界において圧倒的なリーダー企業である NTT ドコ
モに対して経営資源が相対的に少ない au が、なぜ着うた・着うたフルによる
携帯音楽配信サービス市場を牽引することができたのか、その理由を求めて、
規範的支柱に対する制度的実践である「連合」に再び注目することとなった。
ここでは、正当性の源泉というリサーチクエスチョンから au が施した制度的
実践として、コンテンツプロバイダーの広告出稿量が、au に認知的正当性を
与える（もしくは強化する）という、メガマーケティング・コミュニケーショ
ン効果があったことを実証分析によって明らかにした。

　第10章では、本書の分析対象となった着うた・着うたフル市場が、どのよ
うに衰退していったのかを明らかにするために、当時の業界の中心的人物への
インタビュー結果を整理し、本書のこれまでの研究成果を対応させながら、市
場が終焉するメカニズムを深耕しようと試みた。市場の衰退をどのように理解

すべきかということを示せたことは、市場創造研究に対する本書の貢献となった。

　そして、最終章となる本章では、次節以降において、本書が唱道してきた「メガマーケティング」という概念が「市場創造研究」に与える学術的貢献を明示することで、「メガマーケティングによる市場創造戦略」に対する本書のインプリケーションをまとめたい。

2 本書の貢献：メガマーケティング概念の唱道

　本書の貢献は、着メロ市場と着うた・着うたフル市場の係争（市場の断絶と創造）に注目して、日本で初めて、市場創造研究にメガマーケティングの視座を提供したことである。また、これだけ包括的に今日のメガマーケティング戦略のあり方を整理し、「市場を創造する」ことについて言及したものはなく、学術論文ではなく著書という出版形態であるがゆえに達成された貢献でもある。以下では、本書が唱道してきた「メガマーケティング」という概念が「市場創造研究」に与える3つの学術的貢献、および本書の提供する新たな貢献をまとめていきたい。

2.1　メガマーケティングによる新たな研究視点の提供

　メガマーケティングという視座がもたらした第1の学術的貢献は、市場創造研究に対して、まさにこの「メガマーケティング」という新たな市場創造戦略の視点を提供したことである。およそ30年前にKotler（1986）によって創始されたメガマーケティング概念であるが、同概念はHumphreys（2010）を契機として、ネオ制度派組織論という理論的基盤に依拠することで、市場創造研究の理論的視座へと昇華してきた。ネオ制度派組織論によって拡張されたメガマーケティングの視座は、①市場を3つの制度的支柱から構成される制度として捉え、②組織フィールドという分析水準をもってして、③その制度的支柱を揺さぶる行為（制度的実践）に注目することで「市場を創造する」ことへの示唆を獲得しようとするものである。そして市場創造研究において、「**市場を創造する**」こととは、「**個人ないし集団としての新規参入者が、既存市場の制度を**

構成するこれら認知的、規範的、規制的支柱を揺さぶろうとする制度的実践」で
あることだと位置づけた点は、本書の特筆すべき1つの貢献である。

　メガマーケティングの視座を構成する第1の要素は、「制度的支柱」である。
制度という市場を構成する3つの支柱とは、認知的、規範的、規制的支柱のこ
とであった。従来のマーケティングにおける市場とは、製品やサービスなどの
市場提供物から構成される場合や、消費者の選択行動から捉えられることがほ
とんどであった。しかし、メガマーケティングという視座は、「市場＝制度」
として捉える新たな市場観を提供してくれている。さらに、それは3つの制度
的支柱から構成されることから、「市場を創造する」ということは、既存の
「市場＝制度」を支えている1つないし複数の支柱を揺さぶる行為であるとい
う直観的な理解を促してくれる。

　メガマーケティングの視座を構成する第2の要素は、「組織フィールド」で
ある。組織フィールドとは、組織と社会の間を捉えるメゾレベルのことであり、
社会的に構成された期待や行為が広く普及し、再生産される過程を捉えるため
の概念のことであった（Scott 1994；1995）。本分析対象となった携帯音楽配信
サービス市場の創造においては、第8章の図8.1に示したものが分析水準とな
った組織フィールドである。分析対象は携帯音楽配信サービス市場としながら
も、従来のマーケティングでは、図8.1のような市場観をもつことは難しい。
とくに、着メロと着うた・着うたフルという代替的なサービスによって構成さ
れる市場の係争（市場の断絶と創造）に注目したことは、本書の特筆すべき1
つの貢献である。この点については、後で議論するメガマーケティングがもた
らした第2の学術的貢献において詳述したい。

　メガマーケティングの視座を構成する第3の要素は、「制度的実践」である。
制度的実践とは、市場という制度に対する個人ないし集団としての主体が制度
を創造、維持、破壊しようとする目的志向的な行為（戦略的適応）のことであ
った（Lawrence and Suddaby 2006）。分析対象となった携帯音楽配信サービス市
場の創造においては、制度的実践を整理した第5章の表5.1に準拠し、第8、
9章で「潔白証明」「連合」「不服従」という制度的実践があることを明らかに
した。また「連合」については、異なる主体で異なる「連合」が1つの組織フ
ィールドで展開されていることを明らかにしたことは、本書の特筆すべき1つ
の貢献でもある。加えて、第9章で明らかになったメガマーケティング・コミ

ュニケーション効果は、市場創造を牽引することで生まれる「正当性の源泉」がもたらす、当該主体に対する認知的正当性の付与（もしくは強化）であることを明らかにした。このこともまた、本書の特筆すべき1つの貢献である。これについては、後ほど第3の学術的貢献において詳述したい。

2.2　メガマーケティングによる新たな分析水準の提供

　メガマーケティングという視座がもたらした第2の学術的貢献は、市場創造研究に「動態的な組織フィールド」という分析水準を提供したことである。先述のように、組織フィールドとは、第8章の図8.1で示したような市場観である。ただし、このことは新制度派組織論においても提示されていた観点であり、それを動態的な組織フィールドとして捉えたことに、ネオ制度派組織論を理論的基盤とするメガマーケティング概念の貢献がある。動態的な組織フィールドとして市場を捉えるということは、着メロと着うた・着うたフルという代替的なサービスによって構成される市場の係争に注目した本書において、以下2つの新たな市場観を与えてくれた。

　1つは、「市場を創造する」ということは、「既存市場を断絶する」ことと表裏一体だという市場観である。つまり、「市場を創造する」ということは、新しい市場を創造していくだけでなく、既存市場を断絶するということとセットなのである。市場創造と聞くと、非連続的な事象として捉えられがちだが、むしろ連続的な事象の中で起こるものとして捉えるべきである。本書の分析対象である2つの携帯音楽配信サービス市場もそうである。それゆえ、本書では、「市場の断絶と創造」というフレーズを多岐にわたって使用してきた。

　着メロ市場は、市場に飽和感が漂っていたカラオケ業界が次世代の成長事業を模索していたことと、急速な携帯端末の普及により、消費者たちは自身の携帯端末の着信音を他人のものとは識別したかったというニーズがあったところに、iモードという世界初の携帯電話向けIP接続サービスと株式会社フェイスを中心に開発されたCompact MIDIによる着信メロディ配信事業が、着メロ市場を1000億円以上の市場に成長させた。

　着うた・着うたフル市場は、レコード会社にとって主要な収益源であった音楽パッケージ市場が縮小傾向にあったことと、音楽ソフトの収益減を補完するための新たな事業として、SMEがPC向けの有料音楽配信サービスを目指し

た bitmusic を始めたが、当該事業が順調ではなかったということが背景にあり、既存市場である着メロとの間にあった軋轢（ヒット曲を生み出すために先行投資をしているレコード会社には、その曲が着メロとして配信されても一切収益が入らなかったことへの不満）が契機となり、また J-PHONE の写メールに対抗するキラーコンテンツを模索していた au との思惑が一致したことから、こちらも 1000 億円以上の市場が創造された。

　もう1つの市場観は、従来のマーケティングにおいては、企業と消費者のダイアドな関係ばかりに注目していたが、動態的な組織フィールドという分析水準を用いることで、多主体の複雑な相互作用を把握することができるということである。つまり、「市場を創造する」ということは、市場（組織フィールド）を構成する多主体の交錯する複雑な相互作用の中で、新たな制度的実践を施す機会をつかむことなのである。市場創造と聞くと、どうしても1人の強力な個人ないし集団が創造的に市場を拓いていったように捉えられがちだが、現代においてそのような事象は少ないであろう。むしろ、多様な主体たちとどのように相互作用を交錯させ、制度的実践を施す機会をつかむかが「市場を創造する」ということにおいては重要なのである。その最たる例が、今日のプラットフォーム・ビジネスではないだろうか。

■ 本書の学術的貢献：動態的な組織フィールドへの深耕

　これらのことをふまえると、本書ではこれまでのメガマーケティングの視座による市場創造研究において、組織フィールドという分析水準のより本質的な部分にまで深耕することができたといえる。たとえば、第3章で紹介した Humphreys（2010）はカジノ市場に注目しているが、分析対象はあくまでカジノ産業という一水準であり、焦点組織も多角的というよりは、カジノ産業全体を俯瞰することができるよう中立的な分析視角を保っている。一方で、本書では第6章の図 6.14 に示したように、着メロと着うた・着うたフルを分析対象としつつも、それらを取り巻く多様な主体の水平的、垂直的な相互作用（動態的な組織フィールド）の様相を明らかにしようと、多水準かつ多角的な分析視角となっている。

　着メロと着うた・着うたフルを取り巻く市場としては、携帯キャリア業界が中心となるプラットフォーム市場があり、レコード会社や配信事業者が中心と

なるコンテンツ市場があり、そして着メロと着うた・着うたフルのユーザーが中心となる消費者市場がある。本書では、これら３つの水平的市場で展開される異なる相互作用が交錯している様相を捉えることに加えて、それらが市場の境界線を越えて垂直的に交錯することで、着メロと着うた・着うたフルという携帯音楽配信サービスが誕生したことを、コンテンツ市場とプラットフォーム市場の中心的主体をそれぞれ焦点組織として明らかにしている。組織と社会の間を捉えるメゾレベルという分析水準を活かし、かつ多様な主体たちの交錯する継時的な相互作用（動態性）も明らかにしたことで、組織フィールドという分析水準のより本質的な部分にまで深耕することができたといえよう。

　さらに、その深耕のために多様な情報源を収集し、動態的な組織フィールドを定量的に把握したことも、本書の特筆すべき貢献の１つである。従来のメガマーケティングによる市場創造研究では、定量的な分析であっても新聞記事やインタビューデータを中心とした限定的なテキスト情報に基づく組織フィールドの把握に留まっていた。しかし、多様な情報源が入手可能となった今日において、本書では、２つの携帯音楽配信サービスをめぐる多様な主体たちの交錯する複雑な相互作用（動態的な組織フィールド）を把握するために、以下のようなデータの収集と活用を試みた。

　まずは、組織フィールドのダイナミズムを理解すべく、専門媒体（「ITmedia」や「ケータイ Watch」等）や新聞記事（『日本経済新聞』や『日経 MJ』等）から膨大なニュースを収集した。加えて第Ｉ部と第 10 章は、２つの携帯音楽配信サービスの市場創造の立役者となったフェイスとレコチョク、そして KDDI の方々にインタビュー調査の機会を得て執筆されている。

　第７章のトピックモデルによる内容分析に使用されたデータは、オウケイウェブが提供する OKWAVE（http://www.okwave.co.jp）から取得した「着メロ、着うた・着うたフルに関する質問および回答」のデータである。これらは自然言語データであるため、分析できるように前処理（形態素解析）が必要となる。加えて、適切な形態素解析を実行するために参照する辞書の選定も必要となってくる。また、要因分析の説明変数に用いられた、「着うた・着うたフル機能搭載の発売端末数」については、携帯端末の技術的情報が集約されている KEITAI ALL（http://keitaiall.jp/）から収集している。もう１つの説明変数である「着メロおよび着うた・着うたフルに関する広告出稿量」については、

CM 総合研究所が収集している CM データベースから取得している。

　第 8 章の目的変数となった「着うた・着うたフルの市場規模」の推移に関する年次データは、日本レコード協会（RIAJ）が毎年発刊している『日本のレコード産業』とモバイル・コンテンツ・フォーラム（MCF）がリリースしている資料から収集している。一方で、説明変数については 3 つある。そのうちの 1 つである、分析期間中における「全入手可能端末数における着うた・着うたフル機能端末数の占有率」の推移については、KEITAI ALL から収集している。残り 2 つのうちの 1 つの説明変数である、「着メロと着うたが併記された消費者同士の対話履歴データ」については、OKWAVE から取得している。そして、「着うた・着うたフルによる携帯音楽配信サービスに対する公正取引委員会からの是正勧告」については、TKC 法律情報データベース（LEX/DB）から収集している。コントロール変数となった「携帯端末世帯保有率」については、総務省が発行する『情報通信白書』から算出している。

　第 9 章の目的変数となった「携帯キャリア各社の市場シェア」については、電気通信事業者協会（TCA）が集計している月次ベース（2014 年以降は四半期ベース）の携帯端末の契約件数に関するデータベースから算出している。また、説明変数である分析期間中における「入手可能端末数」および「着うた・着うたフル対応端末数」については、第 7 章と同様に KEITAI ALL から収集している。第 8 章で鍵となった説明変数である「着うた・着うたフルに関する携帯キャリア各社、携帯端末メーカー、着うた・着うたフルのコンテンツ配信業者、その他関連企業の広告出稿量」については、CM 総合研究所が収集する「CM データベース」から抽出している。「携帯端末通信料」については、総務省から報告されている「消費者物価指数（CPI）」から抽出している。最後に、番号ポータビリティ（MNP）制度については、新聞記事から事実を確認し、ダミー変数を作成している。

　以上は、本書で使用されたデータであるが、ここに至るまでにもあらゆる代替可能なデータベースを探索している。動態的な組織フィールドを分析水準とするメガマーケティングによる市場創造研究には、これだけの幅広い情報源を集約する必要があるのである。このことは、本書の貢献であると同時に、メガマーケティングという視座を市場創造研究の支柱として遂行していくにあたって直面する最大のハードルとなるかもしれない。しかし、どのような分析方略

であってもデータを収集し、活用することは必要不可欠な作業であろう。

2.3　メガマーケティングによる新たな分析焦点の提供

　メガマーケティングという視座がもたらした第3の学術的貢献は、常に消費者ニーズに対応することが「市場創造の原動力」とはならないという示唆を、市場創造研究に提供したことである。本分析対象となった2つの携帯音楽配信サービス市場も、消費者ニーズが市場創造に影響を及ぼした事実は、ほとんど確認することができなかった。

　そこで本書では、事例分析から明らかになった市場の原動力として、当該主体が「市場＝制度」に施す制度的実践（正当性を獲得するための能動的な行為）が市場創造に及ぼす影響を実証分析で検証した。ともに着うた・着うたフル市場におけるものであるが、第8章では、SMEを中心とするレーベルモバイルを焦点組織とし、「市場＝制度」を構成する3つの制度的支柱それぞれに対して、「連合」「潔白証明」「不服従」という制度的実践が奏功したことが、レーベルモバイルにとっての市場創造の原動力となったことを明らかにした。

　第9章では、携帯キャリア業界のリーダー企業であるNTTドコモに対して、相対的に経営資源が少ないauを焦点組織とし、市場創造の原動力として市場創造を牽引することによって正当性の源泉を獲得することができ、経営資源の相対的劣勢をものともせず、「市場を創造する」ことができることを明らかにした。

　事例分析で明らかになったauが競合キャリアに先駆けて展開した着うた・着うたフルへの経営資源の投入（着うた配信サービスの開始、パケット通信料の定額制サービスの開始、高速通信規格への設備投資、着うたフル配信サービスの開始、有料音楽配信サービスシステムのリリース等）は、着うた・着うたフル市場に正当性を与え、市場の維持・拡大に貢献したことは間違いないであろう。しかし、リーダー企業に対して相対的に経営資源が少ないauの努力だけでは、日本の音楽産業の25％以上を担うことになった1000億円超の巨大な市場を創造したとは考えにくい。

　そこで、第9章では、社会的影響力のある外部資源を獲得したことによってauは着うた・着うたフルに正当性を与えることができたという仮説をもとに、実証分析から明らかになったことが、「メガマーケティング・コミュニケーシ

ョン効果」であった。本書で明らかになったメガマーケティング・コミュニケーション効果とは、コンテンツプロバイダー（着うた・着うたフル配信業者）の広告出稿量は、携帯キャリア各社のうち au にのみ正当性を与える結果になっていたということであった。まさに、着うた・着うたフル市場の創造を牽引することで正当性の源泉を獲得したことが、メディアという業界内のリーダー企業よりも圧倒的な社会的影響力がある存在を外部資源として、自らの経営資源の相対的劣勢を補う市場創造の原動力としたのである。

■ 本書の学術的貢献：正当性を獲得することへの深耕

　これらのことをふまえると、本書ではこれまでのメガマーケティングの視座による市場創造研究において、消費者ニーズばかりが市場創造の原動力とはならないという状況下において、何が原動力となるのかを深耕することができたといえる。これまでのメガマーケティングの視座に立てば、その答えとして、どのような制度的実践が市場の需要に寄与したのかを深耕してきたといえる。第 8 章も、先行研究とは分析方略こそ異なるものの、その視座（制度的実践が市場の需要に寄与する）は同様で、市場創造の原動力としての制度的実践を明らかにしてきた。しかしその一方で、第 9 章はその様相が異なる。

　第 8 章ではレーベルモバイルを着うた・着うたフル市場を創造した焦点組織とした一方で、第 9 章では au を焦点組織として考えた。ともに着うた・着うたフル市場の創造を担った中心的主体であり、これら焦点組織が「連合」という制度的実践によって同市場を牽引したことは、事例分析からも明らかであった。しかし、ここで問題となったことは、相対的に経営資源が乏しいレーベルモバイルが au との「連合」により得られた社会的影響力をもってして、正当性を獲得していったことは理解できるが、その反対は成立しないということであった。つまり、au が着うた・着うたフル市場の創造を牽引していくことができた要因として、レーベルモバイルとの「連合」が主要因として奏功したとは考えにくいということである。

　そこで本書が注目した概念が、「正当性の源泉」であった。その詳細は第 9 章を読み返していただければと思うが、au にとっての市場の原動力とは、認知的正当性を付与（もしくは強化）してくれるコンテンツプロバイダーたちの広告出稿量だったのである。本書では、この制度的実践を「メガマーケティン

グ・コミュニケーション効果」と呼んでいる。もちろん、その背景には、au
が競合キャリアに先駆けて展開した着うた・着うたフルへの経営資源の投入
（着うた配信サービスの開始、パケット通信料の定額制サービスの開始、高速通信規
格への設備投資、着うたフル配信サービスの開始、有料音楽配信サービスシステム
のリリース等）によって正当性の源泉を獲得したことがあったことを忘れては
ならない。

　Humphreys（2010）でも、認知的正当性は、市場創造の初期の段階で与えら
れる制度的正当性であることが言及されているが、本書では、その認知的正当
性がどのように付与（もしくは強化）されるのかを明らかにした点において、
市場の原動力としての正当性の獲得について、より深耕した議論を提供してい
る。

　さらに、その深耕には多様かつ大規模な情報源を扱うための分析手法そのも
のを積極的に採用したことも、本書の特筆すべき貢献である。従来のメガマー
ケティングによる市場創造研究では、多様な情報源を収集したとしても、それ
らを１つのモデルで有機的に分析されることは、筆者らが確認した限り皆無で
ある。しかし、多様かつパワフルな分析手法が利用可能となった今日において、
本書では、第９章において、新たに導出されたリサーチクエスチョン（正当性
の源泉）を検証するために、モデル構築には産業組織論の知見を活かした定量
モデルを採用した。このモデルの特徴は、目的変数と説明変数の間にある内生
性の問題をコントロールし、適切な推定結果を得られるところにある。メガマ
ーケティングによる市場創造研究の分析水準となる組織フィールドは、多様な
主体たちが交錯する相互作用を観察することが不可避であることからも、内生
性の問題をコントロールするモデルは、今後も必要不可欠なことは間違いない。
たとえば、消費者の意思決定だけでなく、競合企業間、異なる市場でビジネス
を展開する企業間の相互作用も広く検討する必要があり、産業組織論の研究成
果は、メガマーケティングによる市場創造研究の発展に有益である（Clements
and Ohashi 2005；Corts and Lederman 2009；山口 2016）。

　以上は、第９章で試みた分析手法の概説であるが、本書では第７、８章でも
今後のメガマーケティングによる市場創造研究に有益な分析手法を提案してい
る。第７章では、形態素解析された大量の自然言語データを分析するための手
法として、LDA（Latent Dirichlet Allocation）によるトピックモデル分析を採用

している。LDA は Blei, Ng and Jordan（2003）によって提案されたモデルであ
り、Griffiths and Steyvers（2004）によって Collapsed Gibbs sampling という高
速なパラメータ推定方法が提案されたことで大規模な自然言語データが入手可
能となった、今日では広く普及しているモデルである。

　第8章では、事例分析による深い考察ができたため、他の実証分析と比較し
て相対的に大規模データを使用する必要がなく、むしろ簡潔な分析方略によっ
て事例分析の考察を検証している。ただし、得られた知見として、事例分析で
考察された説明変数は、同じ理論的枠組みから導出された変数であるため相関
が高いことが多く、本書でもそのような状況であったため、多重共線性を回避
するためにいくつかのモデルを用意する必要があった。

　定性分析が主流となっている本研究分野であるが、定量分析による経験的な
検証を重ねることで、本研究分野のさらなる発展が見込まれる。定量分析への
偏った信奉は危険であるが、多様かつ大規模な情報源が入手可能となり、パワ
フルな分析手法が次々と開発されている今日だからこそ、メガマーケティング
による市場創造研究の発展に寄与しそうな分析手法は、積極的に試みていくべ
きであろう。

2.4　本書が提示した新たな考察力

　この点に関しては、本書が提供した新たな貢献といえよう。前項では、定量
分析による経験的な実証研究の可能性について言及したが、どんなにパワフル
なモデルで分析を行ったとしても、その分析結果を深耕できる考察力がなけれ
ば何も意味をなさない。ここで言及している「考察力」とは、単に分析結果を
解釈できる能力だけでなく、そこから新たな仮説を構築することができる能力
のことである。

　第7章のトピックモデルによる内容分析については、本書において最も考察
力を必要とする箇所だったかもしれない。トピックモデルは大量の自然言語デ
ータを扱うことができる有力な分析手法であるが、抽出されたトピックを解釈
することには慎重を期す必要があった。一見、抽出されたトピックに所属する
確率が高い語彙を並べてみると、それなりの解釈をすることができた。

　しかし、ここでポイントとなったのが、トピックに所属する確率が高い原文
への立ち返りである。時間と労力を要する作業であるが、原文に立ち返ること

で、トピックへの所属確率が高い語彙の背景を解読することができ、抽出され
たトピックの本質を理解することができる。さらに本書では、それらトピック
の継時的なトレンド（各年のトピック出現確率）についても考察したが、このト
レンドについても事例分析の内容と照らし合わせることで、より深い考察を得
ることができた。つまり、ここから得られた知見としては、トピックモデル分
析については、単に分析結果を眺めていただけでは、深い洞察を得ることはで
きないということである。

　第8章の実証分析においては、事例分析による深い洞察を得ることができた
ため、むしろ事例分析から抽出された洞察（新たな仮説）を検証するための変
数選択に考察力を必要とした。具体的には、入手可能なデータから、事例分析
で考察された3つの制度的実践とその成果指標を抽出する際に、どのデータを
代理変数として採用するのかを検討する局面であった。制度的実践に関して直
接測定されたデータなど、この世には存在しない。であれば、無味乾燥に見え
るデータ群をメガマーケティングの視座を通して、どのように再解釈するかが
ポイントとなった。ここから得られた知見は、取得したデータの背後にある状
況を考慮することで、そのデータがもつ本質的な情報を抽出することができる
ということである。

　第9章の実証分析についても、第8章までの事例分析と実証分析によって十
分な考察ができていたため、むしろそれら分析結果から明らかになった洞察
（新たな仮説）を再構築する考察力を必要とした。具体的には、第7章までで明
らかになった分析結果は、ある特定の分析視点から考察されたものであり、他
の主体を焦点組織とした場合、異なる分析視点と仮説が生まれることを発見す
ることができた。その研究成果が、メガマーケティング・コミュニケーション
効果という新たな発見を生むこととなった。このことは、同様の考察力をさら
に研ぎ澄ませていけば、さらなる深耕を可能にすることができる。

3　おわりに

　「市場を創造する」ということは、1人のマーケターの鋭い洞察力だけから
生まれるものではない。その洞察力を実現する原動力がなければ絵に描いた餅

のままである。それを1つの組織が与えることもできるが、今日のビジネス環境下では、それが日に日に難しくなってきていることは、誰もが感じているところかと思う。そんな現代だからこそ、メガマーケティングという視座のもと、自らが埋め込まれている組織フィールドにおいて、どのような制度的実践を施すことができるのか、本書では、その手がかりとなる学術的視座と思考を提供してきた。

スタートアップ企業の台頭や、プラットフォーマーによるビジネスエコシステムの構築が世界を席巻するようになり、以前とは比較にならないほど多様な主体たちが複雑にビジネスを動かすようになった。そんな今日だからこそ、メガマーケティングという視座が約30年の時を経て、ネオ制度派組織論という新たな理論的基盤に支えられて、今日再び注目を浴びるようになってきているのではないだろうか。時代の変化とともに、「何が市場を創造する起爆剤となるか」ではなく、「誰と協働することで新たな市場を創り出すべきか」が、より重要な課題となってきているようにも思える。

本書で明らかにしてきたメガマーケティングの視座は、まだまだ発展途上であり、今後もさまざまな組織フィールドで研究を進めることによって、動態的な組織フィールド以外の分析水準や、新たな制度的実践が発見されることは間違いないであろう。市場創造のメカニズムを明らかにすることは、実践的学問としてのマーケティング研究を築く支柱である。市場創造を理解することは、マーケティングの中核を理解することと同意であると考えている。そんな野心をもって、今後も市場創造研究に邁進していきたい。

付録　携帯電話・携帯音楽配信サービス市場の変遷

年月	内容
1953年3月	国際電信電話株式会社（KDD）設立。
1985年4月	第二電電株式会社（DDI）発足。
1987年3月	日本移動通信株式会社（IDO）設立。
1991年7月	株式会社東京デジタルホン設立（以降、デジタルホン2社、デジタルツーカー6社が順次設立）。
1991年8月	エヌ・ティ・ティ・移動通信企画株式会社（現・NTTドコモ）設立。ブランド名は「NTT DoCoMo」。
1994年7月	株式会社DDIポケット企画（現・ソフトバンク）設立。
1996年4月	NTTドコモ、「デジタル・ムーバN103 HYPER」（NEC製）を発売。世界初の着信メロディ機能を搭載。
1996年9月	日本移動通信株式会社（IDO、現・au）、「デジタルミニモD319」（デンソー製）を発売。メロディ着信音作曲機能を搭載。
1996年11月	社団法人音楽電子事業協会（AMEI）、「携帯電話着信音のMIDIデータ化とその配信及び課金」構想を発表。
1997年6月	株式会社アステル東京、「着信メロディ呼び出しサービス」を開始。演奏データをサーバーから携帯端末へダウンロードするサービスを確立。
1998年7月	株式会社双葉社、『ケータイ着メロドレミBOOK』を発売。
1998年10月	アステル東京、「着メロ」を商標登録。着信メロディ配信サービスの本格的な成長期を迎える。
1998年11月	デジタルホングループ（現・ソフトバンク）、携帯電話事業で着メロ配信サービス「スカイメロディ」を開始。
1998年11月	日本テレコム株式会社が株式会社アイエムティ二千企画（IMT-2000企画）を設立。
1999年	音楽ソフト（CD等）の市場規模が、はじめて前年割れし、市場が縮小。
1999年2月	NTTドコモ、世界初の携帯電話IP接続サービス「iモード」を開始。
1999年4月	DDIセルラー・IDO（現・au）、携帯電話IP接続サービス「EZweb」を開始。
1999年10月	デジタルホン、デジタルツーカー各社がJ-フォン株式会社に社名変更。
1999年12月	J-PHONE（現・ソフトバンク）、携帯電話IP接続サービス「J-スカイ」（現・Yahoo!ケータイ）を開始。
1999年12月	株式会社フェイスが中心となって、NTTドコモのiモードの公式サイトとして着メロ配信サービス「ポケメロJOYSOUND」が登場。Compact MIDIによる技術革新が着メロを広く普及させる契機となり、その後iモード、EZweb、J-スカイそれぞれでコンテンツプロバイダーの新規参入が相次ぐ。
1999年12月	ソニー・ミュージックエンタテインメント（SME）傘下の株式会社ソニー・ミュージックダイレクトが、大手レコード会社として日本初の有料音楽配信サービス「bitmusic」を開始（2007年7月終了）。
2000年3月	ヤマハ株式会社、「ヤマハメロっちゃ！」を開始。同サービスは3000曲の楽曲を有し、3和音と4和音の着メロを配信（4和音はiモード初）。後に4和音に対応したNTTドコモの機種N502i（NEC製）が爆発的ヒット。
2000年4月	株式会社エヌ・ティ・ティ・ドコモへ商号変更。
2000年4月	IMT-2000企画がJ-フォン株式会社に社名変更。
2000年5月	J-フォンが、J-フォングループの持株会社に移行。

2000年7月	au、cdmaOne端末「C309H」(日立製作所製)を発売。世界初、16和音再生に対応。NECの着メロ配信サービス「Nメロディタウン」が16和音の人気楽曲70曲を配信。
2000年7月	DDIセルラーグループと日本移動通信株式会社(IDO)がブランド名を「au」に統一。
2000年8月	JASRACがインターネットを通じた楽曲の商用・非商用配信サービスの使用料規定について文化庁に認可を申請し、着メロでの楽曲使用料金を1曲当たり5円と定めた(通称、MIDI狩り)。
2000年9月	J-PHONEが「J-D03」(三菱電機製)、「J-PE03」(パイオニア製)と、16和音対応機種を発売。
2000年10月	NTTドコモが「デジタル・ムーバ503i HYPER シリーズ」を発売。
2000年10月	DDIセルラーグループ、国際電信電話株式会社(KDD)、IDOが合併、株式会社ディーディーアイが発足。
2000年11月	J-PHONE(現・ソフトバンク)、写メール対応初号機である内蔵型カメラ付き携帯電話「J-SH04」(シャープ製)を発売。「写メール」サービスを開始。
2000年11月	DDIセルラーグループ7社が合併、株式会社エーユー発足。
2001年4月	ディーディーアイ、KDDI株式会社に社名変更。
2001年6月	株式会社ツーカー、「funstyle TK11」(京セラ製)を発売。世界初、64和音再生対応。株式会社ドワンゴ、iモードで16和音の着メロ配信サービス「いろメロミックス」を開始。
2001年7月	SMEが、エイベックス・ネットワーク株式会社(現・エイベックス・マーケティング)、ビクターエンタテインメントとの共同出資により、携帯電話向けコンテンツサービス会社「レーベルモバイル株式会社」を設立。後に、東芝EMIとユニバーサルミュージックが共同出資。
2001年10月	アップル、日本で携帯型デジタル音楽プレイヤーiPodを発表、およびiTunesを通じた有料音楽配信サービスを開始。
2001年10月	KDDI、株式会社エーユーを合併。
2001年10月	J-フォングループが、英国Vodafone Group Plc傘下に。
2002年3月	この月のみ写メールの大ヒットによりJ-PHONE(1223万2200件)とau(1221万4200件)の契約数が逆転。
2002年4月	株式会社ハドソン、iモード向けサービス「着メロ取り放題¥100」を開始。ダウンロード曲数無制限でコンテンツ料金定額制。
2002年12月	レーベルモバイルが、KDDIの携帯電話事業auで着うた配信サービス「レコード会社直営♪サウンド」(レコチョク)を開始。au、着うた対応端末「A5302CA」(カシオ計算機製)を発売。
2003年10月	J-フォンが(旧)ボーダフォン株式会社に社名変更。
2003年11月	au、第3.5世代通信サービス「CDMA 1X WIN」、パケット定額制サービスを開始。
2003年12月	ボーダフォン(現・ソフトバンク)、着うた配信サービスを開始。
2003年12月	日本テレコムホールディングスがボーダフォンホールディングス株式会社に社名変更。
2004年	着メロ配信サービスの市場規模が最高額の1167億円を記録。着うたの市場規模も201億円に。
2004年2月	NTTドコモ、着うた配信サービスを開始。
2004年6月	NTTドコモ、パケット定額制サービスを開始。
2004年10月	ボーダフォンホールディングスと(旧)ボーダフォンが合併し、ボーダフォン株式会社に社名変更。
2004年11月	ボーダフォン(現・ソフトバンク)、パケット定額制サービスを開始。

2004年12月	ボーダフォン（現・ソフトバンク）、ロングバージョン（1分強程度、楽曲まるごとではない）の着うた配信サービスを試みる。
2005年8月	ボーダーフォン（現・ソフトバンク）、3G携帯端末向けに着うたフルの配信を開始（一部機種を除く）。
2005年10月	KDDI、ツーカーセルラー東京、ツーカーセルラー東海、およびツーカーホン関西を合併。
2006年1月	au、有料音楽配信サービスシステム「LISMO（Listen Mobile Service）」を提供開始。
2006年4月	ボーダフォンがソフトバンクグループ傘下に。
2006年6月	NTTドコモ、着うたフルの配信をサービス開始（「902iS」シリーズから）。
2006年10月	ソフトバンクモバイル株式会社に社名（商号）を変更、ブランド名も「ソフトバンク」に。
2007年	着うた・着うたフル配信サービスの市場規模が、初めて1000億円を突破。
2007年5月	NTTドコモ、有料音楽配信サービスシステム「うた・ホーダイ」を提供開始。
2007年11月	ソフトバンク、有料音楽配信サービスシステム「S!ミュージックコネクト」を提供開始。
2008年7月	アップル、日本で「iPhone 3G」を発売。
2008年7月	レーベルモバイル、公正取引委員会から独占禁止法上の「共同の取引拒絶」に当たるとする審決を受ける。
2008年12月	au、「着うたフルプラス」の配信サービス開始。
2009年	着うた・着うたフル配信サービスの市場規模が、最高額1201億円を記録。
2010年1月	au、NTTドコモ、ソフトバンクモバイルそれぞれで「着うたミニ」の配信サービスを開始。
2011年2月	レーベルモバイル、審決案の取り消しを求める上告が、最高裁判所によって退けられる。
2012年	スマートフォンの普及率が30％を超える。着うた・着うたフルの市場規模が、全盛期の約半分（554億円）に落ち込む。
2013年10月	株式会社NTTドコモへ商号変更。
2015年	スマートフォン普及率が50％を超え、ガラケーの普及率を逆転。着うたフル（シングルトラック）の市場規模は全盛期の3％（約16億円）にまで減少。
2015年7月	ソフトバンクモバイル、ソフトバンク株式会社に社名（商号）を変更。
2016年12月	着うた、着うたフルの従来型携帯電話向けサービスが終了。

参考文献一覧

■ 外国語文献

Akiike, A. and Katsumata, S. (2018) "What Was the Galapagos Ke-tai? The Case of Japanese Mobile Phones," *Annals of Business Administrative Science*, 17(5): 227-240.

Aldorich, H. E. and Fiol, C. M. (1994) "Fools Rush in? The Institutional Context of Industry Creation," *Academy of Management Review*, 19(4): 645-670.

Arnold, S. J., Kozinets, R. V. and Handelman, J. M. (2001) "Hometown Ideology and Retailer Legitimation: The Institutional Semiotics of Wal-Mart Flyers," *Journal of Retailing*, 77: 243-271.

Benford, R. D. and Snow, D. A. (2000) "Framing Processes and Social Movements: An Overview and Assessment," *Annual Review of Sociology*, 26(1): 611-640.

Berry, S. (1994) "Estimating Discrete-choice Models of Product Differentiation," *RAND Journal of Economics*, 25(2): 242-262.

Berry, S., Levinsohn, J. and Pakes, A. (1995) "Automobile Prices in Market Equilibrium," *Econometrica*, 63(4): 841-890.

Blei, D. M. and Lafferty, J. D. (2006) "Dynamic Topic Models," *Proceedings of the 23rd International Conference on Machine Learning*, ACM: 113-120.

Blei, D. M., Ng, A. Y. and Jordan, M. I. (2003) "Latent Dirichlet Allocation," *Journal of Machine Learning Research*, 3 (4-5): 993-1022.

Buzzell, R. D. (1999) "Market Functions and Market Evolution," *Journal of Marketing*, 63 (Special Issue): 61-63.

Chaney, D. and Slimane, K. B. (2014) "A Neo-institutional Analytic Grid for Extending Marketing to institutional Dimensions," *Recherche et Applications en Marketing*, 29(2): 95-111.

Chaney, D., Slimane, K. B. and Humphreys, A. (2016) "Megamarketing Expanded by Neo-institutional Theory," *Journal of Strategic Marketing*, 24(6): 470-483.

Christensen, C. M. (1997) *The Innovator's Dilemma: When New Technologies Cause Great Firms to Fail*, Harvard Business Review Press.

Clements, M. T. and Ohashi, H. (2005) "Indirect Network Effects and the Product Cycle: Video Games in the U.S., 1994-2002," *Journal of Industrial Economics*, 53(4): 515-542.

Cooper, L. G. and Nakanishi, M. (1988) *Market Share Analysis: Evaluating Competitive Marketing Effectiveness*, Kluwer Academic Publishers.

Corts, K. S. and Lederman, M. (2009) "Software Exclusivity and the Scope of Indirect Network Effects in the U. S. Home Video Game Market," *International Journal of Industrial Organization*, 27 (2): 121-136.

Deephouse, D. L. (1996) "Does Isomorphism Legitimate?" *Academy of Management Journal*, 39 (4): 1024-1039.

Deephouse, D. L. and Suchman, M. (2008) "Legitimacy in Organizational Institutionalism," in Greenwood, R., Oliver, C., Suddaby, R. and Sahlin, K. (eds.), *The Sage Handbook of Organizational Institutionalism*, Sage Publications: 49-77.

Delacour, H. and Leca, B. (2011) "The Decline and Fall of the Paris Salon: A Study of the Deinstitutionalization Process of a Field Configuring Event in the Cultural Activities," *M@n@gement*, 14(1): 47-78.

DiMaggio, P. J. (1979) "Review Essay: On Pierre Bourdieu," *American Journal of Sociology*, 84 (6): 1460-1474.

DiMaggio, P. J. (1988) "Interest and Agency in Institutional Theory," in Zucker, L. G. (ed.), *Institutional Patterns and Organizations: Culture and Environment*, Ballinger Publishing Company: 3-21.

DiMaggio, P. J. (1991) "Constructin an Organizational Field as a Professional Project: U. S. Art

Museums, 1920-1940," in Powell, W. W. and DiMaggio, P. J. (eds.), *The New Institutionalism in Organizational Analyis*, University of Cicago Press.

DiMaggio, P. J. and Powell, W. W. (1983) "The Iron Cage Revisited: Institutional Isomorphism and Collective Rationality in Organization Fields," *American Sociological Review*, 48(2): 147-160.

DiMaggio, P. J. and Powell, W. W. (1991) "Introduction," in Powell, W. W. and DiMaggio, P. J. (eds.), *The New Institutionalism in Organizational Analysis*, University of Chicago Press: 1-38.

Fligstein, N. (1990) *The Transformation of Corporate Control*, Harvard University Press.

Garud, R., Jain, S. and Kumaraswamy, A. (2002) "Institutional Entrepreneurship in the Sponsorship of Common Technological Standards: The Case of Sun Microsystems and Java," *Academy of Management Journal*, 45(1): 196-214.

Gottschalk, L. R. (1950) *Understanding History: A Primer of Historical Method*, 1st ed., Knopf.

Greenwood, R. and Hinings, C. R. (1996) "Understanding Radical Organizational Change: Bringing Together the Old and the New Institutionalism," *Academy of Management Journal*, 21(4): 1022-1054.

Greenwood, R., Oliver, C., Sahlin, K. and Suddaby, R. (2008) "Introduction," in Greenwood, R., Oliver, C., Suddaby, R. and Sahlin, K. (eds.), *The Sage Handbook of Organizational Institutionalism*, Sage Publications, 1-46.

Greenwood, R., Suddaby, R. and Hinings, C. R. (2002) "Theorizing Change: The Role of Professional Associations in the Transformation of Institutionalized Fields," *Academy of Management Journal*, 45(1): 58-80.

Greenwood, R. and Suddaby, R. (2006) "Institutional Entrepreneurship in Mature Fields: The Big Five Accounting Firms," *Academy of Management Journal*, 49(1): 27-48.

Griffiths, T. L. and Steyvers, M. (2004) "Finding Scientific Topics," *Proceedings of the National Academy of Sciences*, 101 (suppl. 1): 5228-5235.

Hannan, M. T. and Freeman, J. (1977) "The Population Ecology of Organization," *American Journal of Sociology*, 82(5): 929-964.

Hensmans, M. (2003) "Social Movement Organizations: A Metaphor for Strategic Actors in Institutional Fields," *Organization Studies*, 24(3): 355-381.

Hoffman, A. J. (1999) "Institutional Evolution and Change: Environmentalism and the U.S. Chemical Industry," *Academy of Management Journal*, 42(4): 351-371.

Humphreys, A. (2010) "Megamarketing: The Creation of Markets as a Social Process," *Journal of Marketing*, 74(2): 1-19.

Humphreys, A., Chaney, D. and Slimane, K. B. (2017) "Megamarketing in Contested Markets: The Struggle between Maintaining and Disrupting Institutions," *Thunderbird International Business Review*, 59(5): 613-622.

Jacobs, B., Donkers, B. and Fok, D. (2016) "Model-based Purchase Predictions for Large Assortments," *Marketing Science*, 35(3): 389-404.

Johnson, C., Dowd, T. J., Ridgeway, C. L., Cook, K. S. and Massey, D. S. (2006) "Legitimacy as a Social Process," *Annnual Review of Sociology*, 32(1): 53-78.

Katsumata, S., Motohashi, E. and Nishimoto, A. (2017) "The Contents-based Website Classification for the Internet Advertising Planning: An Empirical Application of the Natural Language Analysis," *The Review of Socionetwork Strategies*, 11(2): 129-142.

Kennedy, T. M. (2008) "Getting Counted: Markets, Media, and Reality," *American Sociology Review*, 73(2): 270-295.

Kotler, P. (1986) "Megamarketing," *Harvard Business Review*, 64: 117-124.

Kudo, T. Yamamoto, K. and Matsumoto, Y. (2004) "Applying Conditional Random Fields to Japanese Morphological Analysis," *Proceedings of the 2004 Conference on Empirical Methods in Natural Language Processing*: 230-237.

Lawrence, P. R. and Lorsh, J. W. (1967) *Organization and Environment*, Harvard Business Press.

Lawrence, T. B. and Suddaby, R. (2006) "Institutions and Institutional Work," in Clegg, S., Hardy, C.,

220

Nord, W. and Lawrence, T. B. (eds.), *Handbook of Organization Studies*, Sage Publications: 215-254.

Lopes, H. F. and Polson, N. G. (2014) "Bayesian Instrumental Variables: Priors and Likelihoods," *Econometric Reviews*, 33 (1-4): 100-121.

Lounsbury, M. and Glynn, M. A. (2001) "Cultural Entrepreneurship: Stories, Legitimacy, and the Acquisitions of Resources," *Strategic Management Journal*, 22: 545-564.

Luedicke, M. K., Thompson, C. J. and Giesler, M. (2010) "Consumer Identity Work as Moral Protagonism: How Myth and Ideology Animate a Brand-mediated Moral Conflict," *Journal of Consumer Research*, 36(6): 1016-1032.

Maguire, S. and Hardy, C. (2009) "Discourse and Deinstitutionalization: The Decline of DDT," *Academy of Management Journal*, 52(1): 148-178.

Maguire, S., Hardy, C. and Lawrence, T. B. (2004) "Institutional Entrepreneurship in Emerging Fields: HIV/AIDS Treatment Advocacy in Canada," *Academy of Management Journal*, 47(5): 657-679.

Martin, D. M. and Schouten, J. W. (2014) "Consumption-Driven Market Emergence," *Journal of Consumer Research*, 40(5): 855-870.

Merton, R. K. (1957) *Social Theory and Social Structure: Toward the Codification of Theory and Research*, revised ed., Free Press.

Meyer, J. W. and Rowan, B. (1977) "Institutionalized Organizations: Formal Structure as Myth and Ceremony," *American Journal of Sociology*, 83(2): 340-363.

Mimno, D. and McCallum, A. (2008) "Topic Models Conditioned on Arbitrary Features with Dirichlet-multinomial Regression," *Proceedings of the 24th Conference on Uncertainty in Artificial Intelligence*, UAI: 411-418.

Munir, K. A. (2005) "The Social Construction of Events: A Study of Institutional Change in the Photographic Field," *Organization Studies*, 26(1): 93-112.

Nakanishi, M. and Cooper, L. G. (1974) "Parameter Estimation for a Multiplicative Competitive Interaction Model: Least Squares Approach," *Journal of Marketing Research*, 11(3): 303-311.

Newton, M. A. and Raftery, A. E. (1994) "Approximate Bayesian Inference with the Weighted Likelihood Bootstrap," *Journal of the Royal Statistical Society*, Series B (Methodological), 56(1): 3-48.

Oliver, C. (1992) "The Antecedents of Deinstitutionalization," *Organization Studies*, 13(4): 563-588.

Oliver, P. E. and Johnson, H. (2000) "What a Good Idea! Ideologies and Frames in Social Movement Research," *Mobilization*, 5(1): 37-54.

Pfeffer, J. and Salancik, G. R. (1978) *The External Cotrol of Organizations: A Resource Dependence Perspective*, Harper and Row.

Powell, W. W. (1991) "Expanding the Scope of Institutional Analysis," in Powell, W. W. and DiMaggio, P. J. (eds.), *The New Institutionalism in Organizational Analyis*, University of Cicago Press.

Powell, W. W. and DiMaggio, P. J. (1991) *The Institutionalism in Organizational Analysis*, University of Chicago Press.

Rao, H. (2008) *Market Rebels: How Activists Make or Break Radical Innovations*, Princeton University Press.

Rogers, E. M. (1962) *Diffusion of Innovations*, Free Press of Glencoe.

Rosa, J. A., Porac, J. F., Runser-Spanjol, J. and Saxon, M. S. (1999) "Sociocognitive Dynamics in a Product Market," *Journal of Marketing*, 63 (Special Issue): 64-77.

Rossi, P. E., Allenby, G. M. and McCulloch, R. (2005) *Bayesian Statistics and Marketing*, Wiley.

Sato, T. (2015) "Neologism Dictionary based on the Language Resources on the Web for Mecab-ipadic." (https://github.com/neologd/mecab-ipadic-neologd)

Scott, W. R. (1994) "Conceptualizing Organizational Fields: Linking Organizations and Societal Systems," in Hans-Ulrich, D., Gerhardt, U. and Scharpf, F. W. (eds.), *Systems Rationality and Partial Interests*, Nomos Verlagsgesselschaft, 203-221.

Scott, W. R. (1995) *Institutions and Organizations*, Sage Publications.

Scott, W. R. and Meyer, J. W. (1992) "The Organization of Societal Sectors," in Meyer, J. W. and Scott,

W. R.（eds.）, *Organizational Environments: Rituals and Rationality*, Sage Publications: 129-154.

Selznick, P.（1949）*TVA and the Grass Roots: A Study in the Sociology of Formal Organization*, University of California Press.

Selznick, P.（1957）*Leadership in Administration*, Harper and Row.

Seo, M. and Creed, W. E. D.（2002）"Institutional Contradictions, Praxis, and Institutional Change: A Dialectical Perspective," *Academy of Management Review*, 27(2): 222-247.

Suchman, M. C.（1995）"Managing Legitimacy: Strategic and Institutional Approaches," *Academy of Management Review*, 20(3): 571-610.

Suddaby, R. and Greenwood, R.（2005）"Rhetorical Strategies of Legitimacy," *Administrative Science Quarterly*, 50(1): 35-67.

Thompson, C. J. and Coskuner-Balli, G.（2007）"Countervailing Market Responses to Corporate Co-optation and the Ideological Recruitment of Consumption Communities," *Journal of Consumer Research*, 34(2): 135-152.

Tirunillai, S. and Tellis, G. J.（2014）"Mining Marketing Meaning from Online Chatter: Strategic Brand Analysis of Big Data Using Latent Dirichlet Allocation," *Journal of Marketing Research*, 51(4): 463-479.

Trusov, M., Ma, L. and Jamal, Z.（2016）"Crumbs of the Cookie: User Profiling in Customer-base Analysis and Behavioral Targeting," *Marketing Science*, 35(3): 405-426.

Venkatesh, A. and Peñaloza, L.（2006）"From Marketing to Markets: A Call for Paradigm Shift," in Sheth, J. N. and Sisodia, R. S.（eds.）, *Does Marketing Need Reform? Fresh Perspectives on the Future*, Sharpe: 134-150.

Weber, M.（1922/1978）*Economy and Society: An Outline of Interpretive Sociology*, University of California Press.

Weber, M.（1952）*The Protestant Ethic and the Spirit of Capitalism*, Scribner.

Welling, M. and Teh, Y. W.（2011）"Bayesian Learning via Stochastic Gradient Langevin Dynamics," *Proceedings of the 28th International Conference on Machine Learning*, ACM: 681-688.

Yang, G. and Wang, R.（2013）"The Institutionalization of an Electronic Marketplace in China, 1998-2010," *Journal of Product Innovation Management*, 30(1): 96-109.

■ 和文文献

上西聡子（2017）「制度的同型化を通じた戦略的リアクション——携帯電話産業における標準にもとづいた異種混合の競争（1979〜2010年）」桑田耕太郎・松嶋登・高橋勅徳編『制度的企業家』ナカニシヤ出版：85-109。

勝又壮太郎・西本章宏（2016）「市場創造と成熟過程における社会的関心の推移——新聞記事から読み解く市場の変質」『消費者行動研究』22（1-2）：27-48。

櫻田貴道（2003）「組織論における制度学派の理論構造」『経済論叢』（京都大学）、172(3)：54-69。

佐々木利廣（2003）「組織の境界」松本芳男編『経営組織の基本問題』八千代出版。

佐藤秀典（2014）「新制度派組織論」山田耕嗣・佐藤秀典『コア・テキスト　マクロ組織論』新世社：253-269。

里村卓也（2015）『マーケティング・モデル（第2版）』共立出版。

西本章宏・勝又壮太郎（2018）「メガマーケティングによる市場の断絶と創造——着メロから着うたへ」『組織科学』51(3)：31-45。

沼上幹（2010）「実証的戦略研究の組織観——日本企業の実証研究を中心として」経営学史学会編『経営学の発展と組織概念』（経営学史学会年報第十七輯）、文眞堂：69-88。

松井剛（2013）「言葉とマーケティング——『癒し』ブームにおける意味創造プロセス」『組織科学』46(3)：87-99。

安田雪・高橋伸夫（2007）「同型化メカニズムと正統性——経済学輪講 DiMaggio and Powell（1983）」『赤門マネジメント・レビュー』6(9)：425-432。

山口真一（2016）「ネットワーク外部性の時間経過による効果減少と普及戦略——ゲーム産業の実証分

析」『組織科学』49(3): 60-71。

■ 参考資料、ウェブサイト

[着メロ市場に関連する公開資料（更新日付順）]

モバイルセントラル「ヤマハ、iモード向けに最大4和音の和音着メロ配信サービス」2000年2月10日更新（最終閲覧日：2018年3月8日 http://www.watch.impress.co.jp/mobile/news/2000/02/10/yamaha.htm)。

マイナビニュース「au ブランド携帯電話で、世界初『16和音着信メロディ』を実現」2000年7月11日更新（最終閲覧日：2018年3月8日 http://news.mynavi.jp/news/2000/07/11/15.html)。

ケータイWatch「ケータイ新製品 SHOW CASE funstyle TK11（ソニックブルー）」、2001年6月12日更新（最終閲覧日：2018年3月8日 http://k-tai.watch.impress.co.jp/cda/article/showcase_top/5006.html)。

ITmedia Mobile「次世代着メロは32和音が主流に？──CEATEC」2001年10月3日更新（最終閲覧日：2018年3月8日 http://www.itmedia.co.jp/mobile/news/0110/03/32.html)。

ITmedia Mobile「もはや呼び出し音ではない？──"新たな音楽スタイル"へ進化する着メロ」2002年1月23日更新（最終閲覧日：2018年3月8日 http://www.itmedia.co.jp/mobile/0201/23/n_chaku.html)。

ITmedia Mobile「特捜 J-SH51(2)：40和音の真実──"聞く"ためのメロディ（1/2）」2002年3月6日更新（最終閲覧日：2018年3月8日 http://www.itmedia.co.jp/mobile/0203/06/n_jsh2.html)。

ITmedia Mobile「着メロは64和音へ──ローム、2003年春向け音源チップ」2002年10月2日更新（最終閲覧日：2018年3月8日 http://www.itmedia.co.jp/mobile/0210/02/n_64waon.html)。

ITmedia News「『着メロ』商標権、『CLANNAD』のビジュアルアーツが2550万円で落札」2010年3月9日更新（最終閲覧日：2018年3月8日 http://www.itmedia.co.jp/news/articles/1003/09/news038.html)。

sigekun's diary「着メロ15周年に寄せて」2014年12月3日更新（最終閲覧日：2018年3月8日 http://d.hatena.ne.jp/sigekun/20141203/1417595807)。

[着メロに対するJASRACの対応に関する公開資料（更新日付順）]

ITmediaニュース「JASRACがネット配信時の楽曲使用料規定を策定──レコード業界の反発は必至」2000年8月17日更新（最終閲覧日：2018年3月8日 http://www.itmedia.co.jp/news/0008/17/jasrac.html)。

ITmediaニュース「JASRAC、着メロ普及で徴収額が増加」2001年5月23日更新（最終閲覧日：2018年3月8日 http://www.itmedia.co.jp/news/bursts/0105/23/jasrac.html)。

ITmedia Mobile「JASRAC、「着メロ」の徴収額が3倍に」2002年5月23日更新（最終閲覧日：2018年3月8日 http://www.itmedia.co.jp/mobile/0205/23/jasrac.html)。

ITmedia Mobile「着メロとJASRACは"運命共同体"」2003年8月28日更新（最終閲覧日：2018年3月8日 http://www.itmedia.co.jp/mobile/0308/28/n_jasrac.html)。

Rainbow Sound Cafe「JASRACを怒らせた者たち──MIDI狩りの裏側で」2016年6月29日（最終閲覧日：2018年3月8日 http://milkcocoa.org/2016/06/29/jasrac-shock/)。

[株式会社フェイスに関連する公開資料（更新日付順）]

TBS「がっちりマンデー （株）フェイス平澤創代表取締役社長」2006年8月6日更新（最終閲覧日：2018年3月8日 http://www.tbs.co.jp/gacchiri/archives/20060806/1.html)。

ブイネット・ジャパン「着メロを大ヒットさせた音楽科出身社長『成功』の法則」2008年11月25日更新（最終閲覧日：2018年3月8日 http://www.vnetj.com/45why/why34.html)。

東洋経済オンライン「日本コロムビアを買収したフェイスの『素顔』──元気のない日本の音楽産業をどう変えるか？」2014年11月20日更新（最終閲覧日：2018年3月8日 http://toyokeizai.net/articles/-/53548)。

株式会社フェイス（最終閲覧日：2018 年 3 月 8 日　http://www.faith.co.jp/）。

[着うた・着うたフル市場に関連する公開資料（更新日付順）]
ITmedia Mobile「『最終的には音楽配信』——KDDI、『着うた』開始」2002 年 11 月 18 日更新（最終
　　閲覧日：2018 年 3 月 8 日　http://www.itmedia.co.jp/mobile/0211/18/n_uta.html）。
ITmedia Mobile「着メロの進化形目指す——『着うた』の裏側」2002 年 12 月 10 日更新（最終閲覧
　　日：2018 年 3 月 8 日　http://www.itmedia.co.jp/mobile/0212/10/n_uta.html）。
ASCII.jp ×デジタル「レコード会社がやりたかったサービス“着うた”」2002 年 12 月 26 日更新（最終
　　閲覧日：2018 年 3 月 8 日　http://ascii.jp/elem/000/000/335/335412/）。
ITmedia Mobile「KDDI が考える『着うたフル』の勝算」2004 年 11 月 18 日更新（最終閲覧日：2018
　　年 3 月 8 日　http://www.itmedia.co.jp/mobile/articles/0411/18/news094.html）。
ASCII.jp ×デジタル「もはや音楽は消費材か——『着うた』世代の今」2007 年 10 月 11 日更新（最終
　　閲覧日：2018 年 3 月 8 日　http://ascii.jp/elem/000/000/073/73893/index-3.html）。
Musicman-net「レーベルモバイル（株）代表執行役社長今野敏博氏インタビュー」2008 年 12 月 4 日更
　　新（最終閲覧日：2018 年 3 月 8 日　http://www.musicman-net.com/report/35.html）。
CNET Japan「着うたがどうやって生まれたか、知っていますか」2008 年 12 月 3 日更新（最終閲覧
　　日：2018 年 3 月 8 日　https://japan.cnet.com/article/20384621/）。

[着うた・着うたフルをめぐる訴訟問題に関する公開資料（更新日付順）]
弁護士法人東町法律事務所「着メロから着うたへ、そして最高裁に」2010 年 11 月 22 日更新（最終閲
　　覧日：2018 年 3 月 8 日　http://www.higashimachi.jp/column/column44.html）。
日本経済新聞「着うた参入妨害、最高裁が認定　レコード会社の上告棄却」2011 年 2 月 19 日付（最
　　終閲覧日：2018 年 3 月 8 日　http://www.nikkei.com/article/DGXNASDG1901O_Z10C11A2CR8000/）。
企業法務ナビ「『着うた』配信サービスの競争に結論が！」2011 年 2 月 20 日更新（最終閲覧日：2018
　　年 3 月 8 日　https://www.corporate-legal.jp/法務ニュース/訴訟・行政/137）。

[その他公開資料]
一般社団法人全国カラオケ事業者協会（最終閲覧日：2018 年 3 月 8 日　http://www.karaoke.or.jp/）。
一般社団法人電気通信事業者協会（最終閲覧日：2018 年 3 月 8 日　http://www.tca.or.jp/database/
　　index.html）。
一般社団法人日本レコード協会（最終閲覧日：2018 年 3 月 8 日　http://www.riaj.or.jp/）。
一般社団法人モバイル・コンテンツ・フォーラム（最終閲覧日：2018 年 3 月 8 日　https://www.mcf.
　　or.jp/）。
ITmedia（最終閲覧日：2018 年 3 月 8 日　http://www.itmedia.co.jp/）。
ケータイ Watch（最終閲覧日：2018 年 3 月 8 日　http://k-tai.watch.impress.co.jp/）。

索 引

【事 項】

【人 名】

■ 著者紹介

西本 章宏（にしもと・あきひろ）
2011年、慶應義塾大学大学院経営管理研究科後期博士課程単位取得退学
2011年、小樽商科大学商学部准教授
現　在、関西学院大学商学部准教授、博士（経営学）

勝又 壮太郎（かつまた・そうたろう）
2011年、東京大学大学院経済学研究科博士課程修了
2011年、長崎大学経済学部准教授
現　在、大阪大学大学院経済学研究科准教授、博士（経済学）

主な共著作　「コンジョイント・デザインを用いた消費者のWillingness to Pay測定方法比較」『流通研究』21(3)：15-25、2018年（日本商業学会 優秀論文賞受賞）。「メガマーケティングによる市場の断絶と創造——着メロから着うたへ」『組織科学』51(3): 31-45、2018年。"The Contents-based Website Classification for the Internet Advertising Planning: An Empirical Application of the Natural Language Analysis," *The Review of Socionetwork Strategies*, 11 (2)：129-142, 2017. 『競争を味方につけるマーケティング——脱コモディティ化の新発想』有斐閣、2016年。「計量書誌学アプローチによるイノベーション普及理論レビューと今後の展望」『マーケティング・サイエンス』24(1)：26-52、2016年。「市場創造と成熟過程における社会的関心の推移——新聞記事から読み解く市場の変質」『消費者行動研究』22(1-2)：27-48、2016年。「脱コモディティ化のためのカテゴリープライミング戦略——消費者の支払意向額に対するプライミング効果とその調整要因」『流通研究』18(1)：29-54、2016年。

メガマーケティングによる市場創造戦略——携帯音楽配信サービスの誕生

2020年1月20日　第1版第1刷発行

著　者　西本章宏
　　　　勝又壮太郎
発行所　株式会社日本評論社
　　　　〒170-8474　東京都豊島区南大塚3-12-4
　　　　電話　03-3987-8621（販売）　03-3987-8595（編集）
　　　　https://www.nippyo.co.jp/　　振替　00100-3-16
印刷所　精文堂印刷株式会社
製本所　株式会社松岳社
装　幀　図工ファイブ